跨文化理论
对大学英语教学的影响

夏 丹 王明亮 刘羡丽 ◎ 著

吉林出版集团股份有限公司

图书在版编目（CIP）数据

跨文化理论对大学英语教学的影响 / 夏丹，王明亮，
刘羡丽著. — 长春：吉林出版集团股份有限公司，2023.6

ISBN 978-7-5731-3370-0

Ⅰ．①跨… Ⅱ．①夏… ②王… ③刘… Ⅲ．①英语一教
学研究一高等学校 Ⅳ．①H319.3

中国国家版本馆 CIP 数据核字（2023）第 101401 号

跨文化理论对大学英语教学的影响

KUAWENHUA LILUN DUI DAXUE YINGYU JIAOXUE DE YINGXIANG

著　者	夏　丹　王明亮　刘羡丽
责任编辑	齐　琳
封面设计	林　吉
开　本	787mm×1092mm　　1/16
字　数	200 千
印　张	15
版　次	2023 年 6 月第 1 版
印　次	2023 年 6 月第 1 次印刷
出版发行	吉林出版集团股份有限公司
电　话	总编办：010-63109269
	发行部：010-63109269
印　刷	廊坊市广阳区九洲印刷厂

ISBN 978-7-5731-3370-0　　　　　　　　　　　定价：78.00 元

前　言

  跨文化非语言交际能力是外语能力的一个重要组成部分。然而，由于非语言行为的潜意识性、非语言行为的文化特征、人们对非语言行为的误解以及传统外语教学模式的影响，跨文化非语言交际技能的培养长期以来都被外语教学界所忽视。因此，通过教学大纲、课程开设及教师素质提升等来提高学生的跨文化非语言交际能力，对外语教学效果和学生外语能力的全面提高有着重要意义。外语教学肩负的社会、历史责任就是要通过培养和增强学生的跨文化敏感性与自觉性，使学生开阔心胸，开放头脑，以更开阔的视野，更灵活、富有创造性的方式去与自己有着不同文化取向的人们进行交往。

  本书基于跨文化理论对大学英语教学的影响做出分析，首先介绍了国内外的跨文化教育，并分析了跨文化大学英语教学理论基础，然后详细地探讨了大学英语跨文化教学中的问题及其成因，以及大学英语教学中跨文化交际能力的培养，之后对跨文化大学英语教学建议、跨文化大学英语教学模式做出探讨，最后在全球化视域下大学英语教学的本土化方面做出总结和分析。

  本书在撰写过程中参考和借鉴了一些专家和学者的研究成果，在此表示衷心的感谢！由于笔者水平、时间和精力所限，书中不妥之处在所难免，敬请广大专家、读者批评指正，以促使本书的进一步完善。

夏丹　王明亮　刘羡丽

2022 年 9 月

目　录

第一章　国内外的跨文化教育 ································· 1

　　第一节　国内跨文化教育研究 ························· 1

　　第二节　国外跨文化教育研究 ························· 3

　　第三节　跨文化教育中的成绩 ························· 10

第二章　跨文化大学英语教学理论基础 ············· 15

　　第一节　语言、文化与交际"三位一体" ········· 15

　　第二节　大学英语教学与文化教学 ················· 29

　　第三节　跨文化交际与大学英语教学 ············· 69

第三章　大学英语跨文化教学中的问题及其成因 ····· 76

　　第一节　跨文化交流背景下我国大学英语教学的现状 ····· 76

　　第二节　大学英语跨文化教学中的问题 ············· 79

　　第三节　大学英语跨文化教学问题成因分析 ········· 87

第四章　大学英语教学中跨文化交际能力的培养 ······· 100

　　第一节　跨文化交际能力培养的认知体系 ········· 100

　　第二节　跨文化交际能力培养的情感体系 ········· 111

　　第三节　跨文化交际能力培养的行为体系 ········· 123

第五章　跨文化大学英语教学实施及具体建议 ······· 140

　　第一节　跨文化大学英语教学建议 ················· 140

　　第二节　具体实施建议 ····························· 147

第六章　跨文化大学英语教学模式 ··················· 155

　　第一节　文化因素对于大学英语教学的重要意义 ··· 155

　　第二节　大学英语跨文化教学模式的建构 ········· 156

第三节　跨文化教学及文化培训的概念 ⋯⋯⋯⋯⋯⋯⋯⋯⋯ 175

第四节　国内外跨文化教学模式 ⋯⋯⋯⋯⋯⋯⋯⋯⋯⋯⋯⋯ 181

第七章　全球化视域下大学英语教学的本土化 ⋯⋯⋯⋯⋯⋯⋯ 185

第一节　英语本土化概述 ⋯⋯⋯⋯⋯⋯⋯⋯⋯⋯⋯⋯⋯⋯⋯ 185

第二节　英语本土化的发展趋势 ⋯⋯⋯⋯⋯⋯⋯⋯⋯⋯⋯⋯ 194

第三节　英语全球化和英语本土化的关系 ⋯⋯⋯⋯⋯⋯⋯⋯ 196

第四节　英语在中国本土化的启示意义 ⋯⋯⋯⋯⋯⋯⋯⋯⋯ 207

第五节　中国英语本土化教学体系的构建 ⋯⋯⋯⋯⋯⋯⋯⋯ 213

参考文献 ⋯⋯⋯⋯⋯⋯⋯⋯⋯⋯⋯⋯⋯⋯⋯⋯⋯⋯⋯⋯⋯⋯⋯ 233

第一章 国内外的跨文化教育

第一节 国内跨文化教育研究

胡文仲（2006）研究美国跨文化教学情况时指出，1984年斯蒂芬·毕比（Steven Beebe）和汤普森·毕格斯（Thompson Biggers）在美国大学中就跨文化交际开课情况做过一次调查，在他们所调查的138所美国大学和学院中，17.8%已经开设了一门跨文化交际课程，18.1%的学校表示在不久的将来开设这门课程。通常这门课作为选修课开设在三年级，使用的教材主要是萨莫瓦和波特（Samovar&Porter）合编的Intercultural Communication: A Reader（占40.9%）及康登和尤瑟夫（Condon&Yousef）合著的Art Introduction to Intercultural Communication（占22.7%）。教学方法按采用多寡排列如下：讲课、小组讨论、个案研究、学生报告、客座教师演讲、电影、小组报告、角色扮演、实地考察、录像及其他。加州大学圣塔芭芭拉分校（University of California, Santa Barbara）的一份跨文化交际课教学大纲做了一个研究，课程的名称是"Intercultural Communication"，另一份教学大纲来自加州大学伯克利分校（University of California, Berkeley），课程的名称是"The Dialogue ot Diversity:Deciphering the Cues and Codes of Intercultural"。①

这里提供3份美国不同地区跨文化交际课程中的主要教学内容，供外语教师学习、研究和参考（胡文仲，2006）。

第一份来自美国大学的跨文化交际课，课程内容主要包括：

---

① 胡文仲.趋势与特点：跨文化交际研究评述 [J]. 中国外语，2006（3）：4-5.

（1）Cultural Differences and Effects on Communication；

（2）Cultural Similarities and Differences Between Ethnic Groups and Cultures；

（3）Intercultural Contacts and Contexts；

（4）Language and Culture，Bilingualism and Translation Problems；

（5）Specific Cultural Pattens and Effects on Intercultural Communication；

（6）Nonverbal Communication；

（7）Formation of In and Out Groups and Ethnocentrism；

（8）Culture Shock and Cultural Adaptation；

（9）Ethnic Groups，Subcullures and Racial Groups；

（10）Subjective Cultural Theory；

（11）Racial，Ethnic and National Stereotypes；

（12）Theories of Assimilation.

第二份来自加州大学圣塔芭芭拉分校的跨文化交际课，课程内容主要包括：

（1）Cultural Values I；

（2）Cultural Values II；

（3）Nonverbal Communication；

（4）Uncertainty Reduction；

（5）Intercultural Relationships；

（6）Social Identity；

（7）Prejudice and Discrimination；

（8）Collective Guilt；

（9）Language and Social Identity；

（10）language Planning；

（11）Intercultural Relation in the Media；

（12）Assimilation and Pluralism；

（13）Genocide.

第三份来自加州大学伯克利分校的跨文化交际课，课程内容主要包括：

（1）Introduction；

（2）Basics of Intercultural Communication；

（3）Basics of Intercultural Communication:Verbal and Nonverbal Codes；

（4）Cultural Identity Development；

（5）Diversity of Worldviews；

（6）Differences in Use of Power，Leadership；

（7）Simulation of Values and Beliefs Influence on Use of Personal Power；

（8）Difference in Power and Control，Power Distribution；

（9）Cultural Differences in Lhc Management and Resolution of Conflict；

（10）Interculcural Conflict，Management；

（11）Facilitating Resolution of Intercultural Conflict；

（12）"Consumer Choice":Personal Challenges of Intercultural Communication；

（13）Intercultural Communication Competence .

第二节　国外跨文化教育研究

国内跨文化教学研究成果不断增加。胡文仲（1992）撰文《文化教学与文化研究》[①]，指出当时文化教学和研究的几种情况，其中一种是在教语言（语音、语法、词汇、篇章、文体）的同时结合语境和文化背景、文化内涵，如 Hello! Hi! How do you do? How are you? privacy，individualism，politics，propaganda 等。研究中强调文化与语言密不可分，文化无所不在。文中给出了许多有价值的跨文化教学与研究的资料："70年代出版了一批跨文化交际学专著和选读，其中影响最大的有大卫·霍普斯（David

---

① 胡文仲 . 文化教学与文化研究 [J]. 外语教学与研究，1992（1）：3-9，80.

S.Hoopes）的一册选读本（Readings in Intercultural Communication，1972，1973，1974）、萨莫瓦和波特合编的《跨文化交际学读本》（Intercultural Communication: A Reader，1972年出第一版，1988年已出第五版）、康登和尤瑟夫（1975）合著的《跨文化交际学概论》（An Introduction to Intercultural Communication）"。文中还给出了与文化有关的心理学著作资源，如艾德里安·弗恩海姆和斯蒂芬·博纳（Adrian Fumham&Stephen Bochner，1986）合著的《文化休克》（Culture Shock）、吉尔特·霍夫斯塔德（Geert Hofstede）著的《文化的后果》（Culture's Consequences，1980）以及米切尔·哈里斯·邦德（Michdel Harris Bond）主编的《中国人的心理》（The Psychology of the Chinese People,1986）等。至今这些成果依然有着深刻的理论价值和实践意义。

我们需要把文化内容系统地安排在书中，多元文化才能体现出来。在图书撰写时需要呈现文化教学大纲或纲要、文化教学步骤及文化教学评估等项目。

胡文仲在1993年指出结合外语教学的跨文化交际研究中的9个方面进行设计。

（1）词汇的文化内涵；

（2）词汇缺项；

（3）有文化内涵的人名和地名；

（4）常用的文学典故；

（5）研究语篇结构；

（6）研究文体特点；

（7）语用规则；

（8）讲话顺序；

（9）非语言交际。

这9项内容包含言语交际和非言语交际。前8项为言语交际，第9项为非言语交际。文化与有形和无形的语言均有密切的联系。每一个方面，书中都给予例子展示，比如：词汇的文化内涵一项给出了三个方面的例子；英语的词和汉语的对应词指示意义相同，文化内涵也大致相同（fox）；指示意义相同，文化内涵部分相同（family）；指示意义相同，文化内涵不同或相反（owl）。讲话顺序一项中用打电话的例子加以说明，帮助人们理解："电话中英国人常感到不适应中国人的开头与结尾。在英语国家，受话人拿起话筒先报电话号码或单位名称或自己的名字，因此，听到我们说'喂'或'Hello'往往不知所措。不少英美人反映中国人有时会突然结束谈话，他们思想上毫无准备，然而我们自己并没有这种感觉。问题可能出在讲话顺序的不同和过渡性的话的缺乏这方面。"通过这些方面的学习和了解有助于我们的跨文化交流理解。

我国跨文化交际课程的主要内容涵盖以下几方面：

（1）Introduction to Intercultural Communication；

（2）Culture；

（3）Communication；

（4）Verbal Process；

（5）Social Organization；

（6）Pragmatic Rules；

（7）Cultural Identity；

（8）Generation Gap；

（9）Gender Difference；

（10）Management；

（11）Values and Beliefs；

（12）Intercultural Perception；

（13）Improving International Competence；

（14）Training.

这14项内容源于胡文仲（2006）对国内6种跨文化交际教材中的内容的概括和归纳。这6种跨文化教材为：《跨文化交际研究：与英美人交往指南》（林大津，1996）、《跨文化交际学概论》（胡文仲，1999）、《跨文化交际学》（唐德根，

2000）、《中西文化之鉴》（Linell Davis，2001）、《跨文化交流入门》（许力生，2004）、《跨文化交际学选读》（杜瑞清等，2004）。

胡文仲（2013）梳理了学者对跨文化交际能力的具体内容的看法和倾向："学者们提出了很多看法。有的学者将跨文化能力细分为各种品质和能力，以清单的形式罗列，包括耐心、容忍、好奇、灵活性、诚实、尊敬对方、敏感、开放、不轻易下结论、自我控制、倾听对方、适应性、移情、社交能力、语言技能等，有的学者认为清单上所列的这些特质往往是从并不可靠的少量数据中归纳和抽象出来的，并不具有说服力（Spitzberg，1989：245），同时，这些特质可以无限制地罗列下去，而彼此之间的逻辑联系却并不清晰明确。""尽管不同学者对于跨文化交际能力包含的要素观点不一，但是从他们所列的要素中可以归纳出共同的部分，即认知、感情（态度）和行为这三个层面的能力。"

20世纪80年代初，许国璋（1980）首次提出了英语词语的文化内涵问题，指出我国英语教学对词语的文化语义因素重视不够。可以说，外语教学中的"文化热"兴起于20世纪80年代，在"地球村"日益形成的过程中，跨文化交际成为每个公民面对的现实。文化差异是经济发展、人际沟通中的一个重要障碍。文化教学在外语教学中的地位不断突出，成为外语教学中必须面对的课题。因此，关于外语教学中的文化教学研究成果越来越丰富。

苗丽霞（2007）对我国20年来的英语文化教学研究进行了梳理，研究发现，经过20多年的发展，文化教学研究的必要性已不容置疑，然而在教学内容和教学策略方面争议尚存。

苗丽霞总结了三类相关研究成果，即语言与文化的关系、汉英词汇和谚语的文化对比，以及英语交际中的"文化错误"。邓炎昌和刘润清（1989）、林纪诚和俞青海（1994）、戚雨村（1994）、刘重德（1994）、束定芳（1994，1996）、谢之君（1999）等都先后发表文章论述语言与文化之间的关系。许国璋、贝蒂·华莱士·罗比内特（Betty Wallace Robinett）和刘军若（1988）、李瑛（1998）、毕继万（2000）、曾剑平（2002）

等对汉英词语和谚语的文化内涵进行了对比研究，结果发现，英汉词语和谚语在文化内涵上存在着很大差异。胡文仲（1994）、杜瑞清（1994）、毛伟华（1994）、欧阳筱苏（1988）等通过分析我国英语学习者在运用英语进行交际时常犯的一些"文化错误"发现，此类错误主要是由我国英语教学重视语言形式而忽视英汉文化及交际中的语境所造成的。这些研究者达成共识——英语教学必须教授文化。

文化教学的目标是培养学生的语言交际能力。交际能力是海姆斯于1972年提出的，海姆斯认为，儿童是在社会化的环境中习得母语的，学习的不仅是语法知识，更重要的是，在情景中适当地使用语言的能力，也就是说，其知道何时何地用何种方式对何种人讲话。海姆斯在1974年提出的"speaking语境论"更好地诠释了语言交际能力的内涵，即用speaking的每一个字母代替言语事件涉及的各项因素来描写情景语境，其中：

S——涉及包括时间、地点在内的实际环境的背景（setting）和场面（scene）；

P——涉及说话和听话的参加者（participants）；

E——涉及"结果"和"目标"的目的（ends）；

A——涉及形式和内容的行为序列（act sequence）；

K——涉及信息表现方式的风格（key）；

I——涉及言语传播渠道的媒介手段（instrumentalities）；

N——涉及发话人达到预期效果的规范或规则（norms）；

G——涉及通过他们使用的词语加以识别的体裁（genres）及其范畴。

这些起首的字母拼起来恰好是speaking一词。海姆斯用这个缩略词科学地总结出语言交际中的情景因素。

基于提升交际能力为目标的语言文化教学研究已有不少成果。胡文仲、高一虹（1997）在国内较早引入研究语言文化教学，取得了可喜的成果，为后来的研究者提供了理论上和方法上的指导。他们在研究中指出，外语教育的目的从三个方面进行分类：微观（语言能力）、中观（交际能力）、宏观（社会文化能力）。

语言能力是指语言知识的学习和语言技能的应用。语言知识是指语音、词汇、语法、篇章等，语言技能是指听、说、读、写、译 5 种技能。英语课程标准（2001）将语言技能目标分为九级。

国内跨文化教学教材也在不断增加。如顾日国 2000 年出版的跨文化自学教材《跨文化交际》（Cross-cultural Communication）、胡超 2006 年出版的《跨文化交际实用教程》（Intercultural Communication: A Practical Coursebook），常俊跃等 2011 年出版的英文版《中国文化》（An Outline of Chinese Culture）、庄恩平 2014 年出版的《跨文化沟通》（Intercultural Communication）为跨文化教与学提供了针对性强、可操作性强的新世纪跨文化教材。不同的教材有不同的设计思路，以顾日国和胡超的教材为例（见表 1-1），可以比较分析跨文化教学的主要内容。

表1-1　跨文化教材内容安排

顾日国《跨文化交际》	胡超《跨文化交际实用教程》
1.Language and Culture in Communication	1.An Introduction
2.Culture Shock	2.Daily Verbal Communication（Ⅰ）
3.What's in a Name	3.Daily Verbal Communication（Ⅱ）
4.Social Interaction	4.Verbal Communication
5.Roles and Relations	5.Non-verbal Communication
6.Non-verbal Communication	6.Cross-gender Communication
7.In Other Words	7.Cultural Variations in Negolialion Styles
8.From a Primitive Tribe to a Global Village	8.Humor Interpretation in Intercultural Encouniers
	9.Intercultural Personhood：An Integration of Eastern and Western Perspectives

顾日国的专升本自学教材《跨文化交际》和胡超的普通高等教育"十一五"国家级规划教材《跨文化交际实用教程》的内容安排都聚焦于跨文化意识、跨文化行为和跨文化实践活动，涉及跨文化言语交际行为和跨文化非言语交际行为，并且都配有一定的视频学习材料，两套教材均是英文版。顾日国的教材还设计了具体自学及督查学习计划，胡超的教材在每单元开始都安排了中外文化中的名人名言，或者谚语，或者俗语以提升学习者对跨文化的理解，如：

To know another's language and not his culture is a very way to make a fluent fool of one's self.

——Winston Brembeck

When in Rome,do as the Romans do.

——English Proverb

Every tale can be told in a different way.

——Greek Proverb

By nature people are nearly alike;by practice they get to be wide apart.

——Confucius

It's not what he said,but the way he said it.

——English Saying

There is language in her eyes,her cheeks,her lips.

——William Shakespeare

Communication between men and women can be like cross-cultural communication, prey to a clash of conversational style.

——Deborah Tannen

Live together like brothers and do business like strangers.

——Arab Proverb

If you are not in tune with the universe,there is sickness in the heart and mind.

——Navajo Saying

近年来，更多国内学者开始关注外语教育中的文化教学。崔刚指出，中国文化渗透英语教学的必要性：其一，有助于实现大学英语教学的根本目标。英语是目前世界上使用范围最广的语言，使用英语向外国人介绍中国的文化与国情，可以有效地提高中国的文化软实力。《大学英语教学指南》指出，英语课程要"满足新时期国家和社会对人才培养的需要"。其二，有助于提高学生的跨文化交际能力。其三，有助于提高学生的英语综合应用能力。其四，有助于提高学生的文化鉴别能力。胡文仲和高一虹（1997）于1991年对全国26名"最佳外语学习者"的调查与分析结果表明："调查对象在学习外语和外国文化的过程中逐渐培养了自己突出的扬弃能力。这种能力不仅有助于提高他们的语言和交际能力，而且对于整个人格的完善也有着积极的作用。对待母语、母语文化的态度与对待外语、外国文化的态度是互动的；对于母语、母语文化和对于外语、外语文化的掌握是相互促进、相得益彰的。"①以上四点说明了为什么要渗透中国文化于外语教学中，同时还指出怎么做的问题，主要是从政策、学术研究、教材及环境等方面加强行动。

研究者关于英语教材文化内容评估的标准提出几种参考类型。如拜拉姆提出关于教材中文化教学的标准包括社会认同感、社会群体、社会交往、信仰和行为、社会政治制度、社会化和社会生活、国家历史、国家地理及文化定式和文化认同。文秋芳（2002）提出教材编写中应包括自我、人际关系、人与社会的关系、人与自然的价值观念与态度内容的重要选择。马丁·科尔塔兹（Martin Cortazzi）提出外语教材不仅要反映目的语文化（target culture），还应包括本土文化（source culture）和世界文化（international target culture）（杨宏丽、陈旭远，2007）。

目前，非英语专业大学生对英语文化学习的主观意识和敏感性都严重不足。一部分学生处于对文化知识学习毫不关心或有一点点关心的状态。近半数的学生对文化缺乏一定的鉴赏能力。学生对文化知识内容的认知能力差，过半的学生认为文化与学好英语的关系不够直接和密切。多数学生对文化学习付出的时间不足，同时他们又表现出应该付出更多时间的心理期待，这是学生文化学习中矛盾心态的反映。

第三节　跨文化教育中的成绩

一、跨文化专著增多

我国跨文化教育专著的出版在近几年不断增长，这是跨文化教育者和外语教育者

---

① 胡文仲，高一虹. 外语教学与文化 [M]. 长沙：湖南教育出版社，1997.

感到欣慰的事情，跨文化教育专著的出版预示着我国外语教育中的跨文化教育迎来了新的机遇和挑战。跨文化教育专著为我们进行跨文化教学和研究提供了很好的理论和实践支撑。例如，2014年上海外语教育出版社在"外教社跨文化交际丛书"的基础上引进一批从跨文化视角进行外语教育教学的力作，这些著作主要是以国际著名外语教育家拜拉姆教授为首的学者们的专著：《语言教学中的情景与文化》《跨文化交际能力的教学与评估》《在实践中培养跨文化能力》《从外语教育到跨文化公民教育——文集与思考》《跨文化经历与教育》《在教育与培训中提高跨文化能力》《语言文化教育方法论：从国家范式到跨国范式的转变》。

在以上著作中，拜拉姆《从外语教育到跨文化公民教育——文集与思考》中的"跨文化公民教育"理念新颖，与时俱进，为外语教育目标提出了新时代的理论借鉴和实践参考。如要实现外语教育中的跨文化公民教育目标，需要了解当下外语教育所匮乏的重要内容。贾玉新在上海外语教育出版社出版的跨文化交际丛书·外语教育系列的序言中指出："为达到培养全球公民的目标，当下外语教学所匮乏的至少有以下两个重要方面：一是确立人之作为公民的核心价值为起始点和终极目标的教育观，也就是确立人之作为人的基本道德的人文价值的教育观（the core value of a person as a human being）；二是由于这一人文价值因时空而异，即不同文化及不同文化在不同历史（经济、历史、政治等）对人之作为人／公民的基本价值有不同的经历、不同的内涵、不同的解读、不同的界定。这意味着在多元文化平等共存的21世纪，任何文化之价值都有其存在的合理性（reasonableness），这也意味着在多元文化平等共存的21世纪，任何文化都不能把自己这一价值（如对人的基本价值的）的经历，自己文化的内涵、解读和界定强加给他人，对不同文化、不同价值观（政治和宗教的）、不同生活方式，我们应当持有赞同、欣赏、理解、包容和接受的态度。但当这些方面发生冲突时，我们并不能盲目地理解或接受某些观点，而是要对他们进行理性的思辨和批评。这意味着，我们需要的是一种批判精神，而且批判之标准有的是普适的，有的是因文化而异的，是多元的。我们所需要的是公认的人文价值标准，一种如费孝通先生所说的'各美其美，美人其美，美美与共，世界大同'的平等共处的人文价值观。"①这段内容说明了外语教育中的跨文化教育任重道远，首先外语教育者要明白当前外语教育中跨文化教育面临的挑战和问题。外语教育中的"育人"（"跨文化育人"）教育是重中之重。

二、跨文化交流会议增多

中国跨文化交际学会研究年会已经举办了 18 届。国际跨文化交际研讨会提供了丰富的有关语言教育中的跨文化教育研究成果。2015 年 7 月 15 日到 18 日，由国际跨文化交际学会与中国跨文化交际学会主办、香港理工大学承办的第 21 届国际跨文化交际学会年会暨第 11 届中国跨文化交际国际研讨会以"全球化时代的文化、沟通与共融"为主题的国际研讨会中，有关跨文化研究与语言教育的研究成果、促进外语跨文化教育的成果不断丰富。在此引用朱耀云（2016）会议综述中的"跨文化研究与语言教育"成就（个别地方稍做改动）：

21 世纪初，各国教育经历了跨文化转向，欧盟委员会多轮文件（如 Neuner，2012），澳大利亚（Mceetya，2005；Scarino，2009）、新西兰（Minislry of Education，2007）等多国也在政府文件中强调了语言教学中密不可分的文化要素。近年来，中国教育视野也经历了从重语言到重文化的转向，最新版《大学英语教学指南》提出，大学英语教学内容可分为通用英语、专门用途英语和跨文化交际三个部分（王守仁，2016）。

众所周知，联合国教科文组织《跨文化教育纲领》（2006）推动从多元文化（multicultu ral）向跨文化（intercultural）的视角转向，在《着力文化多样性和跨文化世界的报道》（2009）中强调"文化素养（culturalliteracy）已经成为当今世界的生命线……可纳入青年人在生命旅程中必备的世界观、态度、能力工具箱"，2013 年推出《跨文化能力：概念与操作框架》，倡导从具体操作层面上教育和推动跨文化能力。

与培养全球公民（globalcitizenship）的各国共识相应和，跨文化视阈下的语言教育是本次会议的热点之一，其焦点为跨文化交际能力和跨文化适应 [虽然二者多有重

① 贾玉新 . 跨文化交际学 [M]. 上海：上海外语教育出版社，1997.

叠，见斯皮兹伯格和香侬（Changnon）关于跨文化概念的述评]，以及教育政策。研究方法涵盖了哲学思辨、符号学分析、行动研究、案例研究、问卷调查、小组访谈、课堂录像等。

跨文化能力视角涉及哲学、心理、情感、教育等多元向度，本次会议论文从其含义、发展与评估三大区域（Darla Deardorff, 2015）有所拓展。其一，跨文化能力内涵。中国跨文化交际学会副会长贾玉新早在 1997 年就提出，"跨文化交际能力是外语教育的最终目的"①，北京外国语大学副校长孙有中在《跨文化能力与批判性思维》的主旨报告中将外语教育圈这两个研究和实践的关注热点做了深度关联：隶属跨文化能力的批判性思维（Critical Thinking of Intercultural Competence）、借力跨文化能力的批判性思维（Critical Thinking by Intercultural Competence）、促进跨文化能力的批判性思维（Critical Thinking for Intercultural Competence）。②此外，今年情感维度成为各学科的关注重点，昆山杜克大学的唐·斯诺（Don Snow）强调期望落空、焦虑甚或疲惫等情感因素会影响跨文化交际中人们的阐释性判断，因此，应加强学生的相关情绪认知和判断调控教育。其二，跨文化能力培养。上海师范大学的李四清探究了高中英语学习者以文化为主题的互动活动类别及其对跨文化意识的培养；新加坡管理学院的陈伟权展示了通过合作及视觉交流工具、民族志技巧、同情地图等方法培养学生跨文化行为和态度；香港理工大学的蔡恪恕（Jozsef Szakos）介绍了其对外汉语教学硕士项目如何结合跨国实习来培养学生跨文化倾听、应对多元文化学校的机制问题等；苏州大学的沈鞠明从交际符号学和视觉符号学的视角探究了大学英语课本中的插图如何促进学生的跨文化习得。其三，跨文化能力测评。研究展示相关手段日趋具体、深化和多元。上海外国语大学的王一安、顾力行分析了通过民族志访谈的路径培养和测评中国学生跨文化能力的优势，不过近年西方中心化式微，而应和亚非拉人跨文化能力权威测评亟待开发；香港城市大学的马诞宁（Dani Madrid Morales）和 Gao Bolin 开发了情感符和情感图像的应用熟练度及能力的跨文化检测量表。

① 贾玉新 . 跨文化交际学 [M]. 上海：上海外语教育出版社，1997.
② 贾玉新 . 跨文化交际理论探讨与实践 [M]. 上海：上海外语教育出版社，2012.

在跨文化适应方面，研究内容涵盖了中国人的海外适应、外国人在中国的适应，以及归国适应等。第一，中国人的海外适应。向来备受关注，研究不乏深度，美国得克萨斯大学的 Zhang Zhengyu 分析了在美中国留学生选择群体跨文化适应和个体跨文化适应的影响因素差异，发现跨文化领悟与群体性文化适应的选择正相关，语言能力强、性格外向则与之负相关。第二，外国人在中国的适应。这是本届会议的热点，也是今年研究的新兴热点。王俊菊、林佳调查了来自 80 个国家的近 500 名留学生在个体、环境及文化等多层因素影响下对中国传统教育思想的感知概况，分析了在大陆的 849 名港澳台大学生及 271 名学校管理人员对他们适应情况的认知。相关研究还有外国学者在华适应策略的访谈调研（上海交通大学，Cheng Jiexiu）、微信朋友圈里体现的来华留学生适应策略及性别差异（北京大学，Young Priscilla；深圳大学，潘晓慧）等。第三，归国适应。新西兰梅西大学的童绍英网络评估了 50 位中国留学生的归国适应状况，发现多数感觉归国文化冲击程度不深，且家庭和朋友可以帮助减缓冲击感。北京外国语大学的付美榕、宋婷婷分析自传、口述史料等，考察了受益于近代留学项目的中国知识分子归国后文化再适应的状况，认为动荡政局、农耕社会、传统价值观影响了该项目原始目标的实现。

纵观跨文化教育的发展历史，跨文化教育发展缓慢，但一直处于上升趋势。尤其是 21 世纪以来，跨文化教育迎来了新的春天，跨文化教育改革呈现一片新气象，蒸蒸日上，繁荣发展。国内国际跨文化学术研讨会，为跨文化教育改革开启了一扇扇亮窗，跨文化教育者和外语教育者的互动沟通也多了起来。

跨文化交际教育成果不断增加，大多数外语教育者跨文化意识不断提高。在实际跨文化教育实践中要基于语言的不同形式和文化的关系进行教育研究，如语言交际与文化、非语言交际与文化既是跨文化教育必须涉及的内容，也是外语教育者需要加强学习和引领学习的重要内容。

第二章　跨文化大学英语教学理论基础

第一节　语言、文化与交际"三位一体"

世界经济全球化、文化多元化的快速发展，使得跨文化交际活动蓬勃发展，世界各国人民的相互联系更加紧密。在国际交往中，语言不再是人们交往的障碍，能否理解和接受不同的文化模式和文化传统才是影响国际交往的重要因素。培养和拥有跨文化视野已是众望所归，语言、文化和交际之间"三位一体"的密切关系更是把跨文化交际学与外语教学紧密地联结在一起。语言、文化与交际的密切关系不仅在同一语言和同一文化内充分体现，在不同语言和不同文化之间更是表现得淋漓尽致。因此，必须从跨文化交际的角度出发，对英语语言和英语教学加以审视，使语言、文化与交际"三位一体"的特性充分得到体现。

一、语言

（一）语言的概念

瑞士语言学家 Saussure（1982：37）认为，语言是用来表达观念的，是由语音、语法和词汇等构成的。语言是由符号与符号之间的关系（句法）、符号与其所指的关系（语义）和符号与语言使用者之间的关系（语用）组成的符号系统（Brooks，1968）。

语言是由大量基本独立且兼有声音与意义的单位组成。由于语言在形式与意义之间的关系上存在着任意性，语言可以依据它的代码群构成数量无限的具有相当专门意义的明确的信息。语言除了是一个音义结合的符号系统外，又是一种文化代码。语言的结构制约着民族的"集体无意识"或"集体意识"，语法和语言表达方式能够体现一个民族的世界观（一种文化看待世界的眼光）、思维方式和文化心理（申小龙，1994）。

语言是通过其自身的符号系统（包括语音、文字）赋予外部世界的事物、事件以及人类的体验和情感以意义的。不同文化下的人们即使遭遇相同的事物或事件也可能产生不同的体验与情感。因此，历经长期的生产、生活实践以及语言符号系统对他们的各种情感与体验的固化，他们各自最终所形成的语言符号系统及其所表达的意义必然有所不同。此外，不同的文化群落运用语言的方式也大有不同。例如，在语言交际中大量采用比喻、隐喻等修辞手法特别受到阿拉伯人的尊崇，而在日本文化中却鼓励说话尽量言简意赅（闰文培，2007：190）。

（二）语言的功能

语言的功能，从宏观上说，是指语言的思维功能和交际功能，语言学家 Nida（2001）认为，"语言的功能具有两种基本类型：心理学功能和社会学功能。心理学功能可以描述为人们借以同客观现实进行沟通协商的手段，而社会学功能则可以被说成是人们与他人进行沟通协商的方式。就其实质而论，前者可以被看成是内隐的、主观的功能，而后者则是外显的、人际的功能"。心理学功能（Psychological Function）是从语言使用者的主观的角度着眼，指语言所具有的将人们内心世界与现实世界彼此沟通的功能，即语言是人们用来与外部世界、客观现实相互沟通的手段。它实际上是人们认知外部世界的智力活动和心理过程，体现的是语言的思维功能，具有内隐性、自主性。社会学功能（Sociological Function）是从语言使用者客观的角度着眼，指人类在社会生活和社会交往中利用语言进行彼此间的交际、沟通、往来并相互影响的功能，即语言是人们在相互交往中与其他人进行人际沟通的手段。它实际上是人们相互之间进行交往与沟通的智力活动和心理过程，体现的是语言的交际功能，具有外显性、交互性

（Nida，2001：10）。

（三）语言的本质特征

语言的本质特征在于它是人类最重要的交际工具、思维工具和信息工具。语言来自文化，其形成和发展与文化密不可分，且制约于文化。语言的这种双重功能与特征，确定了语言的文化属性。

（四）语言的文化性质和文化价值

文化语言学认为（张公瑾、丁石庆，2004：36-41），语言的文化性质在于语言是文化总体的组成部分，是自成体系的特殊文化。也就是说，作为人类文明发展的成果，语言是人类特有的能力：语言承载着文化，又凝聚着一个民族的文化发展；所有的语言都围绕文化进行，语言是文化的核心。因此，语言教学与文化教学不可分割。

张公瑾等还认为，可以通过语言认识各种文化现象。语言是一个结构系统，它由许许多多紧密相连、互相制约和作用的因素构成。借助语言分析各种文化现象要比对文化直接进行分析更加方便、清晰（张公瑾、丁石庆，2004：42-43）。例如，Boas、Humboldt、Sapir、Whorf 等都曾采用通过分析语言事实和语言使用来发现一个群体思维方式和文化习惯的方法来进行研究，他们普遍感到语言能最客观地反映民族认知发展的过程。

语言的文化价值表明语言学习是了解和学习一个民族的文化的最有效的方法，是学习异国文化、了解文化差异、培养跨文化交际能力的最有效途径。

二、文化

（一）文化的概念

"文化"一词具有复杂性、多面性、模糊性与不确定性。国内外学者对其理解与定义各不相同。英国人类学家 Tylor 在 1871 年出版的《原始文化》一书中说"文化是一种复杂的整体，其中包括知识、信仰、艺术、道德、法律、习俗以及人们作为社会成员而获得的一切能力和习惯"（Tylor，1990：52）。

美国学者霍尔在《无声的语言》中指出：文化存在于两个层次中：公开的文化和隐蔽的文化。公开的文化可为人所见并能够被描述，隐蔽的文化不可见，甚至连受过专门训练的观察者都难以察知。文化所隐蔽之物大大甚于其所揭示之物。奇特的是，它所隐藏的东西连其自身的参与者都难以识破（霍尔，中文版，1991：65）。

Hendon（1980）把文化分为大写 C 文化（culture with a capital C）和小写 c 文化（culture with a small c）。前者包括人类社会文明的各个方面，如政治、经济、文学、艺术、音乐、建筑、哲学、科技等；后者指的是与生活密切相关的具体的生活方式，如饮食起居、风俗习惯、行为准则、社会传统等。同时，文化还包含与其历史发展紧密相关的思想、价值观念，系统地解释人们的交际行为。

（二）文化的分类

我国学者戚雨村（1994）认为，文化包含三方面内容：①物质文化，它体现为各种实物产品，如建筑物、用品、工具、服饰、食品等。②制度、习俗文化，指的是人们共同遵守的社会规范和行为准则，包括制度、法规以及相应的设施和风俗习惯等。③精神文化，通过人们思维活动方式和其产品进行呈现，既包括价值观念、思维方式、审美趣味、道德情操、宗教信仰，也包括哲学、科学、文学、艺术方面的成就和产品。

顾嘉祖（2002）认为，公开的文化层主要指暴露可见的物质文化，包括服装、道路、建筑物、饮食、家具、交通工具、通信手段、街道、村庄等。公开的文化界定标准是指一切可以用人的肉眼看见、一目了然的东西。隐蔽的文化主要指软文化，即精神文化，包括隐藏得很深的软文化及隐蔽在物质文化中埋藏得相对较浅的软文化两种。隐蔽文化层中主要埋藏物是观念（包括传统观念与当今观念）。价值观念是观念的核心，任何别的观念都是随价值观念的变化而变化。换句话说，价值观念可以主宰或影响人权观、劳动观、婚姻观、发展观、平等观、宗教观、法制观、道德观、个体与群体观等。

张占一（1990）从跨文化交际和外语教学出发，认为文化应分为"知识文化"和"交际文化"。"交际文化"对跨文化交际产生直接的影响，而"知识文化"不会对跨文化交际直接产生影响。具体来说，当两个文化背景不同的人进行交际时，"交际文化"作为语言、非语言的文化因素，会直接影响信息的准确传递。

（三）文化的基本特征

1. 文化具有民族性

戚雨村（1994）认为，文化是一种社会现象，是人们的创造活动形成的产物。文化的内容通过民族形式映射出鲜明的民族色彩。一般说来，民族具有四大特征：共同的语言、共同的地域、共同的经济生活，以及表现于共同的文化特点上的共同的心理素质（吴克礼，2002：60）。因此，民族文化是民族的表现形式之一，是各民族在长期的历史发展过程中自己创造和发展起来的，是具有本民族特色的文化。而文化的民族性主要通过其"世界观"来反映，人类观察事物的角度、思维方式和价值观念因民族而异（肖仕琼，2010：6）。

2. 文化具有多样性与普遍性

文化是世代传承的，一切文化创造都来自对文化积淀的借鉴与受到的启发。文化都是具体的、特殊的，无论是从纵向历史的角度看，还是从横向空间的角度看，世界各个时期、各个地域和民族的文化都是不同的。人类学家和社会学家记载了大量世界各地的特殊文化，充分说明文化的多样性。不承认文化的多样性，就会走向种族中心主义，并总用自己民族的价值标准判断别的民族中发生的事件和现象。种族中心主义发展到极端就会产生民族沙文主义，认为自己的民族是优等民族，鄙视和仇恨别的民族。文化的共同性是寓于特殊性和多样性之中的，是客观存在的。虽然在具体形式上有区别，但这些原则在不同民族文化之间是共同的。由于文化具有共性，所以世界各种文化之间才可以交流，才能沟通，才能促进本民族文化的发展（肖仕琼，2010：6-7）。

3. 文化具有动态性与渗透性

文化就其本质而言是不断变化的，是动态的而非静态的。研究进化论的学者认为，人类文化是由低级向高级、由简单向复杂不断进化的。也就是说，我们进行文化研究要注意文化的历时性和共时性，要用历史的、动态的、发展的眼光去看待它，文化是相互影响、相互渗透的。人际交流的过程其实也是文化交流的过程（肖仕琼，2010：7-8）。

4. 文化的功能

文化能够帮助我们正确地认识世界。人类学家 William Haviland（1993：29）说过："people maintain cultures to deal with problems or matters that concern them." 意即，人们维系、传承文化旨在应对、解决与文化相关的难题或问题。当今世界，人们普遍拥有这样的共识：文化之所以问世、进化和发展是因为文化可以为人类、为每一个在这个世界诞生的人展示一个可以预知的世界，使人们清楚地认知和了解身处其间的周边环境，包括自然地理环境、社会经济环境，尤其是人文环境，从而可以在这样的环境里通过恰当的方式与他人、与社会、与自然交往而更加平顺地生存下去。

文化可以教会我们恰当地为人处世。从我们出生的那一刻起，文化就为我们提供了现成的行为模式，教导我们应如何以同一社会的全体成员可以接受的方式，即按照特定文化的行为准则去行为举止。在所属文化的熏陶之下，我们会在自身的成长过程中逐步形成和践行本文化或本民族的思维模式、世界观、价值观、社会习俗、生活方式、行为准则、道德规范以及交往方式，从而使我们在特定的社会和文化中如鱼得水、应付自如。文化能教会我们最充分地利用人类自身这个物种历经数百万年的进化而积累起来的智慧，使我们能够与他人、与社会、与自然明智而和谐地相处，面对复杂而艰险的生存环境能够从容应对、处事不惊，从而使人类社会以及人类自身健康、顺利地向前发展（闰文培，2007：42-43）。

文化发展到今天已经成为人类的基本生活需求。文化的发展迅猛而广泛，以至于其触角已经延伸到人类生活的每一个角落，成了我们生活的必需品。文化已经成为满足人们三种需求的主要手段：基本需求（包括食物、住所、人身保护等）、派生需求（包括工作或生产组织、食品分配、防卫、社会监控等）和综合需求（包括心理上的安全感、社会和谐、生活目标等）。不同文化满足这些需求的方式方法会因文化的差异而不同，但人们求助于所属文化的理由却异曲同工：帮助他们在情感方面和生理方面继续正常而健康地存活下去。

三、交际

（一）交际的概念

"交际"（communicate）与"共同"（commonality）有密切关系，它来源于拉丁语 commonis 一词，而 commonis 是 common 的意思。显然，"交际"与"共同"紧密相连。交际的前提是"共同"或"共享"；只有共同享有同一种文化的人们才能进行有效的交际。总之，"共同"的内涵与"交际"和"文化"的内涵是一致的。由于交际行为本身所具有的复杂性，学者们从不同角度对"交际"这一概念进行了阐释（肖仕琼，2010：18）。

应用语言文化学认为，交际是受社会、文化、心理、语用等多种因素制约的符号活动和信息转换的共享过程。共享是交际的基本特征，符号活动和信息转换则是交际的基本属性，而社会、文化、心理等因素则是达成有效交际的必要前提（赵爱国、姜雅明，2003：28）。

（二）交际的基本类型

交际作为人类活动最基本的形式，是以人为中心进行的。交际有两种基本类型：一是人际交际，指信息的发出者与接收者都是具体的人，如人与人的交际、人与自我的交际等；二是非人际交际。非人际交际又可分为两种类别：第一种是交际一方为人，另一方则是广义上的自然界，如人与自然的交际、人与世界的交际等；第二种是交际的双方都不是具体的人，而是社会某组织或机构与视听众群体之间进行的交际，如以书刊、报纸、电影、电视、通信、网络等媒介或技术手段向大众进行的信息传播等（赵爱国、姜雅明，2003：28）。

（三）交际的本质

Samovar 等（2000：F17）认为：交际是人类在相互交往中使用符号创造意义和反射意义的动态、系统的过程。这一定义揭示了交际的如下本质：

1. 符号是交际的主要手段

这里所说的符号既包括言语符号，也包括非言语符号。符号所指的行为既可以是有意识的也可以是无意识的；既可以是有目的的（intentional）也可以是无目的的（unintentional）。例如，当脸红、微笑、皱眉等无意识非言语行为发生并被观察或注意到时，交际就发生了。

2. 交际是一个编码和译码的过程

把思想、感情、意念等编成诸如言语或非言语行为以及书面语符号的过程就是所说的编码。译码过程则是给从外界接收到的符号或信息赋予意义或加以解释。只有当信息发出者和信息接收者共享统一或接近的语码系统时，编码和译码过程的有效实施才能得以保证，进而实现有效交际。

3. 交际是动态发展的

交际过程是一个渐进的过程，新的信息不断取代旧的信息，人们不断受到彼此发出的信息的影响，各交际构成要素之间彼此作用，交际处于不断地变化之中。

4. 交际行为具有系统性

交际行为是文化和社会行为，它不可能孤立地发生，而必然处于一个庞大的系统——社会之中，并受到社会中众多因素的影响和制约。交际环境和文化环境是影响交际的重要因素。交际场景或语境决定了人们可能在其中发生的语言和行为。

5. 交际具有交互性

交际中，人们都在不间断地同时发送和接收信息，所有参与者共同发挥作用，共同创造和保持意义。

（四）交际的要素

贾玉新（1997：13-15）认为交际至少涉及以下要素：

1. 信息源

信息源是指具有交际需要和愿望的具体的人，是消息的制造者、发话人。因为交际过程通常由一人以上参与，所以交际中通常多个信息源共同存在。

2. 编码

作为一种心理活动，编码是人们利用社会、文化和交往规则，以及语言本体的词法、句法等规则对语码进行选择、组合和创造信息的过程。

3. 信息

信息是信息发出者思想的具体体现，是编码的结果，是交际个体在时空中某一特定时刻以语言或非语言符号形式体现的具体反映。

4. 渠道

渠道是让信息得以传递的物理手段或媒介。信息传递的手段多种多样：可以是书面形式的，如书信往来、书刊、报纸、告示等；可以是电子形式的，如电话、电视等；可以是声波和光波形式的，如广播、录音、图片等。

5. 信息接收者

接收并注意信息的人是信息接收者。信息接收者可以是有意图地接收信息者，如他就是信息源意欲交际的对象；也可以是无意图地接收信息，如他恰巧听到了某个信息。交际通常是一个连续不断、反复的过程，因此，交际中人们通常既是信息源又是信息接收者。

6. 译码

把外界的刺激转化为有意义的经验就是译码，它是信息接收者对话者的信息进行解析的内心活动。

7. 反应

反应指信息接收者在解码后的行为。信息接收者的反应可以是信息源所期待的行为，也可以是对信息源的行为听而不闻、视而不见，不采取任何行动，甚至可以是信息源不希望看到的行为。

8. 反馈

反馈是信息接收者反应的一部分，是被信息源接收到，并且被赋予含义的信息接收者的反应。反馈对交际有十分重要的意义，交际者可以利用反馈来检验信息的传达和分享是否有效，以便及时调整自己的行为。交际者在面对面的交谈中得到反馈的机会最多。

四、语言、文化与交际"三位一体"的关系

Bates 和 Plog（1990：7）曾把文化视为"信仰、价值观、习俗和行为举止的一个共享体系，人们用其与他人和世界交流，并通过学习的方式将其传承"。这说明，文化由共享的行为模式（交际）和意义系统（语言）组成。而 Ferraro（1995：17）则认为文化包括物质实体、价值观、行为模式等要素。文化是"一个社会成员共同拥有、所思考和所做的一切"。也就是说，语言和交际是文化的一部分，即语言、交际和文化是不可分割的一个整体。

语言是由人创造、使用、发展和完善的，它的产生又使人有了文化。语言的这种功能，确定了其文化属性。Sapir（1921：100）指出，语言不能脱离文化，不能脱离社会继承下来的传统和信念，它必须依托一个环境而存在。文化的发展与语言的发展是互相推动、互为促进的关系。语言被称作文化的载体，是反映民族文化的一面镜子。二者既密切联系，又互相区别（戚雨村，1994）。文化的创造离不开语言，文化的变化和发展也不能与语言的变化和发展割裂开来（陈建民，1994）。文化从一开始就与语言密不可分。

　　我国著名学者邓炎昌先生（1989：147）指出，语言是文化的组成部分并影响着文化。语言是文化的基石，没有语言，就没有文化；语言又反映文化，受到文化的影响。我们可以认为，语言包含一个民族的历史和文化背景，蕴藏着该民族的人生观、价值观、生活习俗和思维方式，反映的是一个民族的特征。

　　在由语言、文化与交际共同构成的人类活动体系中，语言是重要的交际模式，文化是交际依存的环境，交际是信息传递的过程。交际不仅传递思想内容（what），而且传递有关交际双方之间关系的信息（who，when，where，why）。前者主要是通过语言传递，而后者往往是通过非语言手段传递。在整个交际过程中，语境起着非常重要的作用。语境包括两个方面：地理位置和周围布置等客观环境，以及场合特点和人际关系等社会文化环境。这些环境因素不仅直接影响语言的使用和非语言行为，而且对所传递信息的感知和理解也产生影响。而环境本身蕴含丰富的文化内容，来自不同文化背景的人会对相同的客观和社会文化环境持有完全不同的理解，因此可以说文化决定着语言和交际（张红玲，2007：83-84）。

　　交际是语言和文化传播与发展的重要途径。人们在社会交往中习得语言和形成文化能力，没有必要的社交活动，再完备的语言习得机制也保证不了对语言知识的掌握。语言文化只有通过交际活动才能被人们所共享，文化的纽带作用在交际活动中才能得以体现（张红玲，2007：84）。交际就是文化，文化就是交际（Hall，1959：169）。

　　综合以上对文化、语言和交际之间关系的论述，我们得出这样的结论：交际是一个动态的信息传递过程。在信息传递过程中，文化是信息传递所依托的环境，语言和非语言是信息传递的重要渠道。交际既依赖于语言和文化，又促进语言和文化的习得和传播（张红玲，2007：84）。

　　语言的使用反映了人们的价值观念、生活方式和思维习惯，而社会文化的发展变化是语言赖以生存和发展的基础，交际则是联系语言和文化的纽带。因此，语言、文化与交际之间是一种水乳交融、不可分割的"三位一体"的关系。

五、语言教学中的文化地位

语言、文化与交际之间的"三位一体"的关系使我们重新审视真正意义上的语言教学。语言是文化的载体，又是文化的一个重要组成部分。著名语言文化教育研究专家 Kramsch（1998）指出，语言表述着、承载着，也象征着文化现实，两者不可分。语言与文化相互依存的关系决定了文化在语言教学中的重要地位。Kramsch（1993）还把文化教学注释为："第二外语和外国语言的学习者也必须成为第二种文化的学习者，因为语言无法在不理解它所处的文化环境的状态下被学习。"Kramsch（1993）等认为，想当然地以为在课堂中学习并掌握了第二语言的能力就一定学习了文化的说法否认了语言学习、交流和文化的复杂性的本质，因此，Kramsch 强调应该有目的、有意识、明确地把文化包含在语言课程中，使教师更好地在课堂上教授文化。Chastain（1976）在 20 世纪 70 年代指出，文化教学要包含在外语教学中，是因为：第一，与另一种语言的人进行交往的能力不仅依赖于语言技能，而且依赖于对其文化习惯和期望值的理解；第二，跨文化理解本身也是现代教育的一个基本目标。

我国学者顾嘉祖、王斌华（2002）认为，"在语言文化教学实践中，语言文化教学是对'意义'的动态理解过程，必须时刻注意语言与文化之间内在的联系，以交际为契合点，将语言形式与文化内容有机地结合起来，努力做到语言教学的过程同时也就是文化教学的过程"。

Gumperz（1972）和 Hymes（1964）认为，语言的使用和分析是建立在对社会因素进行分析的基础之上的，语言的具体使用会受到诸多因素的影响，如说话者所处的具体的社会情景、社会背景和身份，以及语言本身所包含的社会意义等。一些新的概念，包括言语群体（speech community）、言语活动（speech event）以及交际能力（communicative competence）等不仅使社会语言学的研究得以丰富，还为外语教学的改革与创新奠定了理论基础。

Brown（1980）在他的《语言教学原则》一书中提出"文化化"的见解。他认为，每一种第二语言的使用都有不同程度的文化化……使用外国语则会引起更大程度的文化化……学习外国语所接触到的文化问题远远要比在本族文化环境中学习第二种语言所遇到的问题要得多，这是因为学习外语要时刻注意换位思考去理解生活在另一种文化中的人。

因此，在外语教学中必须有机地融入目的语的文化教学，因为要真正掌握一个民族的语言就必须了解它的文化。在交流时，语言中的文化因素与头脑中的文化意识都会自然流露，影响交流所使用的语言。语言体现文化，是文化传播、交流、发展和延续的载体（周洁，2010）。

语言和文化这种相互渗透的关系使文化在外语学习中成为一种非正式的、潜在的课程，而从文化角度进行语言分析能增强学习者的语言意识，帮助学习者发展对目标语言的感觉、态度、信仰和敏感性，提高对目标语言的精通程度和熟练度。因此，对外国文化的学习是外国语言学习的重要部分而不是可有可无的附属品。

长期以来，由于文化教学游离于语言教学之外，学习者虽然能熟练地掌握一门外语的语言体系，但是不懂得语言所蕴含的社会文化内容，不理解目的语文化的价值观念，无法使用目的语同该语言群体的人进行有效的交际，有人将这种学习者称为"口齿伶俐的傻瓜"。为了避免培养这类学习者，在外语教学中，我们一定要把文化教学置于与语言教学同等重要的地位，既关注语言符号和语言形式，又注重语言使用中的文化内容。只有这样才能做到语言教学与文化教学的有机结合，体现"语言教学就是文化教学"的思想。

首先，语言教师要提高学生对本国文化的精通度，并以此引发对外国文化的讨论，激发学生对外国文化的兴趣；其次，在教学过程中，教师要从心理学和人类学的角度出发，对本土文化和目标文化进行比较，帮助语言习得者通过对外国语言文化的体验和理解，把知识嵌入一个可以解释的框架中，从而在本国文化与目标文化之间建立起联系。这就如同给学习者打开了一扇了解目标文化以至世界的窗，使学习者带着一双慧眼来看待本国文化和他国文化，记录下不同文化所传递出来的信息。

文化学习要求我们能够站在 Kramsch 所说的"第三方"的立场上建立一个新的、处于不断完善和调整之中的"中介文化"体系。这种"中介文化"体系是基于我们对 L1 和 L2 的文化的共同了解建立起来的，它要求我们以宽容的、客观的态度对待他国文化，并认识到这样一个事实：不同文化有着不同"元素"，不同的文化对这些文化元素的理解也是不同的，处于不同文化的人有各自建立概念和理解世界的方式，文化间的冲突和矛盾也是很自然的。

有了这种认识，就能够帮助我们预测和阻止文化排斥和敌对现象，为建立"第三方"的立场，建立"中介文化"体系做好准备。语言教师要帮助学习者从观察者和参与者的角度出发，通过新建的价值体系找到两种（或多种）不同文化交汇的最佳的契合点，把他国的文化信仰、观点和态度整合到自己全部的哲学体系和世界观中，建立一种既独立于本民族文化又不等同于目标文化的互相包容的"中介文化"体系，从而建立更包容、更宽泛的文化观（唐燕冰，2010）。

Buttjes（1990）认为，社会文化情境影响了语言习得者的表达方式和内容，除了语言的表达，习得者还模仿了说某种语言的人的神态举止、行为方式以及思维习惯等超越语言以外的东西，而这些都包含在文化范畴之中。我们通常与文化的互动是发生在潜意识的层面，是指那些内在的、藏而不露的，却支配着人们的行为和境遇的东西。其中包括把文学、艺术、音乐等嵌入社会、政治和经济结构中和历史框架中的"高等文化"，同时包括人的价值体系和思维模式等。Weaver（1993）把前者比喻成伸出在水面之上的冰山，是人有意识的心理部分，而后者则是位于水面下的无意识的心理部分。教学的目的在于发现外国民族潜在的"结构"和"精神"，以及从他们的社会理想和社会规范中表现出来的心理因素和他们对文明所做出的贡献。他提倡把文化教学作为对另一个国家思想观念和文化主题的教学，是对于头脑、心智的教化，对推理能力、智力、想象力和艺术能力的训练。

第二节　大学英语教学与文化教学

一、文化因素在外语教学中的重要因素

对本民族的母语学习者来说，同语言共同生长发展的文化是一个无意识、不自觉的耳濡目染的过程。人们在习得母语的过程中，完全是在不自觉无意识的状态下完成的自我文化认同。也就是说，母语学习者对于本民族文化的学习，完全无意识地融入语言学习的过程之中。母语的学习早已包含了对于本民族文化的学习。

母语学习过程中的这种"自我认同"，对外语学习无疑会起到一个负迁移的作用。很容易使语言学习者形成一种自我的疆域，以至于在外语学习时，总是不自觉地以本民族的文化视觉、思维惯性来理解目的语言民族文化、思维习惯等。语言系统中所深刻蕴含的文化，其实也是一个民族语言能力与语言文化交际能力重要的构成因素。当然，语言的功能是多种多样的，但是，交际功能则是语言诸多功能中最为根本、本质的一个功能。在跨文化交际中，只是认识或了解交际对象的语言、词汇、语法、句法结构，这是远远不够的，必须对交际对象的语言文化背景、文化传统、思维方式、价值观念和风俗习惯等有着全面的认识、深刻的了解，才能够顺利地进行跨文化交际，实现跨文化交际的目标。

近年来，伴随着全球化的发展态势、跨文化交际的频繁，学界对于语言与文化、交际这三者之间的关系，有着越来越深刻的认识与研究。研究者开始对语言与文化之间的密切关系给予一定的肯定，并且对文化在跨文化交际中具有的作用也给予了极大的关注与重视，大家不再忽略语言、文化与交际这三者之间存在的密不可分的关系，同时，也越来越深刻地认识到，跨文化交际中，语言、文化与交际三者共同起的重要作用及对跨文化交际所具有的重要意义。

纵观整个外语教学研究的历程，基本在突出强调对目的语言文化的单向导入式教学。对目的语言以及目的语言文化的教学，几乎可以涵盖多年来我国外语教学的全部内容。甚至在对目的语言以及目的语言文化教学中，重点内容是目的语言文化的社会习俗教学。其实，这是对外语教学中文化教学的一种极为片面的理解。实际上，外语教学过程中进行的文化教学，是一个目的语言文化同本民族母语文化相互融合、彼此渗透的兼容过程。任何一个民族的人们学习外语，最终目的都是实现跨文化交际的双向交流。这是一个本民族文化与目的语言文化进行的交叉交流的过程，而不是一个民族语言文化单向地向另一民族的交际者进行的交际。但是，在跨文化交际实践中，这种期望中的两个民族语言文化双向的交叉交际，往往是因为彼此不能够很好地了解认识对方民族的文化而在交际中产生了误会冲突，以致跨文化交际不能够很好地进行。还有一种情况是在跨文化交际实践中，因为交际者对于本民族的母语文化不能够用目的语言文化进行很好的表述而使得跨文化交际失败或是产生误会、导致矛盾发生，甚至交际中断。

现在越来越多的人认识到文化在语言与交际中的重要作用。因此，在外语教学过程中，我们应该摒弃那种认为外语教学中本民族语言文化对于外语学习没什么意义的思想，以及本民族文化很重要，但是对外语教学来说没必要将本民族文化纳入教学课程之中的思想。最佳的外语教学思想与方法是，在外语教学中纳入本民族文化的教学，对目的语言文化同本民族文化进行比较教学，从而发挥出本民族文化在外语教学中的正迁移作用。

束定芳、庄智象（1996）对本民族文化在外语教学中的作用进行了研究，他们认为，本民族文化在外语教学中至少有两个方面的作用：第一，本民族文化可以作为同目的语言文化进行比较时的工具，从而更为深刻地将目的语言文化在外语教学中的重要作用展示出来，并且在比较展示的过程中，使外语学习者对于本民族的文化本质也有深刻认识；第二，通过在外语教学中渗透本民族文化的知识内容来调节学生对民族文化的心理，从而更好地提升大家学习目的语言与文化的积极性，提升学习的积极态度，并且在目的语言文化与本民族语言文化的比较过程中提高大家对于民族文化的鉴赏能力。

（一）培养学生文化能力的重要性

我们要深刻地认识到外语教学的目的是培养跨文化交际能力的人才。美国语言学者海姆斯（Hymes）对于交际进行研究发现，交际能力具有四个极为重要的参数，那就是语法性、适合性、得体性和实际操作性。而在其中的得体性和适合性这两个重要参数，所指的就是语言使用者在社会交往过程中所具备的文化交际能力。

卡纳尔（Canale）与斯温（Swamn）对于交际能力进行研究后也同样认为，交际能力包括四个方面的内容：语法能力（grammatical competence）、社会语言能力（sociolinguistic competence）、语篇能力（discourse competence）和策略能力（strategic competence）。其中，所谓的社会语言能力，是指语言使用者在进入跨文化交际状态中时，能根据当时所处的现实情境，根据交际人的社会身份、交际目的以及交际的话题进行恰当的理解与表达。卡纳尔与斯温的观点同海姆斯所提出的交际四个重要参数中的得体性与适合性有着异曲同工之妙，都是对社会文化能力的肯定。因此，可以说在外语教学中，学生交际能力的培养，其实就是对于学生社会文化能力与跨文化交际能力的一种培养。

（二）文化教学的基本原则

文化教学与英美文化导入是两个完全不同的概念。在人类社会发展的历史过程中，伴随着社会不断发展前行的是民族之间的相互交流与不同民族文化之间的互相影响。这为不同民族语言之间的相互渗透与影响，提供了有利的前提与必要条件。在跨文化交际中，坚决不能将一种文化强加到另一种文化的思想意识之上。我们必须拥有一种大文化的平等意识的观念，在跨文化交际中力求求同存异。在跨文化交际中，交际双方都要具备一种超越本民族文化的国家视野与变换视觉，不应该被狭隘的本民族文化价值观念所束缚，应从深刻的角度对交际双方的民族文化心理有着透彻的领悟，能够用对方民族的文化价值观念来审视解读交际对象的所作所为。这样，就需要我们在进行文化教学时遵守以下几个原则。

1. 对比原则（contrast）

在外语文化教学过程中遵守对比原则，其实就是对本民族的语言文化同目的语民族文化进行对比、比照。通过比较找出两个民族文化之间存在的相同性与不同性，特别是通过相同性来更好地发现两个民族文化之间存在的差异性，对于外语文化教学具有很大的作用。在外语教学中进行文化教学的对比，能够深刻地使学习者认识到目的语言文化的不同之处，了解目的语言民族的审美价值观、社会文化习俗、思维习惯等。这对于学习者认识不同的文化行为，从而避免以本民族的文化观念与视觉去衡量、解释其他民族的文化具有十分重要的意义。我们都知道有比较才有鉴别。只有通过比较，才能够更为明确地认识和区别对待目的语言民族文化，更好地避免对目的语言文化不加选择地全盘接受。文化能力是交际能力的一个重要构成部分。因此，文化能力的培养与提升也是对交际能力的一种提升。对比原则在外语教学的文化教学中的运用，对提升交际能力也是一种极大的促进。

2. 吸收原则（assimilation）

John Schumann 对文化教学策略进行了区分，她认为，文化教学策略可以分为三种较为典型的类型：文化同化（culture assimilation）、文化保存（culture preservation）和文化适应（culture adaption）。Schumann 在这里所谓的"文化同化"，指的是一个民族放弃本民族的文化生活及价值观念而接纳了目的语言民族的文化生活及价值观念等。"文化保存"则是指一个民族对其他民族的文化生活观念及价值观等方面的影响做出拒绝，而坚守本民族的文化生活方式及价值观念等。"文化适应"是一种具有兼容性的观念，是指一个民族在接纳目的语言民族的一些文化生活方式与价值观念的同时，对于本民族的文化生活方式与价值观念的坚守，这是一种融合了两个民族文化生活与价值观念的兼容策略。

这里所谓的吸收原则，就是指对目的语言民族文化中那些有益于我们母语的文化内容做出认同，并且在认同的过程中逐渐对其进行加工、改造、同化，最终使其成为我们母语文化中的一个部分。其实，换一句鲁迅先生的话来对"吸收原则"进行表述，那就是"拿来主义"。当然，"拿来主义"并不是不做区别地全盘接受，而是要去粗取精、有所区别地"拿来"，让其为本民族的文化所用。

3. 相关性原则（correlation）

相关性原则指的是外语教学过程中所有的文化教学内容，都应该同教材的内容紧密相连。教师在外语教学的文化内容教学中，其所讲授的内容都是同教材中所涉及的语言课文的内容息息相关、同学生们正在学习的语言知识紧密相连的，而不是没有目标地随意讲授。

除此以外，还应根据外语学习者将来可能从事的职业有选择地进行目的语言民族文化的传授，文化教学的内容要有助于学生将来进行文化社会交际实践所用。另外，还要明确一点，那就是外语教学过程中进行文化教学，并不只是为了简单地给学生传授一些目的语言民族文化。对于目的语言民族文化的学习，其最终目的还是学生能够更好地掌握目的语言，能够纯熟地运用目的语言自如地交流，使学生真正融入目的语言群体中，实现未来可能进行的得体的跨文化交际。

4. 阶段性原则（stages）

Brown 认为，人们对于一种新文化的体验，一般来说，可以分为四个阶段：陌生阶段、危机阶段、调试阶段和还原阶段。第一阶段是陌生阶段，人们开始对另一种文化进行全新的感受与体验。第二阶段是危机阶段，由于人们开始意识到新的文化同自己一直认同的文化之间存在着巨大的差异，因而表现出一种无所适从的心理状态。第三阶段是调试阶段，这是一个对新文化同本土文化之间的差异性逐渐适应的过程。在这一过程中，开始表现出对新文化的认同。第四阶段是还原阶段，人们已经接纳了新文化和本土文化之间的不同，心理开始进入恢复原初状态的过程。当然，这里的接纳，并不是指对新文化的全盘接受，而是一种在某种程度上有所选择的适应性接受。

Brown 所谓的四个阶段可以称为"文化移入"（acculturation）。在"文化移入"的过程中，第三个阶段即调试阶段，可以说是学习者对于一种新的文化认同过程中最好的感知阶段，不仅仅是对两种文化之间存在的社会距离的感知，也是学习者能够感受到的最佳认知与情感紧张的阶段。在这一个阶段中，语言学习者正在承受着学习语言过程中必须承受的压力。因而，这一过程对学习者的语言学习将有极大的推动作用。

其实，文化的阶段性原则是外语学习过程中导入目的语言民族文化教学时应该遵循的一个循序渐进的过程。具体可以根据学生学习目的语言的能力、接受程度、领悟效果等方面来决定讲授的目的语言的民族文化的内容，使文化教学有一个由浅入深、由表及里、由现象到本质的渐进过程。但是，我们在外语教学的文化教学中贯穿阶段性原则时，绝不能忽略文化教学内容本身具有的内容方面的一致性与渐进性。这样，就不会使学习者感觉到自己所学的文化知识处于一种凌乱的状态。

语言教学中的文化，涉及"词语文化"与"话语文化"两个方面的内容。若是将两者做比较来看，话语文化所涉及的内容要比词语文化复杂得多。但是，仅就词语文化来说，其内部又涉及极为复杂的种种文化因素。因此，在我们对外语教学的文化教学进行课程安排时，一定要主要考虑到这些方方面面的因素存在，以便做出与我们学习目的相契合的课程安排，有助于将来学习者跨文化交际的合理进行。

（三）文化教学的基本内容

我们这里所说的文化教学内容，可以分为两个方面，即"表层文化"与"深层文化"。具体来说，文化的表层内容包括如下方面，即语言文化内涵、语体文化及目的语言国家的人文地理、风俗风情。文化的深层内容包括如下方面，即目的语言民族文化心理、思维方式、价值观念、审美品位以及时间观念、空间观念等。由此可见，文化教学的表层内容，重点着眼于对于目的语言民族文化背景知识的学习上；而文化教学的深层内容，则是注重于培养学习者对于语言的洞察力、敏感性、文化理解力和创造力。也就是说，文化教学的深层内容，关注的是学习者在未来是否具有能够在两种不同的文化之间进行互动的能力。

1. 发现和寻找文化的共性

人类的思维有着相似甚至是相同的基础，因此，对于世界万物的看法，就有着较为相同的基础。这样，就算是两种完全不同的文化，也可能在某些事物的看法上有着其一致性与相似性。也正因如此，不同民族、不同地域之间才有了进行文化交际和文化交流的可能性。任何一个民族的文化，在与其他民族的文化进行交流比较时都可能发现文化重合现象。英语与汉语之间也不例外，这两种文化之间，也存在着文化重合。举例来说，对于"比喻"这种修辞手法的应用，不仅在汉语文化中存在，在英语文化中，也存在着相同的修辞手法。在英语文化与汉语文化中，"比喻"这种修辞格，都是对人类思维方式习惯与情感认知的一种反映。在对这种修辞方式进行应用时，这两种语言都习惯于在相同的本体与喻体之间建立起一种类比的关系。比如"像小鸟一样自由"这句话，英文的表达方式就是"as free as a bird"。

除了语言交流存在共同点之外，英汉两个民族在非语言交流中，也存在着相同之处。例如，我们都是用点头表示"肯定"的意思，用摇头表示"否定"的意思。而且，英汉两个民族在交流时，共同属于非接触文化，也就是在进行交际时，从肢体方面都会保持一定的距离来进行交流，很少有身体接触的存在。汉民族属于高语境文化，英语民族则属于介于高语境与低语境的文化之间，总而言之，这两个民族文化的特性都是属于比较内向、情感不张扬外露型的，做事时认真仔细、谨慎小心。外语教学之所以能够进行，正是因为这些文化重合现象的存在。外语教学的实施，就是因为不同民族文化之间存在的共同性与耦合性，才得以顺利进行的。在两种不同的文化之间进行比较交流学习，必须寻找到这两种文化存在的共同性基础才能够保证交流学习的顺利进行。

2. 加强中西方文化的差异性比较

两种文化之间除了存在着可以用来进行交流的相同或者相似的文化基础之外，存在的差异性也是显而易见的。任何一个民族的文化，都有其在民族漫长的社会生产实践发展过程中积淀形成的习惯、传统、礼仪、文明，这些是一个民族文化区别于其他民族的鲜明例子。因此，学习一个民族的语言，就必须对这个民族的文化传统、思维习惯、风俗风情等方面都有认识。特别在进行跨文化交际时，对于目的语言民族文化、礼仪习俗、日常惯性等方面有所了解，是减少民族文化冲突的必备条件。这样，才能够避免跨文化交际中误会冲突的发生。就如 Thomas 所说的，语法错误是属于语言交流过程中最为表层的错误，语言使用者与接收者对于这一错误是能够很容易发现的。这种居于表层的语法错误，即使被对方在交流时发现，一般情况下也不会引起误会，最多就是听者认为交流对象对本民族语言词汇表达不够熟练。但是，若是在跨文化交际中发生了语用错误，那么就不是这么容易被听者理解了。一个能够用一口流利的语言来与交际对象进行交流的人，却在语用方面出现了错误，那么，多数人会认为这是一种极为不礼貌、不尊重听者的表现。因此，这就不会被听者简单地归为语言表达能力不够而轻易谅解，而是会被交际对象误认为是不尊重自己甚至是对自己存有不友好的目的。所以，我们在进行外语教学的过程中，一定要注重对学习者强调不同民族文化之间存在的差异性，引导学习者能够从更为深刻的层面认识本民族文化与目的语言文化之间存在的差异性，为学习者多提供一些接触目的语言民族文化的机会，引导学习者逐渐深入地了解、接受、包容目的语言民族文化传统习俗，让学习者认识到，对于目的语言民族文化的学习，有助于自己开阔思维，有助于培养自己国际性的视野思维宽度，从而建立起自己跨文化交际的能力与框架。在英语教学中文化学习将带来思想解放，扩大国际理解和合作，尊重和欣赏所学语言国家的价值观和人们的生活方式。因此，我们在进行外语教学时，除了帮助学习者打下坚实的语法基础以外，还应注重学生目的语言民族文化、价值观念、思维方式、风俗习惯等方面的知识传授，以便更好地提升学习者语言敏感度、文化意识及交际能力，使其能够在特定的交际环境中进行得体合适的交际，为其提升语言素养与跨文化交际能力做好必要的条件准备。

在外语教学过程中运用文化比照的方法来对目的语言的民族文化同本民族的母语文化做比较，从而发现目的语言民族文化同本民族母语文化之间存在的异同，最重要的是通过比较找出两种文化之间的不同所在。也就是说，任何两个民族的文化，都存在着异同，因此，我们在外语教学过程中，就是通过教学发现中西方文化之间存在的异同之处，并且在教学过程中有意识地对中西方两种文化的相同之处与不同之处进行比较，从而使学习者能够用英文对中国文化进行流畅而准确的表达，能够使对目的语言民族文化的认识和英语交际水准在同步状态中共同提高。尤其需要注意的是，在国际交流中，中国人在用英文表达观点进行交流时，表达出来的应该是中国的文化观点、价值观念等，而非英国民族的文化传统与价值观念。这样，就十分需要我们在进行外语教学过程中，特别是在外语教学中的文化教学，突出强调对我们本民族文化传统的传承。这一做法，不仅在外语学习时有助于学习者抵抗外来民族文化的侵蚀、进而在外语学习过程中保持中国本土文化的身份传统，同时，在学习者的观念中突出加深对本民族文化传统的理解与认识，增强对外来民族文化的尊重、宽容与理解，从而更大程度上使外语学习者认识到自己存在的不足与匮乏，切实通过外语学习来提高学习者的跨文化交际能力。

3. 适当增加文化测试内容

当前我国外语教学过程中，中国学习者用外语对中国事物表达时出现力不从心的情况。这一情况可以通过英语测试来解决。除了考查测试学生对目的语言基础知识的学习效果外，还可以增加一些有关中国传统文化知识内容的测试，特别是具有中国特色的文化传统、涉及中西方文化差异的内容。通过考试来强化外语学习者对于本土文化与事物知识的了解掌握，以便解决跨文化交际中出现的目的语言与中文事物的不准确性问题。比如，可以拟定一些中国文化事物用英文词汇表达的试题，或者用英语对中国特色的事物进行小作文考查等，都可以提升外语学习者的文化表达能力与水准。不过，对于这种小测试，外语教学过程中除了书面的测试以外，还可以通过日常的课堂口语测试与练习来进行，不用拘泥于一种形式的测试。

对于"中国文化失语症"问题的出现，折射出来的不仅仅是简单的中国文化表达不足的问题。从另一个角度也表明，在进行跨文化交际时，存在因民族不同而导致交流的不平等性。若是任由这种状况继续发展下去，那么，中华民族优秀传统就有可能在跨文化交际过程中丧失自我的独特性，并且存在着被同化的可能性。

（四）文化教学的基本方法

胡文仲教授曾经指出，在美国的文化教学发展历程中，很大程度上受到了跨文化交际的影响，英国的文化教学则受着很大程度的功能主义语言学与跨文化语用学的影响；在苏联的文化教学中，则以语言国情学作为主要的教学原则与基础。在中国，胡文仲教授（1992）、高一虹教授（1995）等著名的文化教学研究者在对跨文化教学进行研究的基础上，提出了符合中国人特色的一系列文化教学的课堂技巧，具体有：

（1）文化对比。文化对比指的是在外语教学过程中，教师在课前指定课堂讨论的范围，让学习者在课前对目的语言民族文化与本民族文化进行有目标性预习，并对两种文化之间存在的异同进行比较。上课后，教师同学习者共同讨论两种文化存在的异同，以及在跨文化交际过程中可能出现的语言问题和可能产生的误会。

（2）文化旁白。文化旁白指的是教师在进行语言教学时，适当地穿插进一些目的语言民族文化的内容，并进行介绍或讨论。

（3）文化同化。文化同化指的是相对弱势和落后的文化与相对强势和先进的文化接触后，逐渐引进和学习强势的先进文化，并受到强势文化的影响，具备强势文化特征的过程。当一个弱势文化具有强势文化特征时，我们就说这个弱势文化被强势文化同化了。

（4）文化包。类似于文化同化，和文化同化的解释基本相同。

（5）听觉动能单元或者全身反应法。这是一种以听力练习为主要方式的外语学习方式，这一练习过程基本是由一系列的指令来完成的，学习者根据教师所给的指令来完成指定的情境片段中的跨文化交际。

（6）文化岛。这是指在外语教室中教师通过制作一些目的语言民族文化的图片或是板报等形式，从视觉上制造出一块目的语言民族文化园地，对学习者形成影响，引起学习者对于目的语言民族文化的关注。

（7）微型剧。这是在课堂上通过一些片段性的角色扮演来使学习者对于目的语言民族文化与语言表达进行的一种感同身受的体会与理解。

胡文仲等学者提出的上述教学方法，都是通过课堂练习来完成的，是一些效果明显的教学方式。与此同时，外语教学中的文化教学，还可以通过一些隐性的教学方法进行练习，如引导学生进行目的语报刊的阅读，或是观看目的语视频录像、经典影视剧、同说目的语的人进行口语交流等。这对语言的学习与目的语言民族文化的了解掌握，也是极为有效的途径。

对英语学习者来说，英文书籍报刊的阅读其实是另一种书面形式的跨文化交际。我们知道阅读也是一种交际活动，而且是一个较为积极主动的理解释义的过程，在这个阅读理解释义的过程中，读者需要充分调动自己各方面的思维、判断、感知等能力对阅读对象进行吸收。这是一个极为复杂的心理活动过程。换句话来说，阅读者要在阅读过程中调动起自己各个方面的感官对阅读对象进行分析、判断，领悟作者在进行创作时的心态观念，这是一个积极主动的过程。其实，在某种程度上，读者与作者之间的这种解读与被解读的过程，也是一个双向互动的过程，只不过这一过程的发生，有时并不是发生在同一时空。而且，学习者在进行目的语言作品阅读过程中，必然存在着很多包含目的语言民族文化的词汇。这些携有大量文化内涵的词汇被搁置到具体的语言环境中，对于阅读者理解中西方文化差异、比较差异，从更深刻的层面认识和理解目的语言民族文化与汉语具有很大的促进作用。这些在具体语言环境中大量的包含西方文化的词汇，在学习者进行阅读的过程中以一种无意识的形式帮助语言学习者对中西方文化差异、中西方价值观、思维方式等进行比较，在很大程度上弥补了外语学习者在语言学习过程中对于文化理解的不足之处，有效地拓展了语言学习者的文化视野，从一定层面上提升了外语学习者的文化敏感度，有助于跨文化交际的顺利实现。

文化，不仅只有语言一种形式作为载体。同时，艺术、行为方式等也是文化的重要表现形式。其实，文化形式最为直接的表现是艺术。不管是建筑艺术、雕塑艺术，还是音乐艺术，无论哪种艺术形式，最终体现的都是文化的结晶，反映出来的是一个民族丰富的文化内涵。因此，外语学习者可以通过参观目的语言民族文化艺术展，聆听目的语言民族音乐会等多种形式，来感受目的语言民族丰富的文化内涵与多样性的文化表现形式，丰富自己对于目的语言民族文化的了解与认知，从而有效地提升自身的文化鉴赏素养。

二、大学英语教学中目的语文化与母语文化的兼容性

潘文国（2013）认为，语言之间的对比有共同基础的因素。因此，这就很好地说明了人类语言的一些共同特性，如世界上所有的语言具有的功能都是相同的，都是人类用来传递信息、交流思想、表达情感的重要交际工具。语言都是通过后天学习获得的。因此，可以利用语言后天习得性使母语在外语学习过程中发挥正迁移的作用。所有的语言都具有规则性，就如一个社会的政治经济交往，任何一个团体或者是群体、个人都必须遵循这一社会的交往规则，语言也不例外。用一种民族的语言进行交际，就得遵循这一民族在历史发展过程中形成的语言规则。人类的语言交际活动并不是一个杂乱无序、没有规则可以遵循的过程。我们可以通过语言的方方面面发现在语言交往过程中存在的规则。不论是一个社会中单独的人与人之间的交往，还是社会中一个群体与另外一个群体的交往，都必须遵循这一社会语言规则，否则交际就会难以进行。如若没有这一语言规则的存在与制约，语言交际就无法想象。语言又是一个极具时代性特征的存在。作为一个民族的文化载体，语言所体现并承载的是一个民族在悠久的历史发展过程中积淀下来的优秀文化成果。伴随着人类社会的不断发展前行，语言也与时俱进。在漫长的历史过程中，一些旧的语言、词汇不断地被新的事物、新的能够表现时代特性的语言词汇所代替，甚至一些句法结构、语音都在随着时间的推移而发

生改变，古汉语就是一个很好的例子。很多古汉语词汇，在现代汉语中已经不被运用。而且随着时间的推移，一些古汉语词汇的读音、意义，逐渐不被现代人理解。同样，现代汉语中出现的具有时代特征的词汇语言也是古汉语中不曾有过的。这是语言时代性特征的很好证明。

我们进行不同的民族语言文化之间的差异性研究，其最终目的是找出不同民族语言文化之间存在的共性，为进一步深入地学习目的语言文化打下基础。若是没有共性存在，我们的外语学习与不同民族之间的交流沟通，又该从何做起？

（一）英语的国际地位对母语文化的影响

英语作为国际通用语，受着政治、经济、文化、历史、发展等多方面的因素影响。现在，越来越多的国家与民族将英语作为国家或是民族必须习得的第二语言或者是第三语言。因此，作为一种国际性通用语言，英语就超出了以英语作为其母语的国家民族的限制，而作为一种国际性语言存在。这样，英语作为一种语言，不再是单独地归属于某个国家或是某个民族了，不再成为其专属用语，而是在国际交流中扮演着中性的信息媒介角色。根据 Smith 的观点，在学习像英语这样具有国际身份的语言时，学习者没必要对其文化规范进行内化，因为它是属于国际的，适合每一个民族与国家，而不是专门为哪个民族而设定的。学习者对于这一国家通用语言的学习，最主要的目的就是运用这种国际通用语言将本民族的文化传统、思想观念等传播出去。

那么，基于这样的观点，在英语教学中融入对本民族文化传统的教学，使英语学习者在学习英语的同时，对本民族的语言文化传统有较为深刻的认识，是当前我国英语教学中必不可少的内容。作为一名英语学习者，应该将本民族的本土文化通过英语这一国际通用语传播给世界各个民族，使世界上的更多民族能够通过国际通用语的介绍，认识中华民族的传统文化，了解中华民族的传统文化与价值观念、风土人情。

（二）母语学习在目的语言学习中的重要作用

对于两个民族不同语言的差异性比较，美国语言学家罗伯特·拉多博士（Dr. Robert Lado）于 1957 年提出了对比分析理论（contrastive analysis hypothesis）。他认为，为了能够更好地对两个不同民族语言的相同之处与不同之处进行对比，可以通过这两种语言的语音系统、语素系统、句法结构以及文化差异等方面来进行"句子对句子"的比较。这样，教师就能够提前知道可能存在的错误，从而帮助学生充分掌握和了解学习时最容易出现错误的地方，指导学生比较容易掌握的知识和不易掌握的知识，从而有针对性地教学，达到教学目标。

在罗伯特·拉多博士的对比分析理论中，母语在学习者进行第二语言的学习过程中具有十分重要的意义。而关于母语在第二语言学习过程中的重要作用，Gass 和 Selinker 曾经说过，学习中的困难和简单分别由两种语言的差别和相似决定——差别越大，越容易出错。因此，根据对比分析理论的观点，母语对学习者第二外语的学习有着直接且重要的影响。对于第二外语的学习，从其根本来说，就是学习者对母语和第二外语进行的相同性与不同性比较的学习，主要是对两种语言之间存在的差异性学习。这样，对外语学习者来说，只有从更深刻的角度对母语以及母语文化有着深层次的认知，才能够更好地进行两种语言以及语言文化之间的比较分析，才能够发现两种语言、两个民族文化之间存在的差异性，学习者在这种差异性基础上通过反复地对母语文化与目的语言文化的比对，对于母语发生负迁移作用时产生的错误进行及时准确的纠正。

人们对对比分析理论的看法主要集中在两个方面：一种持肯定态度。对比分析可以为语言教学提供必要的信息，对教学中可能产生的困难有所预测。这样在制定教学大纲、设计课程、编写教材时就可以更有针对性。另一种则持否定态度。认为对比分析不能只从两种语言本身进行单纯的比较，而应该分析学生在第二语言习得中的难点。不能把语言看成封闭的结构系统，而不分析语言的功能和意义。总之，对比分析假说把第二语言的习得过程和迁移作用看得过于简单。

可以说，母语在学习者进行第二外语学习过程中起着辅助作用。例如，在母语学习时，就词汇来说，都是在对熟悉事物认知的基础上来学习与之相关的事物、概念等词汇的。同样，在学习一种目的语言词汇时也是基于认知熟悉事物而对与之相关的事物、概念进行学习认知。这样，比另外用一套标签对这些事物、概念进行重新认识容易得多，学习的进程也要快很多。除此以外，母语与目的语言之间，在其他方面也有着很多的相似之处。无论哪一种民族语言，都必然存在着一些属于人类语言的相同之处，这也是人类不同民族语言之间能够进行相互学习交流的基础。这就是莱昂斯（Lyons）所说的"语言重合现象"（language overlapping）。可以毫不客气地说，若是没有母语作为人类在学习第二外语时所需获取的知识、技能经验的基础，人类是根本不可能进行第二外语学习的。

综观整个外语的教学史，在中国的外语教学过程中，最初都是在用母语也就是汉语言来进行外语教学。直到现在，这一教学方法依然无法从外语教学的课堂中完全清除。20 世纪中期，在美国的第二语言学习过程中，开始采取在听说训练中完全排除母语的影响的方法。而我国也在 20 世纪 80 年代开始流行"交际法教学"（communicative language teaching），也就是在第二外语教学的过程中全部使用目的语言进行教学，在后来的教学实践中逐渐发现，即使将母语从外语教学的课堂上赶出去，却无法将其从学习者的头脑中真正赶走，因为母语对学习者的影响根深蒂固。因此，王振亚（1990）曾经总结说，无论外语教师在课堂讲授时是不是完全不用母语，无论在外语课堂上学习者用不用母语进行表达，母语对学习者的外语学习影响总是始终存在的。但并不是说，既然外语教学课堂上母语的影响无法排除，教师就可以无限制地运用母语进行讲授，毕竟，在外语课堂上多运用目的语言组织课堂教学，对于学习者目的语言信息输入量还是有很大帮助的。但是也要明白，并不是所有的目的语言信息输入对于学习者都是有帮助的，只有那些能够被学习者理解接收的目的语言信息，才对学习者有意义。对于目的语言中很难被学习者理解接收的信息、知识，若是通过母语的讲解，表达得更为清晰明白，更容易被学习者理解接受，这种情况下还是用母语进行课堂知识难点的讲解比较好。总而言之，多数情况下，教师在外语课堂上应该尽可能地用目的语言组织自己的课堂教学，只有在学习者无法理解目的语言情况下适当地用母语进行解释。这样，对于学习者第二外语的学习效果，有很大的提升作用。

时间对于每一个人来说都是公平的。因此，对第二外语学习者来说，若是每天用在学习目的语言上的时间多，也就意味着会减少对于母语的学习。现在，一些学者已经意识到在外语教学过程中，学习者对目的语言学习投入大量的热情、兴趣及时间，这已经开始影响到对母语文化的学习与兴趣，以至于很多外语系学生的汉语能力严重下降。一项关于大学生汉语水平的调查报告显示，现在有大约 80% 的大学生在汉语写作时存在着一定程度的语法问题。此外，还有一些学生的汉语作文中错别字连篇。这是一个值得大家思考的问题。

其实，从本质来讲，外语交际能力同一个人的母语交际能力有着很大程度上的一致性。只不过，母语交际能力的获得方式、能力与要求等方面同目的语言的学习有所不同。一般情况下，外语学习者基本是在母语交际能力的基础上进行目的语言与交际能力学习的培养。因此，外语学习者本身所具有的母语交际能力，必然会对其目的语言交际能力的学习与培养产生很大的作用。前面我们曾经分析过，不同民族、不同国度、不同地域的人与人之间之所以能够进行交际，是因为人类之间存在着一定的相同性基础，包括交际目的语言与母语之间的某些相同性。因此，一名外语学习者母语文化的交际能力必然也能够在对目的语学习过程中产生正迁移作用。也就是说，一名具有良好母语文化交际能力的人，在学习目的语言文化交际、培养目的语言交际能力时，也相对容易一些。

（三）母语文化是培养跨文化交际能力的基础

一名外语学习者的跨文化能力的培养离不开他自己的母语文化，并且他的母语文化是交际能力的基础。杜瑞清（1994）曾经说过："要培养学生对于英美文化的敏感性与洞察力，我们必须先引导帮助学生了解本民族文化传统、演变及各种形式。"由此看见，学生跨文化交际能力的培养要建立在对母语文化理解的基础上。文秋芳（1999）则提出了跨文化交际能力培养模式。在文秋芳看来，从字面意思对"跨文化能力"进行解读可以发现，这一概念含有"交际能力"与"跨文化能力"两个层面的意思。而一个人的交际能力则又是由语音能力、语用能力与策略能力三个部分共同构成的。跨文化能力也包括文化差异的敏感性（sensitiveness）、文化差异的宽容性（tolerance）及处理文化差异的灵活性（flexibility）三方面。

文化差异的敏感性，主要是针对学习者深层次的文化敏感性来说的。这与学习者对目的语言文化的理解是两个不同的概念。文化差异的敏感性主要指学习者在对目的语言进行学习的过程中，对于目的语言文化同母语文化之间存在的差异性的敏感程度与感受能力。这是一种对于文化差异性的识别能力。但是，文化差异的敏感性，不仅仅指外语学习者对目的语言同母语文化之间的差异敏感性，还是一种超越了种族与国界的语言文化敏感能力。一般来说，学习英语的人对英美文化同汉语言民族文化之间的差异性存在着深层次的了解。但是，也只是能同英美文化的民族进行交际。而具有了文化差异敏感性能力，进入交际状态的人，就能够很容易地在双方交际过程中寻找到两种文化之间存在的深层次差异性，而不论交际对象有着怎样的民族文化背景。

文化差异的宽容性，则主要是针对外语学习者对别国文化所秉持的接受、理解和包容的态度。实践证明，一个人越是对不同民族、国度、地域之间文化的差异性了解深刻，在接纳、理解、尊重异国文化时，就会表现得越好。

处理文化差异的灵活性则包含两个方面的内容：第一，指交际者在进行跨文化交际时，能够根据交际所处的状态及时、灵活地调整自己的交际方式，从而使正在进行的跨文化交际能够顺利，并达到预期的交际效果；第二，是指交际者在进行跨文化交际时所具备交际的现实状况，对跨文化交际中因文化差异而导致的矛盾冲突进行及时处理。

外语学习者进行跨文化交际时所需要的处理文化差异的能力，若只是对自己所学习的目的语言文化有所了解，在跨文化交际中是远远不够的，还必须有母语文化作为基础，跨文化交际能力的培养才切实可行。文化因素可以说是人类进行跨文化交际时的一个极为重要的制约性因素。因此，我们在培养具有跨文化交际能力的人才时，应该目的语言文化与母语文化双重并举。对交际双方的文化差异没有深入的理解，想顺利地进行跨文化交际、解决跨文化交际时可能出现的矛盾冲突，是很难想象的。甚至，没有深层次地对跨文化交际中双方文化差异的深刻了解，必然会导致双方交际出现障碍，严重时还会导致交际失败。

因此，在进行跨文化交际时，首先对双方的文化传统有一个较为深入的了解，这是最为基本的前提条件。但这也只是通向成功跨文化交际的一小步。在进行具体的跨文化交际时，交际者还应该注意时刻提醒自己对于交际对象的文化细节，用交际对象的语言文化来衡量自己的言行举止。与此同时，还不忘向目的语言对象进行母语民族文化的传播与阐释，在跨文化交际中将母语文化介绍给交际对象。纵观整个跨文化交际需求，不难发现，过去那种认为母语文化在外语学习中不重要，外语课程设置完全没必要对母语文化进行安排的观点是完全错误的，至少不能够与现代实际情况合拍。在现代跨文化交际大背景下，在对学习者讲授目的语言知识文化的同时，还要有母语文化的讲授，特别是母语文化中的精髓所在，更要在外语课堂上传授。外语学习者只有深层次地理解了目的语言文化与母语文化之间的差异性所在，在进行跨文化交际时，才能够巧妙地避开跨文化交际过程中因文化差异而导致的文化交际失误或者矛盾冲突。

从束定芳、庄智象（1996）的观点来看，母语文化在外语学习过程中的重要作用，至少表现在两方面：第一，对外语学习者来说，只有通过母语文化与目的语言文化进行比较，目的语言文化特征才能够明显地表现出来，被学习者认识并理解。因此，母语文化是外语学习者进行比较的一个极为有效的工具。第二，在母语文化学习的过程中对学习者母语文化认识心理起到一个调试的作用，使学习者在学习外语过程中表现出更大的积极性与热情，调动起大家学习外语文化的浓厚兴趣。因为一个对外语及外族文化不感兴趣的学习者，是很难将外语学习好的，更不用说理解外族文化与母语文化的差异性所在。

学习者对于母语文化鉴赏能力的提升，对于他学习目的语言文化的深层面内容具有很大的促进作用，能够有效地提升学习者的客观鉴赏能力，有助于学习者加深对母语文化与目的语言文化的理解认识。Byram认为，学习者在进行外语学习的过程中，很容易对目的语言文化中出现的一些现象和自己习惯的母语文化做比较，并习惯用母语文化的模式来搁置这一新的目的语文化现象。这样就容易使学习者形成用母语文化的视觉与思维方式来解读目的语言文化的现象，从而形成异族人的观点。若是学习者想顺畅地掌握目的语言文化，能够准确地运用目的语言进行交流，就必须学会用目的语言的思维方式来思考，尽量摒弃母语文化的思维惯式对自己学习目的语言的影响。

外语学习者由于长期以来在母语文化的浸润下形成的负迁移作用是极为深刻的，总是习惯地运用本民族的语言进行文化描述，表达事物、情感、经历等，并不习惯于从目的语言的文化思维角度来对自己交际过程中的事物、情感等进行恰当表达，以至于产生跨文化交际的失误，严重时还会导致交际失败。这就是我们所谓的"文化盲点"（cultural blind-spots）。当然，对于"文化盲点"的问题，正逐渐被外语学术界认识到，并且在外语教学过程中开始逐步地给予相应的重视。在外语教学过程中，我们已经开始尝试文化导入，使外语学习者在外语学习的过程中加强对目的语文化的重视与导入，逐渐培养学习者的文化素养，以此来减少母语文化对学习者所造成的负迁移作用。

当今，中国正在走向世界的全球一体化。用英语来进行信息交流，不再只是外语学习者在跨文化交际过程中与目的语言对象的有效沟通，而是要将目的语言民族文化、先进观点、发达的科学技术吸纳过来，为我所用。同时，还要用英语将我们中华民族优秀传统文化传播出去，介绍给目的语言民族。因此，外语教学的任务，不仅仅是培养学习者对于目的语言的运用能力，帮助学习者开阔视野与思路，扩大学习者的知识面，通过语言的学习吸收借鉴目的语言民族的文化精华；还要把母语文化的精髓介绍给目的语言民族，将母语文化的精华传播出去。因此，这就意味着，外语学习者必须具备用目的语言表达母语文化的能力，并且对母语文化有足够的了解与掌握。

（四）目的语文化和母语文化兼容并举的实施途径与策略

1.寓文化教学于英语教学全程

我国传统的外语教学，基本是进行单纯的语言教学，而很少涉及对于目的语言的民族文化传统的教学。这种教学方式，对于外语学习者的跨文化交际能力的培养非常不利。林汝昌在 1996 年发表于《外语界》的文章《外语教学的三个层次与文化导入的三个层次》中认为，有关文化导入的理论和实践，目前只处在起步和实验阶段，文化导入和外语教学中仍然没有形成体系。基于这种现状，林汝昌提出了在外语教学中导入文化教学的三个层次，这三个层次依次推进：第一个层次，在对目的语言进行讲授的过程中，教师应该尽量消除目的语言学习中可能存在的影响学习者理解的文化障碍，重点放在目的语言讲授的课文、词汇内容相关的文化以及文化背景的介绍方面。第二个层次，在外语教学的过程中，结合教材与目的语言的课文内容与所涵盖的知识面，较为系统地对目的语言的民族文化进行导入，并在此基础上，逐渐归纳总结出一套与教材课文内容相结合的目的语言民族文化体系。第三个层次，在前两个层面的基础上，导入更为广泛的目的语言文化内容，包括对目的语言的民族文化传统、历史、哲学等方面的导入，也就是在外语学习的过程中，引导学习者对目的语言文化的社会模式以及价值体系有一个更为深切的理解与认识。林汝昌先生的这些观点，对于我国的外语教学具有很强的实践性与可操作性。而且，正在美国兴起的跨文化交际学以及英国的语用学，对于我们当前在外语教学中导入文化教学起到了很大的促进作用。

2.消除词汇习得中的文化盲点

在语言诸多的因素中，同文化的关系最为密切的就是词汇。无论哪一个民族的词汇，都承载着这一民族的文化传统。而这些承载着丰富民族文化信息的词汇，则是任何一部词典都无法穷尽其含义的。在学界，一些专家学者将词汇分为"一般词汇"与"文化词汇"。文化词汇，指的就是那些与特定文化有关的词语，包括物质文化、制度文化以及心理文化等范畴的词汇。这是一个民族的文化在词汇语言中最为直接或较为间接的反映形式。承载着民族文化信息的语言词汇，对于外语学习者学习目的语言有着极大的影响，甚至直接影响到学习者对于目的语言文章的理解和运用。因此，在我们的外语教学过程中，教师对于词汇的讲解，不能只停留在词汇语音、意义的讲解层面，还应该将词汇背后所深含的文化意义一同向学习者传授，特别是目的语词汇在该民族文化语境中的使用。这种对目的语言词汇文化的讲授，对于消除外语学习过程中学习者出现的目的语言文化盲点，具有极为有效的意义。

词汇文化蕴含在外语教学过程中所出现的盲点问题，很大程度上已经影响到外语学习者对目的语言词汇的了解与习得，致使外语学习者在对目的语言词汇信息进行学习的过程中得到不确定的信息，有时甚至会产生误读。这非常不利于外语学习者对目的语言文化进行更为深层次的学习与理解。此外，在外语学习过程中，学习者最容易犯的一个错误就是，目的语言的词汇学习只注重了目的语言词汇的概念意义，而忽略了对目的语言词汇所承载的文化信息的学习与理解。这样，就需要外语教师在进行外语教学时，对于词汇、词组以及目的语言的民族谚语等，通过与母语文化中相对应的词汇语言进行比较，从而在对比中使学习者对于目的语言的词汇与文化有着更为深入的了解和认识。

具体来说，对于两种语言词汇之间的比较有如下几方面。

（1）文化蕴含的不等值性

在不同的文化背景下发展起来的语言词汇，所涵盖的内容与文化意蕴是不等值的。以英语词汇文化与汉语词汇文化比较来看，语言词汇文化中的不等值性可以表现为词汇文化信息含量的增值或减损。也就是一种语言词汇中所蕴含的文化信息含量比另一民族的语言信息含量大或是小。就如用来表达同一个事物的词语，在不同文化中，所涵盖的意义层面并不是完全相同的。比如，中国文化传统中的"龙"，与英语文化中用来表示"龙"的单词"dragon"，其文化含义是完全不等值的。在中国的汉语文化中，"龙"用来指一种能够呼风唤雨的神奇动物，后来在发展过程中被作为中华民族的象征图腾，从而被赋予了高贵、神圣、吉祥的含义，如用来特指"一国君主"。一些具有大才能的人也用"龙"来指称，例如，百姓希望自己的孩子能够有出息、有才能，就用"望子成龙"来表示。在中华民族的词汇中，通过那些在历史传承发展过程中积淀下来的成语，就能够看出中国人对于"龙"的喜爱与偏爱，如成语"龙马精神""龙腾虎跃""龙凤呈祥"，等等。但是，在英语的词汇文化中，根本就没有能够同中国的"龙"意义相近的词汇，也就是在英语文化中，根本没有与"龙"相近的等值意义的词汇存在。在英语词汇中，"dragon"指的是一种类似于蜥蜴的爬行动物，这种动物在英语文化中是很不讨人喜欢的，被赋予了"凶猛、暴烈"的含义。因此，"dragon"常常被用来形容一个人的脾性暴烈凶猛。

能够体现中西方文化中对于小动物喜好的差异，最为鲜明的莫过于对"狗"这种动物的态度了。在汉语文化中，用"狗"来形容人的词语有很多，例如，"狗仗人势""狗腿子""狗头军师"等，一部分被赋予了贬义的感情色彩，用来形容那些不好的人与事。但是，在英语民族文化中，"狗"这种动物的存在则恰恰相反，"狗"是一种极为讨喜的动物。因此，很多用"狗"来比喻的人与事，都带有积极向上的褒义色彩。例如，汉语文化中的古谚语"爱屋及乌"，翻译成英语却是"Love me，love my dog"。

（2）文化蕴含的非对应性

在很多情况下，由于不同的语言文化环境形成的词汇文化含义，更多时候是表现为彼此之间的相互差异性。而且最为严重的是，两个民族之间的一些词汇存在着看似极为相同的含义，但实际指的意义却大相径庭。这是最容易在跨文化交际过程中发生误会冲突的问题所在。比如，在英语文化中，有很多包含着巨大的、极为丰富的英语民族文化传统与习俗的成语、谚语和寓言。若是英语学习者不能够很好地对这些成语、谚语及寓言准确理解，那么，在进行跨文化交际时，就很容易形成交际双方的误会与矛盾冲突。再如，西方古希腊神话传说具有古老的历史与非常发达的神系谱系。可以毫不夸张地说，"神"的存在已经成为学习西方文化不可避免的一个内容，是西方文化极为重要的一个构成部分。这些神，极为广泛地存在于西方的文学作品中。如掌管文艺的女神"缪斯"和春天万物的女神"维纳斯"等。在中国的历史发展中，也有着一个神系，如我国补天的"女娲"、开天辟地的大英雄"盘古"、追逐太阳的"夸父"等。但这些神只独特地存在于中国的民族文化谱系中，是中国本土的"神"，同西方古希腊文化传统中的"神"，并不存在对应性。

（3）文化蕴含的零对应性

"文化蕴含的零对应性"这一语言特征具体表现在两种不同的文化传承的语言中，并不存在与之相对应的词语表达。对某一些词语来说，另一种语言中相对应的词汇含义表达为"零"，也就是对等意义空缺。任何一个民族的语言词汇，都存在着一些对于另一个民族的语言来说很难理解的词汇语言。这些语言词汇在进行跨文化交际时极容易导致误会冲突产生。这种对等意义空缺的现象就是我们所说的民族文化空缺的问题，是一个盲点的问题，也被称为"国俗语"。举例来说，无论是英语民族还是汉语民族，在双方的文化传统中都存在着一些与本民族历史发展传承有关的、只属于本民族的神话故事、宗教传说、历史文化等，这些事物只属于本民族，不为其他民族所有。因此，这些文化都深深地刻印着民族烙印。比如，英语单词"drive-cinema"，《新英汉词典》中的解释是"免下车"电影院，就是提供"不需要下车的服务"的意思。这个单词实际上反映出一种美国特色的文化。尽管很多词典中对这个单词的解释清楚明晰，但是，若想真正地了解这个单词本身所蕴含的美国文化还是要观看英文原版的影视剧，看了之后才能了解得更为透彻。此外，我们都知道，英语中还有很多单词，在汉语言中很难找到与其相对应的词语释义。同样的道理，在汉语言文字中，也有很多的俗语、谚语，在目的语言中没有同其词义相对应的词来解释，如"京剧""相声"等。

对于这样类型的词语，在翻译时因为没有能够直接与其相对应的词汇来表达，直译就没有可能了。同样，也不能够简单地用音译来处理。那么，在外语词汇教学的时候，对于这类词汇的处理，要进行详细的讲解和认真的对比，甚至导入文化背景知识进行讲解，从文化的视觉来对词语的含义进行深入的解读。

总而言之，词汇是一个民族的语言文化与社会在漫长的历史发展过程中积淀下来的智慧结晶，体现一个社会文化群体的价值观念、思维习惯、风俗生活状态等。因此，在外语教学过程中，词汇习得的最佳方式就是将其放置于特定的文化情境中，同其包含的文化结合起来。这样，才能够使学生真正地掌握词汇的系统含义，而不仅仅是书面孤立的意义，以保证学习者能够在不同的情境中对其进行恰当准确的运用。

3. 正确理解母语和目的语之间语言风格的差异

根据 Sapir-Whorf 的假设理论，语言是一个社会群体理解社会现实的导向，对这一社会群体的思维习惯与感知方式产生了很大影响。任何一个民族的语言，都有其特定的语音、语法、词汇、习惯用语、民俗民谚以及交际习惯方式。具体来说，目的语言和民族母语之间的差异性体现在以下方面。

（1）书面语语言风格之间的差异性

每个人都是在特定的生活环境中成长起来的，必然受到这一生活环境文化形态的影响与制约，以至于很多行动都是在这种文化形态与模式的潜移默化中成为一种无意识的行为。在同一个文化背景中成长起来的人，语言风格必定存在着很多的相似、相同之处。而这正是这一社会群体区别于其他民族语言的独特所在，也是这种语言风格的独特性所在，是一个民族群体极为鲜明的文化标志。拿英语与汉语来说，从其本质来看，汉语属于分析式的结构方式，英语属于综合性的语言结构。但是就目前的发展趋势来看，英语趋于越来越简单的结构方式，经常性地省去一些介词与连词，多用虚词与词序的方式来表达意义。具体来看，英语与汉语之间的语言差异有以下几方面。

第一，英语比较注重语言的结构，汉语则比较注重语义的表达。在英美文化中，对于准确性的强调十分重要。尤其是美国英语，对于准确性的表现更为鲜明。举例来说，从语言风格的层面来看，现代英语文章有着越来越简单的趋势，较为简洁明了，特别是在表达一些愿望、意愿时，常常较为直接、开门见山。但是，在汉语言的表达中，往往比较喜欢用一些比喻、典故性的形容描述，而且常常一个很简单的请求，却通过很多的修饰语言来进行委婉曲折的表达，从而使英语文化的人总是感觉拐弯抹角，华而不实。英语文化背景下成长起来的人，对于信息的传递，在行文过程中是比较注重其实在性的。而汉语言文化背景下成长起来的人，在行文过程中则比较注重在所传递的信息中增加一些修饰性的方式，如通过重复论点进行强调、形象化的语言来增强信息的情感含量。

从词汇方面来说，美国文化中比较常用一些意义极为明确的词语，如"absolutely""certainly"等单词。从句法和语法的层面来看，在英语的语言文化结构中，英文句子一般都是结构完整，主谓宾结构齐全，表述过去、未来、现在的时态样样齐全，还有主动与被动、现实和虚拟，等等，语法规则应有尽有。从论文的篇章结构来看，英语文章一般都是由导语、主体与结论三个部分组成。在文章的每一个段落结构中，往往第一句就是整个段落的中心，然后运用词汇和语法的显性衔接，在语言形式的层面将单词句子连接成文，利用词汇与语法的这种衔接性使语义连贯、篇章黏合，并具有极强的逻辑性。与西方语言文化相对应的东方文化语言，如中文、日语等，最经常用到的就是"或许""可能"等表示不肯定性的词语，甚至很多时候，汉语和日语的句子中没有主语存在，但是依然能够表达清楚意思，并连句成篇。特别是汉语言，注重的是意合，因此，根本不需要通过词汇语法等衔接手段，只靠词语和句子之间的内在含义及逻辑关系就可以连接起来，表达清晰的意义。这就是汉语文章所谓的形散而神不散。汉语言的表达，总是令人回味无穷，意蕴悠长、模糊隐约、灵虚传神可谓其一大特性。

语言表达的直接与间接这一对相互对应的语言风格，同霍尔观点中所谓的低语境文化和高语境文化的特点相同。在低语境文化中，注重的是语言的作用。而在高语境文化中，注重的则是环境的表意功用。这也是中西方语言文化存在的一个差异性表现。中文的综合性与英文语言的分析性特征差异性也通过语言风格来表现，也就是语言构思方式与组织方式的意合和悟性与形合和理性的不同所在。

第二，英语中多用被动式结构，汉语言文化中则较多运用主动式结构。英语文化中最常用到的是被动式时态结构，比如，It was done 汉语的意思就是"这件事做了"，但不可能翻译成汉语时说"这件事被做了"。尽管汉语言词汇中存在着表示被动结构的"被""叫""让""给"等词语，但在具体的语言表达时基本都是用主动的形式。

这表明，在汉语言文化中，动作的主体与对象在语言表达中并不需要那么清晰地区分出来，主语的身份究竟是主动还是被动，则没有必要那么清楚地强调出来，而是一种朦朦胧胧、天知地知的会意的事情，从而折射出汉语文化"天人合一"的传统世界观。但是，在英语文化中，对于主客观世界，则有着极为分明的区分。对于主语的身份，究竟是主动的，还是被动的，表达中都是比较清楚的。也就是说，在英语文化中，对于个体生命的主体性意识比较强。因此，主体的身份必须明确清晰地确认与突出。

第三，英语文化中多前重心，汉语言文化中则多后重心。所谓的前重心，就是指在语言表达过程中，一般先说结果然后再阐述具体的细节；所谓的后重心，则是指在语言的表达过程中，先阐述具体的细节，而将事情的结果放到最后来表达。1996 年，美国学者 Kaplan 首创了"修辞对比"（constrastive rhetoric，CR），这是一个专业术语，用来描述那些将英语作为第二语言的写作者用英文写的作文和英语为母语的英语作文之间的不同。Kaplan 率先对母语的语篇结构和修辞方式在第二语言中的表现进行研究，指出不同语言具有不同的修辞方式，母语的语言与修辞传统会对第二语言写作产生干扰。22 年后，Kaplan 将 CR 诠释为"跨语言、跨文化的对比"（1998）。对比发现，不同文化背景的人，用英文进行写作，在文中所使用的语言模式不尽相同。这里所说的不同，并不是语法层面的差别，而是作者在论证命题、连句成篇等方面的差异性。可以说，英语的表达是一种"直线形"的表达，而汉语的表达以及其他东方语言的表达与修辞类型则都属于"螺旋形"。在英语语言文化的直线形表达中，英语段落的开头首先就是主题句，然后才是一个接一个的相互衔接的论证语句，直到最后的结尾。若是与此相反的形式，则先是例证句，最后以主题句结尾，这是极为典型的"演绎与归纳"型段落结构。在这中间没有任何同主题内容无关的修辞附加成分。而汉语言文化以及整个东方语言文化中所谓的"螺旋形"结构，则是在结构全篇时，并不直接进入主题，而是围绕着文章主题进行外围的阐述，从间接的角度对主题内容进行阐释。因而，在英语文化环境中成长起来的人，对于这种类型的文章表述方式会感到十分困惑。

（2）口语交际语言风格的差异性

正常情况下，不同文化背景中成长起来的人，在进行口语交际时，必然会存在着一定的差异性。举例来说，在中国的文化传统中，比较注重人的"中庸之道、谦虚、礼貌、不争、宁静淡泊致远"等，在社交中，常常表现为不多说话、不主动与人交谈等。但在英语文化中，中国人在社交中的这种表现则常常被认为是同群体的疏离，不乐意参与社交。因此，很容易在跨文化交际中造成误会。而与中国的东方文化传统恰恰相反的是，在美国的文化传统中对个体生命的个性张扬则极为关注与尊重。因此，在英语文化的社交表达中，美国人常常表现出极为强烈的主动性与个性特征，无论什么样的社交场合，美国人都会主动参与到与他人的交流中，主动表现出自己的社交能力与个性。

"会话结构"，是指人们在进行交流对话时对自己所要阐述的观点构建的方式。也就是说，在进行观点阐述时，究竟是先将自己的观点表达出来，然后再做大量的相关背景资料与知识的论述，还是先对观点的背景知识进行阐释，然后再提出自己的观点，其实就是一种说话方式的直接性还是间接性方式的不同。选择某种方式同个体生命所在的群体文化影响有着极为密切的关系。在中国的传统文化习惯中，最重要的总是放在最前面。但是，在英语的文化传统习惯中，则总是对他人大谈特谈直接提出问题的重要性。同会话结构紧密相关的还有人们在表达同意或者是不同意时的态度方式。在中国人的文化传统习惯中，对于"否定"意思的表达，总是用一种模棱两可的方式，而不善于直接地向对方说"不"。拿答应朋友的邀约这件事情来说，在中国人的传统意识中，是不好直接拒绝的，而是宁肯先答应下来然后不兑现承诺，也不会直截了当地向对方说"不"。而美国人则会直接拒绝不想答应的邀约。

在一次较长的谈话过程中，说话的主体总是轮流进行的。但是，在不同的文化传统习惯中，说话主体轮换的顺序是不同的。在中国的文化传统习惯中，一般都是听话人听说话主体讲完，自己再接着换成说话主体的位置，中间不会打断说话主体的讲述。但是，在英语文化传统中，倾听者则会多次打断说话主体的讲述，要求其对相应的问题进行解释。正因如此，中国人在进行交流时，一般会在句子、段落之间进行较长时间的停顿，而美国人则停顿时间较短。

4. 消除母语的负迁移作用

当一个民族的生命个体伴随着自己的成长不断习得母语时，也就完成了自己的世界观、价值观、人生观、思维方式、行为模式以及心理建构。这是一个生命个体极具排他性的深层次的意识结构，构建起了一个人"民族中心论"的高墙，以至于在面对另一民族的文化传统时，总会有意无意地以自己民族的思维方式去对待、解读。

近年来，对于英语和汉语这两种语言之间进行比较的研究成果比较卓著，由此我们能够更为清楚地总结出母语文化的负迁移作用在汉译英过程中的发生路线，并最终导致"中国式英语"的出现。通过前文所述我们都明白，英语的句子结构较为注重"形合"，但是汉语言文化中句子更注重的是"意合"。因此，英语更多的情况下是通过"形合"的方式来连句成篇，将单词、句子与段落组合在一起形成整篇文章的。在汉语言中，尽管也存在着类似的连词，但是，由于汉语言对句子的逻辑排序有着极为严谨的要求，而且还有很多的逻辑含义深深地包含在句子深层结构中，并不是通过句子的表层就能够表现出来的。汉语句子的这种连接方式，对于汉语民族的群体来说，仅凭着本能就可以成功领悟其中的含义。可是，这种本能的直觉在汉译英的时候却因为找不到对应的连词来连接成句，导致了"中国式英语"的出现。

如果说，一个民族语言的迁移作用，主要通过这一民族语言的"规范"性得到体现。那么，母语文化的负迁移作用，则是在对这一语言的得体表达中表现出来的。如果从社会交际的角度来看，这种迁移的作用越大，越应该引起大家的更多关注。但是，对于这种母语文化的负迁移作用，只能通过提高文化素养、提升对英语国家文化的敏感性来克服。

5. 充分发挥母语文化在外语教学过程中的正迁移作用

所谓的正迁移，就是通过已经掌握的知识对后来习得的新知识起到辅助性的作用。母语文化在外语教学过程中的正迁移作用，就是当母语文化同目的语言文化有重合现象发生时，学习者可以直接将母语文化中的知识用到目的语言学习中去，这样可以提升对目的语言的学习效率。

在已知的基础上求未知的条件，这是人类认识任何事物的过程中一个极为基本的策略方式之一。拿中国人学习英语来说，在学习者学习的时候，其实他的头脑中已经存在着一套属于汉语言文化的规则。因此，在学习英语的时候，对学习者来说，总是会不可避免地依赖自己的母语规则。这样，当出现两种文化中意义相同的词语时，母语文化中对该词已有的认识就会发生正迁移；若是恰好相反，则会发生负迁移。任何一个人，在学习另一个民族的语言时，总会以自己的母语文化作为基础，一个人对于母语文化知识的掌握程度，是他学习外语知识、理解另一民族文化传统时的必备前提。

其实，早在 20 世纪 30 年代，就母语文化在外语学习过程中的正迁移作用就已经有学者进行了理论探索。在我国，很多学者也做了许多相关研究（朱静芬，2000；戴炜栋，2002；卢效用，2002 等），并且他们能够比较客观公正地对母语文化的正迁移作用给予评价。语言学家们多数都认为，对英语学习者来说，应该充分地运用自己母语文化中掌握的知识作为学习外语可利用的资源，以此来推动他们对于第二外语的学习效果。在学习第二外语的过程中，无论是对教师来说，还是对学习者来说，都不能忽视母语文化对于外语学习效果的作用。很多实践都很好地证明，对成年外语学习者来说，若是想让他放弃自己早已习惯的思维方式，改用目的语言思维习惯，几乎是不可能的事情。

在以结构主义语言学为基础的对比分析观点者来看，语言的迁移作用的发生，是第二外语或者是外语学习的一个中间过程，母语的负迁移作用对外语学习者来说一直存在。但是，对不同程度的学习者来说，存在的作用和影响也大小不同。对初级阶段的外语学习者来说，其第一直觉就是用母语的思维习惯来看待外语的一切事物，并且使用母语进行思维是一种极为正常的心理作用，可以通过掌握的母语知识促进自己外语知识的学习。在这一初级阶段，出现的负迁移作用可能会比较多。当进入中级阶段的学习时，学习者对于两种语言之间存在的文化差异性已经有了一定的了解。这时候，出现迁移错误的概率也就大大降低。但只有进入高级阶段之后，母语文化的负迁移作用在外语学习者的学习过程中才能够逐渐减少直至彻底消除。由此可见，对外语学习者来说，无论其处于哪一个阶段，母语的迁移作用都会产生影响，伴随其整个的外语学习过程。

随着认知科学与心理学的不断发展，大家已经有一种共识，那就是对外语学习者来说，从自己已经具备的知识的基础上进行新知识的学习，也就是在母语文化知识的基础上学习第二外语，母语文化知识作为学习者学习新的语言的一个参照系数，能够在很大程度上提升外语学习者的外语学习效率。

从最本质的层面来说，任何一种语言都充满了创造性。大家说的每一个句子，都是一种意义的创造。对人的知识体系来说，是一个完整的整体。因此，那种在外语学习过程中完全排除母语作用的提法是不符合实际的。举例来说，中国的外语学习者，之所以能够用 2 ~ 3 年的时间掌握在母语文化语境下需要用 10 年左右时间来掌握的语言知识，这同他能够充分运用自己已经掌握的母语文化知识是分不开的，再加上自己的形象思维、抽象思维的运用，自然能够掌握母语儿童在短期内难以掌握理解的语言知识。对两种不同的语言来说，尽管这两种语言符号有着很大的不同，但是，对于构成语言的基本结构方式、文法、句法、表达方式等，都存在着很多的相似之处，这也是两种不同的民族语言能够彼此相互学习的原因所在。语言学习所具备的这一特征为一个民族群体学习另一民族的语言打开了方便之门，从而使外语学习者能够在较短的时间内掌握与母语文化语境中相同水准的语言知识。

在具体的语言环境中，语言的运用充满了民族的特色，不同的语言场合必然会形成对母语的影响。因此，在外语学习过程中，很多时候是一种书面语言的学习。这种书面语言的环境缺少母语文化形成的具体实践情境，没有作为母语文化的必备条件与言语影响的持续性作用，外语学习者居于这样一种较为死板的书面学习方式之中，根本无法挣脱从母语思维到目的语言思维这样一个呆板的想象过程。而正是外语学习具有的这一特殊性，决定了在外语学习过程中只能是一种从文字到语言的总体模式，由此确立了母语在外语学习过程中正迁移作用的重要位置。

综合上述，在外语教学过程中，教师应该充分利用母语文化对于外语教学的正迁移作用，由此来提升学习者学习外语的效率。若是在外语教学过程中，过分地对母语文化的负迁移作用给予关注，那么，势必会影响到学习者对于外语的学习效果，降低学习效率。但是我们并不是主张在外语教学过程中完全用母语来进行知识的讲授，而是要恰当地处理好母语与英语这两者在外语课堂上的作用，使母语学习和目的语言学习成为一个有机的整体。而且，在此过程中，不能忽略对母语文化的教学。

三、大学英语教学中的文化教学

当前，培养大学英语学生对于英语民族文化的认知能力与接受能力，建构起其跨文化交际的能力，从而能够规避进入跨文化交际实践时发生的文化冲突，已经成为我国大学英语教学的一个重要目标。在当前的外语教学界，判断一个人外语能力的高下，主要就看其所具有的对于异域民族的文化认识能力与感受、接受能力以及其所具备的跨文化交际的能力，这已经成为一个学界公认的判断标准。正是因为跨文化交际学在大学英语教学中的导入，使我们的大学英语教学进入了一个新的时代，即跨文化交际的时代。如今，大学英语跨文化交际教学，已经成为学界的一个全新的课题，同过去传统的大学英语教学相比较，大学英语跨文化教学更为突出了英语学习的实用性。目前，英语学界已经将大学英语跨文化教学作为当前大学英语教学同传统的大学英语教学区别的重要标志之一。

（一）文化教学的概念

其实，从最早的英语教学开始，就始终伴随有文化因素的存在，只不过是外语教学中的文化因子从未引起过大家的关注而已。外语教学过程中进行较为有意识的文化教学，其实已经有了较长的一段历史。只不过是因为外语教学根据国家教学环境的不同、教学制度的不同，而呈现出了不同的特点，导致外语教学中的文化教学的理念与模式也呈现出不同的民族性特征。但是，无论是哪一个国家与民族，在其外语教学的历程中，文化教学的发展轨迹大致是相同的，这一点，则在很大的程度上反映出了在广泛的国际交流与合作的大的背景中，教学所呈现出来的趋同性与影响作用。

纵观整个外语教学 100 多年的历程，文化教学都无一例外地经历了三个发展阶段。

第一，20 世纪五六十年代，文化教学以文学作品阅读为主，目的语文化中的历史人物、重大事件等被称为大写文化（big culture）收入教材。学生通过解读和分析文学作品，了解一些目的语文化信息。从 20 世纪 60 年代末开始，美国的听说教学法和欧洲的视听教学法盛行一时。其间，文化成为外语词汇学习的促进要素。

第二，20 世纪七八十年代，交际教学法将文化明确纳入教学内容，社会语言能力和文化能力发展是外语交际能力提高重要保证的观点成为广大外语教师和学习者的共识。这个时期的文化教学以小写文化（little culture），即日常生活所包含的文化含义为主要内容，教学尤其注重那些容易造成交际错误和失败的文化差异。显然，这个阶段的文化教学相对于第一阶段有颇为明显的发展，但文化教学仍然依附于语言教学，没有形成独立的体系。

第三，20 世纪 90 年代以后，文化教学与语言教学获得了同等重要的地位。文化教学一方面为语言教学提供真实的语境来促进语言能力和交际能力提高，另一方面使学习者在了解目的语文化的同时反省母语文化，提高跨文化意识。这个阶段的文化学习不再局限于文化知识的学习，还包括情感态度的调整和行为的变化。我们可以看到文化教学大致经历了对阅读能力的关注与培养，对交际能力的关注与培养，最后直至当前我们所重视的跨文化交际能力的培养与关注这三个重要的阶段。在此发展过程中，形成了文化知识传授法与文化过程教学法两种教学方法，出现了外国文化模式、跨文化模式、多文化模式和超文化模式四种教学模式。无论是欧美大陆，还是亚非发展中国度，外语教学中的文化教学基本都曾经经历过上述的三个发展阶段。外语教学中的文化教学的这一个发展过程极为充分地说明了一个事实，那就是外语教学的历史，其实就是一个不断地改革自身来适应时代与社会发展需求的过程。而跨文化交际能力这一概念的提出，则很好地将外语教学同跨文化交际结合起来，成为沟通这两者之间的桥梁与纽带，使这两个原本独立的学科有了较为紧密的联系与交叉。

追溯外语教学的初衷，最早其实是为了能够更好地满足一些社会精英对于异域文化的阅读与学习，通过外语学习来帮助这些有了解异域民族文化与文学作品意愿的人进行阅读，其中包含了很大程度的宗教书籍的阅读需要。因此，在很长的一段时间内，其实文学作品就成了最佳的外语学习教材。任何一个民族的文学作品，都深深地蕴含着这一民族的社会文化因素，是反映一个民族社会文化的最佳载体。由此可见，文化因素进入外语学习中来，最初就是以文学作品作为媒介的。外语学习者在对目的语言民族的文学作品进行阅读的过程中，有意无意地必然要接收文学作品中描述到的一些目的语言民族的社会文化信息。此后，伴随着外语学习在更大范围内的普及与推广，以及听、说、读、写等各项技能在外语教学过程中的出现，人们学习外语，才不再局限于对于目的语言民族的文学作品的阅读与译介。但是，经历过对于目的语言民族文学作品阅读的发展历程之后，外语教学也逐渐认识到在学习语言的过程中，了解与目的语言相关的民族文化，对于语言的学习具有很大的促进作用，因此，我国的大学英语教学也就开设有英美文学概况这一课程。正是这些在外语教学中独立设置出来的文化课程，成为外语教学过程中文化知识学习的主要来源与途径。特别是到20世纪80年代之后，交际法在外语教学中的融入，使外语文化教学的内容拓展到了对于目的语言民族日常文化生活、学习、工作等方面的习俗、规范、禁忌的学习。但是，不管是以哪种形式出现在外语教学过程中，如对文学作品的背景介绍，一些运用外语进行交际的实践联系活动，外语中的文化教学从始至终都只是从属的位置。这样的外语文化教学，从大纲规定到教学计划设计以及课程安排、测试等，都没有什么较为明确的目标与体系，外国语大学教师以及相关的理论研究者们对此都没有给予足够的重视。

伴随着全球发展一体化态势，将世界各个领域不同民族与国家、不同地域的人联系在一起，说着不同语言、拥有着不同文化背景的人有了一起交流沟通的机会。跨文化交流活动日益频繁。从 20 世纪 90 年代开始，我国的外语教学界开始对大学英语教学中的文化教学重要位置有了一定的关注。在欧美国家，已经在大学英语教学大纲的目标要求中有了明确的规定。

我国教育部颁布的《高等学校英语专业教学大纲》和《大学英语教学指南》对于大学英语教学中的跨文化交际能力培养以及学生的综合素质培养都做了重要的教学目标规定，但是在教学大纲作为主体部分的教学内容、教学要求、课程设置、测试考评等方面却并没有进行明确具体的描述。这样一来，外语教学中的综合素质培养以及跨文化交际能力培养就显得有些不切实际了。跨文化交际能力的培养与综合素质的训练，需要大学英语的各所学校对此做出明确的规定，并且制定相应的教学大纲规定，在大学英语教师的严格执行与重视下，才能够实现。

各个国家、各个地区因社会环境和教学体制不同，所采取的语言教学模式差异很大，然而所开展的文化教学都无一例外地反映了两种主要的文化教学方法，即任务教学法和过程教学法。

任务教学法，是专门针对文化知识传授的教学方法。这种教学方法的运用，主要是教师用来对某个国家或者某一个语言群体的文化事实进行讲授，如文学艺术、历史文化、宗教地理、价值观念、文化习俗等。一般来说，一方面，教师通过讲授一些学生可能感兴趣的文化背景知识来激发出学生们学习英语的浓厚兴趣。另一方面，通过搞一些专题性的文化讲座，使学生们接触并且较为准确地掌握典型的文化知识。但是，这种教学法也有着一个较为鲜明的弊端，那就是语言与文化被割裂开来分别进行，因此，在此过程中传授的文化内容就显得比较零散，没有一定的系统性。这是在欧美的课堂中受到批评的一种教学方法。

文化过程教学法是一种把文化学对于文化做的界定作为教学方法的基础，将文化看成一种社会的构造体系，是一个"不断发展的变体，而不是一个静止不动的实体"。其实，文化教学过程就是一个包括了文化知识、技能以及态度等在内的建构过程。文化过程教学法突出强调的是文化的系统性，承认文化与语言之间有着一定的相关联性，因此，认为语言教学过程中，必须存在着文化教学的一席之地，文化教学，是语言教学中不可或缺的构成部分。很显然，文化过程教学法具有极为鲜明的优势特点，但是，在外语教学中又融入了文化学以及跨文化交际学的内容与知识，因此，使原本庞杂的外语教学研究领域显得更为庞杂了。

（二）文化教学在美国

20世纪60年代，正是美国经济极为繁盛的时期，因为经济的繁荣，人们比较热衷于到世界各地旅游，美国政府不断地开始派出所谓的"和平军"到世界各地。这些被派往世界各地的人员，迫切地需要具备相应的跨文化交际能力，进行目的语言的民族文化与语言的培训，成为当时的必需。为此，在当时的美国社会就有很多培训机构如同雨后春笋纷涌而起，对这些出国人员进行目的语言的专业培训，通过各种方式开始跨文化交际培训的课程，进行跨文化交际能力训练，由此，跨文化交际学诞生。同时，美国的外语教学界也开始对外语中的文化教学给予一定的关注。1960年，美国的东北外语教学会议当年的主要议题就是语言文化教学。会议结束后，还出版发行了会议报告《语言学习中的文化》。在此后的1972年和1988年，美国又分别举行了东北外语教学第二次会议与第三次会议，议题仍然是探讨语言文化教学。特别是在东北外语教学第三次会议上，专门对于外语教学中的课堂教学如何融入文化教学、使语言教学与文化教学成为一个有机整体进行了讨论，在会议上宣读的基本都是当时学界关于外语文化教学已经取得的研究成果的论文。

在美国教育部，有一个下属的专门的语言教学研究机构——语言习得高级研究中心，这一语言研究机构对于语言文化教学研究以及推广做了大量的工作，这些工作对语言文化教学具有很大的贡献。20世纪90年代，美国的这一研究机构举办了多次全国性的会议，主题都是"以文化为核心进行语言课程改革"，并且多次承担了美国关于跨文化交际研究的科研项目。美国这一语言教学研究机构关于文化研究的成果以及其在研究过程中的实践经验总结，为当时乃至以后的外语教学的文化研究做出了很大的贡献，指出了较为明确的研究方向，并且积淀了一定的实践经验。美国语言教学研究机构的这些研究成果，在很大程度上指导了当时美国的跨文化教学改革，推动了美国的外语教学的跨文化发展。美国教育部就是在语言教学研究机构研究成果的基础上进行了全国范围内的外语教学改革，此举适应了当时社会发展对于外语教学的要求，对于外语教学目标以及文化教学对外语教学的重要性意义及其在外语教学中所处的地位，都有了重新明确的规定。美国对于新的外语教学大纲的制定，将外语教学中的文化教学以国家文件的形式固定下来，对于美国的外语教学界具有很大的指导性与影响作用，在全国的范围内将文化教学的研究成果进行了很好的推广，对于当时美国的文化教学的普及与深化，起到了很大的促进作用。

在这套全国性的教学大纲的指导下，美国各个州开始对自己的外语教学大纲进行修改，并且在外语教学实践中切实地实行了文化教学精神的规定。自此，一股激烈的"跨文化交际研究与跨文化外语教学"浪潮席卷了整个美国社会，并且开始蔓延到整个欧洲西方社会。语言文化教学全新的一页从此开启。从那时开始，美国已经形成了外语文化教学与跨文化交际培训的两大阵营。这两大阵营彼此之间相互协作，共同沟通，在很大的程度上为美国的外语文化教学做出了贡献。根据教学实践，外语文化教学与语言教学相结合，的确是在很大的程度上激发了学生们学习语言的积极性，并且，跨文化交际培训在外语教学中的实行与运用，从更高的层面将世界文化的多元性带入学生的视野当中，使学生认识、了解到了文化具有的多元性，不同民族文化之间存在的差异性等。跨文化外语教学以及跨文化的培训，学习者就会慢慢地克服自身存在的较为狭隘的大民族文化主义观念，改变自身过去对于世界各民族文化存在的偏狭的认识与理解，渐渐地形成对世界其他民族文化的较为客观全面的认识。

（三）文化教学在欧洲

语言文化教学的历程，在欧洲各个国家有着不尽相同的发展过程。每一个国家不同的历史文化背景以及社会发展情况，决定了其语言文化教学的不同性。第二次世界大战结束后，在欧洲各国的外语教学，当时主要是取自美国语言教学的"听说法"。在欧洲的各个学校当中，有关语言知识技能的传授与训练，是各个学校语言教学的主要内容。文化教学，则被作为一门单独设置的课程独立于语言教学之外。在当时的欧洲课堂上，文化是被作为一门独立的知识形式进行传授的，语言与文化，是彼此独立的两个整体。文化教学的进行，是独立在语言教学以外的，并不是作为语言教学的一个有机整体部分来进行的。直至 20 世纪 70 年代，在欧洲各个国家兴起了"交际法"教学，才将语言与文化教学推到了一个新的发展阶段。

当然，这同当时欧洲各国大的发展背景与趋势有着密不可分的关系。从 20 世纪 70 年代开始，直到 90 年代，欧洲联盟先后进行了四次增员。当时欧洲需要具有一定的跨文化交际能力的人来进行各国之间的交流与合作，以增进彼此之间的相互了解与认识，因此，培养具有跨文化交际能力的人才，成为整个欧洲教学界与外语界关注的重点与目标。交际法外语教学就这样迎合着欧洲大时代发展的态势而诞生了，在很大的程度上肩负着并且满足着欧洲各国在大的发展趋势中对于跨文化交际人才的需求。但是，就交际法外语教学对跨文化交际人才的培养来说，存在着很大的不足之处，最为鲜明的不足是交际法外语教学没有能够将外语教学与文化教学在课堂上融为一个有机的整体，在外语教学中对语言和文化之间的研究，明显不够。

基于外语教学的如此现状，从 20 世纪 80 年代开始，欧洲大陆兴起了一系列的语言教学改革以及对于文化教学研究的浪潮。欧洲大陆的多数国家开始一改过去那种语言加文化、文化与语言相互独立的传统教学方法。甚至于有一些国家通过在其他科目中增加社会文化内容来更好地推进语言文化教学的改革与发展，而且，欧洲各国开始有意识地在外语教学中以及外语教学外加入一些同语言紧密相关的社会文化的元素。1988 年，欧盟出版了两本有关语言文化的教学论文集，内容包括了语言文化教学模式、学习方式、跨文化交际能力培养等方面。此外，从 1989 年开始，直到 1996 年，在欧洲大陆各个国家开始实行一项以提升外语学习者社会文化能力与跨文化交际能力为目标的现代语言计划，即"欧洲公民语言学习计划"，英国学者与法国学者共同承担了这一项目。他们组织欧洲国家的语言文化学者对外语教学过程中的社会文化因素的融入进行了深入而又广泛的研究，并且实践了各个不同国家的语言文化教学的方法。通过努力，欧洲的语言文化教学研究取得了极具价值的研究成果，从而为"欧洲公民语言学习计划"的实施起到了很好的保障作用。同时，他们在20世纪80年代撰写的有关语言文化教学的论文及著作，成功地奠定了他们在外语教学界的应有的学术地位，为文化教学在欧洲大陆得到应有的关注与重视做出了自己的贡献与努力。

在欧洲联盟这一庞大的研究项目的影响作用下，欧洲各个国家也都开始举办一些文化研究会议，开设一些讲习班或者是培训实验课程，从而在很大的程度上促进了欧洲国家教师的文化教学意识观念的提升，推动了文化教学理论与思想的发展。

其实，纵观整个欧洲国家文化教学的历史，从很早就开始有文化教学的踪迹，但是，真正将文化教学融入语言教学当中，则只是近40年才开始的事情。但是，因为欧洲各国有着很好的地理位置优势与彼此之间相互合作的有利条件，尽管欧洲联盟语言文化教学起步不早，但是发展的态势却十分迅猛，而且，在发展的过程中，理论的研究与语言文化教学的实践紧密联系在一起，因此，在欧洲大陆，语言文化教学取得的成果也是十分显著的。

（四）文化教学在中国

通过对外国文化教学历程的研究，我们很容易就会发现，外语教学中的文化教学，在很大程度上是受制于一个国家文化因素的作用影响的。语言文化教学，必须要同该国的社会文化发展相适应。

我国20世纪80年代开始有了关于语言文化教学的相关讨论。我国的语言文化教学，具有很强的选择性，就是我们所一贯倡导的"取其精华，去其糟粕"。其实，这一论调至少有着三方面的问题。首先，文化是一个彼此相连、多种文化因子共同作用的整体结构，无论是价值观念还是社会习俗，无论是社会规范还是一个人的行为举止，都有着其内在的联系性，彼此之间共同形成了一个整体。因此，我们所谓的"取其精华，去其糟粕”就有着很明显的断章取义的嫌疑，根本就没有将文化看作一个有机的整体系统，这样，就很容易产生武断、片面性的观点，甚至还产生一些错误的观点。其次，面对异域文化，我们最为常用的一个选择标准就是政治性的甄选。其实，这是一种面对文化时极其不科学的判断标准。将一个民族的文化用“精华”与“糟粕”两个处于极端的标准来进行划分，这本身就是一个存在着很大问题的划分方法。以文化相对论的观点来判断品评，任何一个民族的文化，是根本就没有好坏之分的，对于异域文化的学习，其实只不过是为了能够更好地进行文化对比从而了解认识不同民族文化之间存在的差异性，而不是为了让我们对一个民族的文化做出好或者坏的判断与区分。最后，若是用我们一贯倡导的“取其精华，去其糟粕”的标准来面对异域文化，学习者在学习异域文化的过程中，只能够接触到该民族文化中所谓的“精华”部分，对其所谓的“糟粕”部分，根本就没有任何的接触与认识，那么，这样导致的结果就是，不仅会使学习者无法对目的语言民族文化有一个较为全面的理解与认识，还会最终导致其失去学习目的语言民族文化与语言的兴趣和积极性。因为我们的外语学习者，基本都是在学校学习到的有关目的语言民族文化知识内容的，这些从书本校园中来的知识，同真正的目的语言民族切实的语言文化运用之间还是存在着一定的差距的，他们无法全面地了解认识目的语言民族文化及这一语言群体在现实中运用语言的情况，那么，就根本无法在跨文化交际实践中顺利进行必要的交流沟通，他们在跨文化交际实践中遇到的问题与障碍，也无法得到切实的解决。

20 世纪 90 年代，我国的外语教学界开始对国外的一些跨文化交际理论与方法进行关注，跨文化教学开始进入我国的外语教学学术研究的视野。面对国外已经取得的研究成果，我们的语言学家、语言应用学家、对外汉语教学专家及外语教师很快达成关于文化教学的共识，那就是文化教学是外语教学中根本不可或缺的一个重要组成部分。我国的语言学专家学者以及教学一线的外语教师对于外语中的文化教学研究，无论是学术理论的深入广泛研究还是切实的教学实践，都做了很多的工作，付出了极大的努力，并且也取得了一定的成果。很多语言学专家学者出了大量的研究论著，来对语言、文化与交际之间的关系以及文化教学进行探讨研究。很多的大学英语一线教师对文化教学的理论进行着实践的操作，对教学方法也进行了探索。

此外，改革开放40余年来，我国教育部以国家文件的形式出台了大中小学的英语教学大纲30多种，这些教学大纲以指导性的文件对于我国的外语教学起到了引导作用，从而使我国的英语教学水准得以不断提升。与此同时，这些英语教学大纲真实地记录了我国外语教学的发展历程，也是对我国外语教学发展不断走向成熟的一个极为有力的见证。可是，提到外语教学中的文化教学，无论在哪一部出台的英语教学大纲中，有关文化教学的规定，都是一个空白。目前，根本就没有将针对跨文化交际项目的具体描述纳入其中。这样，在外语教学中培养学生们的综合文化素养、增强其跨文化交际能力的培养，就只能是一句空话而已。最大限度只能是在教师认识理解的基础上，向学生们传授一些不成系统的、零散的有关外语教学中的目的语言民族文化知识内容，这样的知识范围极为有限，而且，教学活动也仅限于极为简单的课堂教学。同跨文化教学相比，具有很大的差距，根本就不能算是真正意义上的语言文化教学。而这样的外语教学导致的一个最为直接的结果就是，外语学生们都具有较强的语言技巧与能力，但是，其在跨文化交际实践活动中，所需要的文化能力与跨文化交际能力却根本无法同其所拥有的目标民族语言技能知识相比较。

从我国当下的外语教学界及语言学界来看，究竟该不该在外语教学过程中导入文化教学，以及文化教学同语言教学究竟该不该分成两个相互独立的个体来进行研究的争论，已经不存在了，那只是过去的一段历史。现在问题的焦点是如何在外语教学中更好地融入文化教学。纵观整个学界，关于这方面的争论方兴未艾，新的观点、新的方法乃至于新的争论，可谓是层出不穷，颇有些百家争鸣、众说纷纭的意味。对这些争论进行分析就可以发现，在诸家的观点当中，最终争论的焦点集中在了四个关键性问题上：第一，外语教学当中的"文化"，究竟指的是什么？第二，怎样在我国当前的外语教学实践中建构起一套既有理论高度又具有相应的实践价值的外语文化教学理论架构，来切实地服务到我国的大学英语教学中来。第三，通过什么样的教学方法才能够更好地将外语教学中语言技能知识的教学同文化教学融为一个有机的整体，使我国的大学生们在学习目的语言知识技能的同时，也能够很好地掌握目的语言民族文化的相关知识内容。第四，从中国当前的教学国情来看，建立一套什么样的跨文化交际教学模式，与我国当下的教学现状比较相符，并能够在最短的时间内取得有效的结果。

第三节 跨文化交际与大学英语教学

一、跨文化交际的概念

美国学者 Larry（1998）等将跨文化交际定义为"文化知觉和符号系统的不同足以改变交际事件中的人们之间的交际"。我国学者贾玉新（1997：23）将跨文化交际表述为"不同文化背景的人们之间的交际"。

关世杰（1996：49）认为，跨文化交际是"一种文化背景的人、群体与另一种文化背景的人、群体进行的交流"。

跨文化交际既可以指"跨"不同种族、不同民族、不同国家或不同政治、经济体制之间的交际，也可以指"跨"不同性别、不同年龄、不同职业、不同阶层、不同受教育程度，甚至同一国家不同地区的交际等（赵爱国、姜雅明，2003：29）。

跨文化交际已经成为 21 世纪的时代特征，任何希望参加国际事务、国际合作和国际竞争的国家、民族和机构都无法回避这一时代特征所提出的挑战。就个人而言，无论是从职业发展还是个人素质来看，培养和增强跨文化交际能力都具有特别重要的意义。跨文化交际能力的培养是一个巨大的工程，单凭短期的跨文化培训是不可能完成的。作为一项跨学科的教育活动，跨文化交际能力的培养应该是一个由多个学科共同参与、通力合作的配套工程（张红玲，2007：66）。

二、外语教学是跨文化交际的重要途径

语言是文化的符号，即"符号文化"；文化是以人为晶核的广义文化，即"人化"；

交际是符号系统、语用系统和文化系统的"信息转换"；外语教学是一种"交际"，即"文化适应"。前面有关语言、文化、交际、跨文化交际的界定和描述告诉我们：语言是"符号"，任何外语教学都必须明确要学会所学语言，就必须学习和认识语言符号系统所具有的形式与意义及其组合规律。语言又是"文化的符号"，完整的外语教学不但要考虑所学语言结构系统、语义系统，使用系统所包含的文化背景知识，以及所学语言国的社会文化因素，还必须充分考虑到教学二主体的社会心理因素和社会行为因素。交际是不同文化背景的人们进行的"信息转换"，因此必须符合符号信息共同性、文化信息共享性、语用信息一致性和文化定型适应性等要求；教学是"交际"，任何外语教学都必须把语言作为跨文化交际的工具来传授，也只有在跨文化交际中学习者才能真正学会使用所学外语（赵爱国、姜雅明，2003：332）。可见，外语教学就像一根针，把语言、文化、交际串在一起，编织在一起，是成功进行跨文化交际的重要途径。

三、大学英语跨文化教学主要关注的问题

（一）英语本土化

英语作为世界通用语的地位已无可非议，但伴随着英语的全球化进程，广泛的本土化（nativization）也随之产生。Kachru认为，英语在某一地区被采用，不管是出于科学、技术、文学方面的目的，还是获得名望、地位或是现代化的原因，它都会经历一个再生的过程。这一过程既包括语言上的再生，又包括文化上的再生（Kachrn，1985：11-30）。这一过程被人们称作"英语的本土化"。中国国力的增强，国际影响力的不断扩大，中国特有的事物和概念需要被世界认识和了解，反映中国特有事物和概念的英语表达逐渐被外界所接受，"中国英语"（China English）的研究越来越引起人们的关注。在英语本土化的大背景下，及早确认"中国英语"的定义和定位以及"中国英语"的特点等问题，对目前中国的大学英语跨文化教学具有重要意义。

1. "中国英语"的由来

人们都在以自己的方式理解和把握现实世界。中西方世界观、价值观方面的差异、对物质和精神世界的不同理解和认识都必然要在语言中体现出来。英语作为世界通用语的传播必然会使英语同当地的语言、文化、习俗等相结合从而导致它的变异，形成带有本地特征并在各个层面（语音、词汇、语法、话语、语域、风格、文学流派）与母语英语有不同程度差异的英语变体。

近年来，伴随着国家改革开放步伐的加快和对外宣传和交流的快速发展，中国社会各领域，例如，经济、社会、文化、日常生活等发生了翻天覆地的变化，表达中国特有事物的英语词汇不断涌现，对英语的词汇、句法以及语篇等方面都产生了不容忽视的影响，大量的汉语借词（Chinese borrowings）进入英语，形成一种英语变体——"中国英语"，成为规范英语的一部分。

"中国英语"是国际英语的重要组成部分，是中国对外开放期间，用来描述中国特有的社会、文化、自然、少数民族等的英语表达，对中西文化交流具有积极作用而不可或缺。它与硬搬汉语句法和词汇的不合规范的蹩脚英语 Chinglish 即"中式英语"有本质的不同，不可混为一谈，后者完全是一种畸形的语言现象。

"中国英语"这个概念是葛传椝先生在 1980 年首次提出的，之后几年并没有引起多大反响。从孙骊 1989 年发表《英语国别变体的研究和英语在中国》一文起，人们才真正开始关注和研究"中国英语"。

"中国英语"留存了英汉两种语言的特点，但其本质则是英汉两种语言世界观共同作用的结果，因为作为认识主体的个人，必然将其主观意念置于客观的知觉和思维过程之中，而每一种语言都是独特的世界观的体现。中国哲学注重物我合一、主客观统一，强调思维上的整体观；西方哲学则物我分明，主客观对立，注重个体思维，汉英在语言上的差异实际上是复制了思维方式的对立。"中国英语"是从意合出发追求形合，是两个反向运动的思维模式的暂时妥协。思维模式一旦成形就难以改变，它总是借助某一特定的语言系统尽可能完美地呈现出来（付宁，2007）。如 fairly comfortable standard of living（小康水平）、reeducation on through labor（劳教）等。"中国英语"的出现体现了语言世界观的基本观点（贾冠杰，2013）。

从语用的视角看，"中国英语"必然与中国人的行为模式和认知方式密切相关。"中国英语"是东西方跨文化交流和融会（全球化）的产物。"中国英语"是对外传播华夏和世界了解中国社会和文明的主渠道之一，也是中华文明向世界传播的主要载体之一。

"中国英语"体现了对东方（亚洲）文化和价值的认同趋向，当然也是中国人在国际舞台上的声音和说法。因此，要用英语真实地描写和反映中国人的行为模式、中国社会的现状和中国人的日常观念和思想，构成"中国英语"的语用视角，而绝不能错误地用英语来扭曲中国人的行为模式、思维形象和意识形态（金惠康，2003：301-310）。

2. "中国英语"的特点

"中国英语"受汉语思维方式及中国社会文化的影响，作为规范的英语变体，以规范英语为核心，在词汇、句法及语篇层面均表现出其独有的中国特点。

（1）以规范英语为核心，填补英语表达空白。"中国英语"符合英语语言的使用规则，语音、语调、语法和表达方式基本上都是按照英语国家的习惯，填补了英语中的词汇空白、文化空白和中国意念表达的空白，使国际英语的描写范围得以扩展。

（2）表达内容多具有中国特色，能够反映中国文化。"中国英语"借助汉语表达法、句法、修辞、篇章结构以及认知方式来表达中国人的世界观、价值观、文化传统、社会习俗、饮食习惯、民族风情风貌、人文地理和不同于西方社会的具有中国特色的种种内容，反映中国不同时期的历史与社会发展、政治经济、教育文化和价值观念等，例如 One country, two systems（"一国两制"）、Market-oriented economy（市场经济）、Four Books（四书）、Four modernizations（四个现代化）、Open-door policy（开放政策）等。

"中国英语"具有汉文化和汉语特色，贴近中国社会现实，描写恰如其分，便于海内外华人掌握使用。

（3）通过音译、借译及语义再生等手段，丰富了国际英语的内涵和表达方式。

通过音译、借译及语义再生等手段进行交流，描写中国意念、文化传统、独有概念、特有事物，使国际英语的内涵和表达方式日趋丰富。

音译（transliteration）是指借用汉语拼音进行英语表达。例如，kungfu（功夫）、kowtow（叩头）等。借译（translation）是指借助英语的表达形式，将汉语词汇逐词翻译出来。例如，papertiger（纸老虎）、laid-off workers（下岗工人）等。语义再生是指英语中的某些词汇被用于中国这个特殊环境中时，所包含的意思发生扩大或缩小褒贬色彩转换等变化。例如，engineer 一词既可表达"工程师、专家"，也可指某些体力劳动者。但在"中国英语"中，其含义范围仅限具有专业性技能或相等任职资格的人士（金惠康，2003：303；陈俊，2012：54-56）。

3. "中国文化失语"现象

在跨文化交际实际活动中，英语学习者除因对目的语文化缺乏认识影响跨文化交际外，对中国文化认识的欠缺、不知如何用英语表达中国文化也是产生交际障碍的重要原因。这就是所谓的"中国文化失语症"（从丛，2000），中国英语学习者在跨文化交际中无法用英语表达中国文化。从丛指出，交际行为是双向进行的，跨文化交流绝不仅限于对交流者中某一方面的单向理解，还包括交际双方的"文化共享"和彼此的"文化影响"，后两者往往对交际的成功进行起着更为重要的作用。从丛还认为，英语教学中西方文化教学不足，致使国际交往中多层面交流障碍的发生，而中国文化教学在英语教学中几乎为零，其对国际交流产生的负面影响则更为严重。交际者在跨文化交际中往往缺乏平等性意识和能力，只是被动地向交际对方提供其所需要的一般信息，或单向地了解、获取英美文化知识，而不能够积极主动地、有效地向外输出本民族的文化传统。这说明我国目前英语教学对本族语文化的英语表述没有给予足够的重视。人们过分强调母语文化在外语学习中的负迁移作用，却忽略了母语文化同样可以发挥正迁移的效应。跨文化交际不是一个单向的过程，不是简单地对目的语的认识、接纳和理解。跨文化交际者承担的重大使命不仅仅是要把世界先进文化引进来，同时还要把中华文化传播到世界各地。从丛大声呼吁应把中国文化教育贯穿于英语教学的始终，使中国文化教育系统化，满足跨文化交流中文化互补与融合的时代需求。很显然，以目的语为中心的文化教学观已经不能履行向世界传播中国文化的重大历史任务，只有"学贯中西"，才能正确处理中西文化冲突，才能以深厚文化素养和独立的文化人格成功进行跨文化交际（赵冬云，2004）。

（二）大学英语教学全球化和地方化环境中的重新定位

大学英语教学面向非英语专业本科生，对高校学生外语素质的培养有着重要作用。2017年，教育部审时度势，酝酿已久的《大学英语教学指南》（以下简称《教学指南》）在大学英语教学改革的洗礼下终于面世。新的《教学指南》认为，大学英语教学是"以外语教学理论为指导，以英语语言知识与应用技能、跨文化交际和学习策略为主要内容，并集中多种教学模式和教学手段为一体的教学体系"，以"培养学生的英语综合应用能力，特别是听说能力，使他们在今后学习、工作和社会交往中能用英语有效地进行交际，同时增加其自主学习能力，提高综合文化素养，以适应我国社会发展和国际交流的需要"为教学目标。

21世纪外语人才需求趋向多元化、国际化，使得跨文化交际能力成为大学生的重要能力之一。没有一定的跨文化交际能力，就难以在多元文化环境中生存与发展。

外语人才的需求使得对大学生的培养目标，无论在宏观上还是在微观上都必须把跨文化交际能力放在一个重要位置上加以强化。"外语教学的目标、内容、方法必须适应时代的发展。"（张红玲，2007：2）培养学生不仅要有基本的文化素质，还应该使他们突破文化差异的障碍，在国际文化交流传播活动中减少由于各自文化背景的不同而产生的误解和冲突，从而使双方避免以本族文化观念去理解或解释这些误解与冲突，而以积极、宽容的态度努力去沟通并消除误解，从而在中国文化和世界文化之间顺利跨越"文化鸿沟"，构建"文化桥梁"（颜静兰，2012）。

人才的培养始终都以社会需求为目标。大学英语跨文化教学应当以社会需求为落脚点，结合大学英语教学的特殊性，将大学英语教学跨文化交际能力（ICC）定位如图2-1所示。

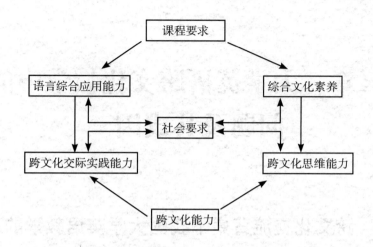

图2-1　大学英语教学跨文化交际能力（ICC）定位图

根据图 2-1，大学英语教学中跨文化能力的定位可以被描述为："跨文化实践能力和跨文化思维能力的统一体。"前者对学生今后工作中完成实际任务不无裨益，后者则是对学生思维方式的塑造与提升，能使他们触类旁通，在跨文化交际语境下应对自如（杨盈，2012）。对跨文化交际能力进行定位，其目的在于为大学英语教学培养具备跨文化能力的人才提供依据。大学英语跨文化教学是一个系统工程，跨文化交际能力的培养也不是一朝一夕能够完成的。这里就以大学英语教学跨文化交际能力定位图为依据，为实际教学工作中跨文化能力的培养提出几点建议：

（1）利用大学英语教材中的丰富资源，不断完善学生的跨文化知识体系；

（2）利用课堂内外口语活动，将非语言交际技巧、交际策略融入学生语言交际能力培养的过程；

（3）利用多媒体教学手段和丰富的网络资源，通过案例分析、影视片段赏析等活动，让学生在观察跨文化交际活动的过程中逐步强化跨文化意识；

（4）在阅读与写作教学过程中贯穿跨文化思维能力的训练，让学生通过了解东西方思维方式的异同，体会跨文化交际实践中形成跨文化思维的重要意义。

此外，广大大学英语教学工作者应当转变观念、厘清思绪、不断提升自己的跨文化交际能力，只有这样，才能出色完成大学英语教学中培养具备跨文化交际能力人才的任务。

第三章 大学英语跨文化教学中的问题及其成因

第一节 跨文化交流背景下我国大学英语教学的现状

教育部前副部长吴启迪曾经指出，当今世界科技迅猛发展，国家与国家之间展开的竞争日益激烈。在世界经济发展的浪潮中，中国经济迅速发展，国家综合实力日益增强，中国与世界各国的联系愈加密切。在世界经济一体化和文化日趋多元化的大背景下，已经成为世界通用"普通话"的英语，其在提升国家国际竞争力，在国际政治、经济商贸、信息交流等各个领域的重要作用越发凸显。掌握这门语言，能大大提高我们国家的国际竞争力。因此，加强大学英语教学改革，提高人才培养质量是培养具有国际竞争力的高质量人才的关键。

可见，在国家高层和教育行政主管部门，外语教育已被提升到民族振兴、提升国家的国际竞争力的高度来认识。然而，由于种种原因，在我国外语规划和外语教育实施过程中，在外语教学改革进程中还存在许多突出的问题。对这些问题，不做细致的研究与分析，没有相应的对策，就会严重影响和阻碍中国经济的发展，影响我国综合国力、国际竞争力的提升。

一、跨文化交流给我国大学英语教学带来的挑战

（1）人才培养观念需要转变

随着全球一体化经济的不断发展，国与国之间的交流与合作日益频繁，这就使得

我国需要大量拥有良好知识结构、出色的外语语言能力、熟知外国文化传统和交往礼仪，能够处理国际事务，进行国际交往的"国际化"人才。具体来说，应具备如下几方面的能力。

第一，要正确理解和对待不同文化间的差异的存在。要通过发现其他文化中存在的不足来改进我们自身文化方面的缺陷，以便我们愈加客观公正地对待不同文化，同时，也利于我们在文化差异中查找存在的类似的地方。

第二，要具备良好的文化适应能力。人们在跨文化交际过程中会不可避免地发生文化冲突，冲突的程度会对人们的进一步交流产生或轻或重的影响。人们只有提高自身的文化适应能力，才能保证跨文化交际的顺利进行。

第三，跨文化交际能力是实现文化的双向交流与互动的基础。丰富的词汇和地道流利的语言表达并不能保证跨文化交际的顺利进行，对外国的历史、地理、习俗、生活方式和价值观念等的了解和理解在跨文化交际中起着至关重要的作用。随着我国在政治、经济、文化等多方面改革开放程度的加深，中国人跨文化交往日益频繁，人们普遍意识到只有熟练地掌握、运用外语，提高跨文化交际能力，才能有效地进行国际的交流与合作。

因此，在跨文化背景下，英语教学责无旁贷。大学英语教学必须转变教学观念，把教学重点由原来的只注重语言教学转变为在原有语言教学的基础上，加强文化教学，加强培养学生的跨文化交际能力，努力造就国际化人才。

（2）外语教学理论需要更新

跨文化交际不仅仅涉及语言问题，不同文化间的差异的存在，则更是难以逾越的障碍。在交际过程中，人们往往既要遵守语言规则又要遵守一定的文化规则。因而，在跨文化交际中，言语表达方面的文化规则和习俗等语言方面和文化背景方面的知识尤为重要。我国的外语教学，恰恰文化层面非常薄弱，因此外语教学所面临的挑战十分严峻。

文化冲突经常发生在跨文化语境中。曾有学者指出，相对语言错误来说，文化错误更加严重。因为语言错误只是表明没有把心里想说的话表达清楚，而文化错误则极有可能使来自不同民族的人之间产生误会甚至敌意。要想成功有效地消除交际障碍和交际摩擦，顺利进行跨文化交际，就必须具备一定的跨文化交际能力。

外语教学必须重新定位教学目标，加强对跨文化理解的重要性的认识，要把培养学生的跨文化交际能力放在突出显要的位置才行。

可见，传统的语言教学理论已经完全不能适应新形势下跨文化交际对外语教学的新要求。外语教学界只有以更加敏锐的眼光审时度势、通盘考虑新的世界局势对人才的需求，对外语教学理念、内容和方法等进行全面改革，才能使外语教学自如应对新的挑战。

二、我国大学英语跨文化教学的现状

在理论上，我国外语教学界已经普遍认识到外语教学中文化教学的重要性，而实际教学运行上，教学的现状仍不容乐观。跟踪调查大学生毕业后的英语运用方面的工作表现，能够胜任外事交流需要的学生极少。绝大多数人要么是会看不会说的"哑巴英语"，要么就是交际中随处碰壁的"流利傻瓜"。原因在于，他们对异国语言文化缺乏了解和理解，不懂得目的语言的使用规则，交际中常常发生误会，造成严重后果。在外国人看来，说一口流利英语的人自然应该懂得语用规则，不然，怎么能把英语说得这么好？学生从小学、初中、高中、大学一路学着英语走过了十几年，到头来却不能用英语有效地进行跨文化交际，这些事实足以表明我国的大学英语跨文化教学现状不容乐观。

大学英语是高等院校的必修课，各个院校都在大学英语教学上投入了大量时间，大量的人力、物力。然而，即使是四、六级成绩优异的学生也不见得能流利、得体地使用英语进行交际，这实在是件令人尴尬的事情。其原因在于：大部分课堂上英语教师仍在沿用传统的教学方法，教师讲，学生听，缺少学生参与互动。学生对于英语国家的文化知识知之甚少。教师和学生都在纯粹为语言而语言。语言学习与文化学习被剥离开来。师生互动不足，素质教育大多停留在理论上。在英语已经成为世界通用语、国际竞争日趋激烈的 21 世纪，文化成为交流必不可少的、重要的因素。但是，大学英语教学实际上较少涉及文化教学。

结合其他统计资料，可以看出，我国大学英语教学的现状：第一，教师只是注重课本知识，忽视了对学生进行西方文化的学习的引导和指导；第二，大学英语教学模式与教学方法过于陈旧，教学内容不能与时俱进；第三，大学英语教师的专业知识和文化素养有待提高。

总之，大学英语教学不应该只是简单的语言学习，跨文化学习也不仅仅是在英语语言的学习中融入文化的影响，而是要在深厚的中华文化的基础之上，采用对比分析等方法宽容、敏感地深刻理解目的语文化。

第二节　大学英语跨文化教学中的问题

回顾我国过去几十年外语教学的理论和实践，不难看出，它基本上是围绕着语言知识教学——词语分析、语法讲解、句型操练这样一条主线进行的，而对语言外或超语言的文化因素却没有给予足够的重视。这在一定程度上是由于人们受到"语言工具论"思想认识的影响，习惯把语言仅作为一种符号来进行传授。在这种轻文化重语言的外语教学思想的背景下，大学英语教学一直把培养学生的"纯语言能力"作为主要的教学目标。在课堂上，大多数教学只是停留在语言本身，忽略了与语言使用密切相关的文化因素。

伴随全球化和多元文化的发展，跨文化教学理念已被越来越多的英语教师所接受，正如本书第三章实证研究结果所显示的那样，教师已经普遍认识到跨文化交际知识和跨文化教学的重要性，并普遍认为，语言技能训练与文化知识学习同等重要，认识到英语教学不仅仅要培养学生的语言能力，更重要的是，要培养学生的跨文化交际能力，语言技能和文化技能的完美结合才能使跨文化交际中的语用障碍和语用失误最大限度地得以避免。但认识归认识，大学英语跨文化教学的有效实施并没有真正得到落实。

教师和学生认识上的差距,教学目标、教学内容的制约等因素,使得跨文化外语教学效果不尽如人意且这种情况随处可见。

一、跨文化教学缺乏理论支持

中国的外语教学领域缺乏宏观的规划与指导,还未形成具有中国特色的外语教学理论体系。以引进为主的外语教学理论中有些研究并没有与中国的外语教学实际紧密结合,无法真正指导中国的外语教学实践。管理层面上,有关领导、教育行政管理部门、从业人员还存在轻视外语教学理论的指导作用的现象。专家的意见和建议很少得到充分的重视和肯定。有些课程标准的设计、教材的编写、评估标准的设定往往缺乏科学的理论指导。

几十年来,教育部制定和颁发了各级各类为数众多的英语教学文件和大纲,当中却没有一个大纲认定文化教学与语言教学同等重要,更没有对文化教学标准、内容、方法和测试与评价进行过系统论述。在没有大纲的约束和指导下,教师只是凭着个人兴趣在时间允许的范围内零星给学生介绍一些文化知识而已,距离真正的跨文化教学相去甚远。

二、教师自身问题亟待解决

教师是学生获取文化信息的最重要的源泉,教师的知识结构、教师对文化和文化教学的态度都关系到文化教学。教师对外语文化教学的不同理解,都与其具体的文化教学行为(如教学内容、教学方法的选择)有直接的关系。在具体的教学实践中,教师应有意把文化信息的渗透与语言技能的教学紧密地结合在一起,在帮助学生学习和掌握语言技能的同时,还应积极地引导学生自觉了解和适应目的语文化,培养学生对目的语文化的敏感性和洞察力。

外语师资质量无疑是外语教学质量的保障。在目前我国英语教学的社会环境条件下,学生通过英语教师获得英语能力是其英语学习的主要途径,有时甚至是唯一的途径。所以,外语教学不同于其他学科的教学,外语师资的质量在很大程度上决定了外语教学的质量。由于我国英语学习者人数众多，优秀英语教师一直处于短缺状态，教师整体质量不容乐观。就大学英语教师而言，教师学历结构严重偏低。就教师目前的状况而论，无论是专业水平，包括语言知识、语言应用技能、跨文化交际理论和教学法知识等，还是教学理念和教育观念，都不能适应现代外语教学的要求。因此，提高英语教师整体素质刻不容缓。

（1）教师跨文化综合素养亟待提升

教师对文化教学准备不足，教师自身文化知识的掌握情况的平均水平偏低，自身文化素质欠缺，无法保证文化教学的有效实施。其原因在于教师缺乏跨文化实践的环境和文化培训。大部分英语教师在多年大学英语教学工作中很难获得出国培训的机会，即使争取到机会，在外停留的时间也过于短暂，无法达到文化培训和文化体验的目的。文化培训缺乏是外语文化储备不足的主要原因。

教师文化敏感性不强，跨文化交际能力较弱。出国进修对于大多数中国英语教师而言只是一个不可能实现的梦想，虽然近年来有机会出国进修的英语老师人数有所上升，但是总体来说，我国英语教师的语言文化知识基本上来源于在本国的学习。正因为如此，很多英语教师对英语国家的文化和其他国家的文化的了解大都是一些零碎的二手信息，不仅不成系统，而且有可能是一些错误的认识或偏见。另外，教师在日常的生活环境或学习环境中不注重文化知识的积累。

（2）教师对跨文化教学的认识与教学实践不相符合

①教师对跨文化教学的认识不够全面，理解不够深刻

教师已经认识到文化知识的学习及文化教学在英语学习中的重要性，认识到文化知识对学生跨文化交际能力的提高起着重要的帮助作用，这一点已不容怀疑。总体来说，教师们已经达成共识，认为跨文化交际能力的培养在外语教学中占有重要地位，愿意采用各种手段和材料进行跨文化教学。但在教学实践中，他们实际均已把这些认识和理解抛到了脑后，始终在以传统的教学模式进行语言教学。认识与教学实施与实践存在严重脱节现象。可见，教师大都理解和支持在外语教学中进行文化教学和跨文

化交际能力培养，但是他们对跨文化外语教学思想理解不够透彻，担心会因此增加学生和自己的负担，同时也不知道如何开展跨文化外语教学。

②教师在教学过程中对于语言技能的训练和文化知识学习的处理不够得当

教师在实际教学中不知道如何将文化教学与语言教学相结合，文化教学处在一种任意发挥、毫无秩序的状态。教师普遍反映，每一单元的授课内容需要两周（每周四学时）的时间才能完成，教师感到在规定课时内完成语言教学任务已经很难，如果再增加文化内容，更是难上加难，因而就忽视了对文化内容的脱节现象。教师还是按照惯例把重点放在语言教学上，跨文化教学完全流于形式。教师对文化教学的意义和目的的理解不够全面深入，直接导致教师文化教学方法方面存在着严重的不均衡状态，方式方法缺乏灵活多样性，单一现象比较严重，不利于调动学生的学习兴趣和积极性。教学时间安排的不合理性，使文化教学完全成为语言教学的可有可无的附属品。

③教师对文化概念的理解比较片面、肤浅

跨文化教学未受重视，文化教学内容未纳入考核或相关活动中，学生对跨文化教学的认识欠缺、文化意识薄弱，学生对文化教学忽视，无兴趣。

由于缺乏系统的文化培训和学习研究，外语教师往往不能够正确地定义文化，关于文化的内涵，他们或者认为文化包容一切，或者列举一些易于观察、易于捕捉的文化现象，至于深层次的文化信息如思维模式、价值观念等，常常被教师们忽略不计。这种片面、肤浅的文化理解大大妨碍了文化教学的深入开展。

教师对学生的培养内容、课程设计缺乏计划性、系统性。教师基本上是根据个人兴趣与时间各自查找、补充相关文化信息。教师对相关跨文化知识的教学材料的分类和理解各有不同，对教学内容缺乏统一认识，缺乏统一的或集中的讨论和总结。多数的文化教学是以背景知识介绍的形式进行的，文化被当作静止不动的知识和信息传授给学生，文化教学处于可有可无的状态，教师完全随心所欲地对待文化内容。这就使得文化教学依附于语言教学。有些教师进行文化教学完全是为了引起学生注意，而不是为了文化教学本身，因而他们的文化教学也不是课前周密安排、精心策划的教学内容，而只能是语言教学的调味剂，常与语言教学脱节。

虽然教育部明确要求大学英语教学要注重培养学生的综合文化素养，但文化教学方面并没有可与语言技能教学相比的具有可操作性的完整体系作为指导，而是仍处于盲从状态，严重影响了跨文化外语教学的实施。

很多大学英语教师没有充分认识到跨文化教学的重要性，还是把教学的重点停留在词汇、语法和句型等语言知识层面。由于教师本身的跨文化交际知识储备不足，也由于大学英语教师的跨文化教学意识太过于淡薄，外语教学中的跨文化教学，在我国的实际状况无法令人满意。

外语教学很难改变学习者对于目的语文化的了解和认识的固有模式。大学生的社会文化能力与交际能力远远落后于他们的语言能力。现有的教师、使用的教材和采用的教学方法都根本满足不了跨文化学习的需求。教学中所进行的缺乏代表性的对目的语国家的文化导入，也根本做不到去矫正学习者原有的对这些国家的认识和了解方面已经形成的成见。内容偏狭的文化导入与文化背景知识介绍难以提高学生的文化敏感度及帮助学生客观公正地认识和了解目的语国家的各种文化现象。

综上所述，虽然大部分教师对文化知识的学习、对文化教学的重要性、对学生跨文化交际能力的培养有所认识，但教师教学理念陈旧、自身文化储备不足，对文化内涵的理解、对语言与文化的关系、语言教学与文化教学关系的理解还不够深入，教师文化培训欠缺，文化教学尚处可有可无、内容不够明确的盲目状态，教学方式方法又落后、单一，大学英语文化教学状态堪忧！

三、跨文化内容在英语教材中呈现薄弱

跨文化意识和跨文化交际能力的培养不仅需要学习者在本族文化和目的语文化之间建立起一种相互比较、相互对照的关系，而且还要求学习者对这两种文化之外的其他文化有所了解和体会。在以英语作为国际通用语进行教学的情况下，让学习者接触

和了解其他文化更加必要。遗憾的是，现有英语教材中很少有涉及英国和美国之外的其他国家的文化内容，更不用说将文化普遍规律和培养跨文化意识和能力的内容和活动列入教材。没有充足、令人较为满意的文化教学材料是我国大学英语跨文化教学中的突出问题之一。教材作为教师教学和学生学习的主要依据和向导，更是中国学生的依靠，解决现有教材存在的问题是实现跨文化外语教学目标的关键。

中国现行教育体制下，教学以教材为主，教材中文化内容的比重必然会影响教师的文化教学。教师们对教材中文化含量的认识众口不一，评价标准各有不同。但总体来看，教师还是认为教材中文化内容较少。目前，外语教材呈现下述特点。

（1）我国目前使用的英语教材中的文化教学内容的组织编排缺乏系统性，辅助文化教学材料如系列文化导入教材、相关的有声资料、参考资料在中国市场上也不多见。词典等参考资料上，文化释义呈现不足。

（2）教材中有关中国传统文化的内容极为少见，严重影响了学生文化平等意识的建立和文化鉴别能力的提高，也势必影响中国传统文化的世界传播。

（3）教材中说明性和科技性较强的文章所占比重较大，涉及英语文化，尤其是关于英语国家精神层面的文化材料，如价值观、思维模式、民族心理、伦理道德等较少。学生对异族文化的行为准则缺乏了解，必然会影响跨文化交际能力的培养。

（4）文化内容与语言内容有机结合的教材较少。大学英语所使用的教材都太突出语言能力的培养，相关文化背景知识通常让学生课前或课后自己阅读。以文化为基础的语言教材在中国极为少见，即使有，也因为教材所设计的教学活动以语言学习为主而使文化教学的价值大打折扣。

虽然为了达到外语交际的目的，各种各类的外语教材都在努力以功能或情景为主线将异族文化信息加以呈现。但"这种旅游式的文化内容"呈现在广度上和深度上都必定有限。旅游者通常只触及文化冰山的一角，没有文化冲撞的体验，就无法培养学生对其他文化的积极的态度和文化相对论的思想，是满足不了跨文化外语教学的需要的。学习者只有了解目的语文化的各个方面、各个层次，并不断反思本族文化，才能实现提高跨文化交际能力这一教学目标。肤浅、狭隘的文化介绍反而可能会加深学习者对目的语文化的成见，加重他们的民族中心主义思想。

四、传统中国文化价值缺失

我国外语文化教学要特别注意两方面：①加强目的语文化和母语文化的学习；②注重学习以目的语表达目的语文化和母语文化。因为 21 世纪国际局势迅猛发展，文化的交流是双向的，外语学习的目的是实现"双语文化的交叉交际"。如果对对方文化缺乏了解，或因为不会使用外语进行文化表述，这种交际就会出现失误甚至中断。

近几年，目的语文化教学在众多高校的跨文化教学中占据主导地位，目的语文化、目的语传统习俗和交际技巧不同程度地得到传播和学习，却忽略了自身的母语文化和母语文化正迁移的作用和意义。这种跨文化教学模式使跨文化交流的双方失去了平衡。

在跨文化交际过程中，人们要相互交流、彼此理解、互相影响。交流也意味着吸收和传播，只吸收，不传播，就不是真正意义上的跨文化交际。

中国文化知识的不足制约着学生跨文化背景下交流的顺利进行。目前，在外语教学中普遍存在着一些问题，如当前的大学生在跨文化交流时，他们虽了解一些英美文化，但对本国文化的表达和介绍却显得力不从心，无论是口语表达还是书面表达都无法在更广泛、更深刻的层次上做进一步交流，"中国文化失语症"现象十分严重。

目前，中国那些所谓的优秀英语学习者中，不了解本国传统文化、不能用英语表达自己国家文化的人数比例相当大。这就是我们前面提到过的"中国文化失语症"。在我国的外语教学中，母语同外语教学一直是各行其是，互不干涉。外语教学界没有认识到母语文化在外语教学中的地位和作用，母语文化教育严重缺失，导致外语教育淹没了母语及母语文化教育。

调查显示，美国是互联网上大部分信息的来源国，而可以查找到的来自中国的信息只占十分可怜的 0.04%。这个触目惊心的数字说明了什么？说明世界范围内的信息交流存在极端不对等性，这种不平衡的信息交流势必会助长某一方的文化霸权意识，使弱小方蒙受"文化侵略"的危机感。

"中国文化失语症"会给跨文化交流带来巨大的负面影响，最直接的危害就是阻碍跨文化交际的顺利进行，因为我们无法用英语向对方介绍与我们文化相关的一些内容。另外，我们会失去很多向外传播中国优秀传统文化的机会。如果在跨文化交际中，我们对自身文化发生失语现象的同时，却又一味地去迎合异族文化，没有了自我，其结果必然会陷入文化认同危机，而最终被强势文化所同化、吞噬。

在我国的英语教学中，英语教材中的西方价值观占主导地位，中国传统文化内容严重短缺。英语作为西方文化的载体，自然体现西方的价值观念和意识形态。以西方文化为主体的文化教学忽视了中国文化世界传播的重要性和必要性，不利于学生跨文化交际能力的提高和跨文化交际的有效进行。

因此，要客观辩证地评判异国文化，正确地欣赏和理解文化。单一地吸收和肯定或否定的态度都是不可取的。只有在正确的价值观和世界观的指导下，在深厚本土文化的基础之上学习、体验、对比、鉴别母语文化与目的语文化，才能正确理解、评判异国文化，才能实现真正意义上的跨文化双向交流。

五、学生层面问题

在外语教学中，教师是教学的主导，起着引导、指导的作用，而学生是学习的主体，在众多影响外语学习的因素中，学生是事关外语教学效果的内因，是学习成败的决定因素。学生的学习态度和动机决定了学生是否有积极的学习行为。

那么，我国大学生对跨文化学习的认识、态度与行为又如何呢？下面我们从学生层面对调查结果加以分析。

（1）学生对文化的定义和文化的内涵缺乏了解和理解

部分学生认为人们的日常生活、工作及休闲娱乐、饮食、穿着打扮和宗教在文化中不是"非常重要"，然而这正是认识的误区，因为在西方，宗教相当于一种信仰，是文化非常重要的一部分，但是有调查显示，竟然有 1/3 以上的学生认为宗教对于文化"不重要"；另外，文化源于生活，人们的日常生活和工作以及娱乐是最能体现文化内涵的场所，学生对文化的认识只是停留在表面的层次，对文化的定义和内涵认识太肤浅、缺乏真正的了解和理解，根本不知道文化应该包含哪些方面的内容。

（2）学生英语学习的目的受功利因素影响很大

文化内容基本不作为考试内容，学生学习英语的功利性太强。学生对于英语文化的学习很被动，相当一部分学生学习英语是为了应付考试和为出国创造条件，并不是日常生活的积累或者兴趣使然，更谈不上为社会的进步和发展尽义务、做贡献。

许多企事业单位在招聘人员时往往把是否通过大学英语四、六级考试，是否拥有四、六级证书作为考核学生英语水平的标准和录用与否的重要条件之一。这就使得影响日益扩大的四、六级考试成绩似乎成了衡量学生英语水平的唯一标准。

（3）学生学习缺乏主动性，自主学习能力低下

由于长期传统教学模式的影响，很多学生过于依赖英语教师，缺乏学习的自主性和目的性，课堂上习惯于教师的灌输式教学，缺乏互动意识。课外也不能够主动学习扩展知识，至于探索与创新更是无法谈起。

网络、电视等占据了学生大多数时间，学生根本没兴趣，也没有时间读书，喜欢读书的人是越来越少了。访谈中教师也普遍反映，现在学生很少看书，不看书、不动脑、不动手、不爱思考是本次调查中反映出的一种普遍现象，也说明学生主动学习，自觉、自主学习的积极性很低。

第三节　大学英语跨文化教学问题成因分析

大学英语教师和学生对跨文化教学的重要性认识不够，教师的跨文化交际能力与跨文化教学方法方面存在很大问题。在实际教学中，教师很少，有的教师甚至基本不

涉及文化内容，中国文化的导入则更少。英语教师这样做，是受到各种主客观因素的影响。随着我国综合国力和国际地位的提高，我们国家的国际交流与对外宣传工作日益广泛，国际交流中用英语来表达的需求越来越迫切。大学英语跨文化教学问题重重，已经严重影响了我国对外交流政策的有效实施，必须引起高度重视，深入挖掘现存问题的根源，认真分析研究，找出症结所在，从根本上解决跨文化教学中存在的问题，促进跨文化外语教学深入有效地开展。

一、从外语教学层面分析

（1）教学理念偏颇、文化教学缺失、内容选择失衡

①教学理念偏颇

随着跨文化交际的发展，我国跨文化外语教学的重要意义越来越受到更多人的关注，有关跨文化教学的理论研究和实践探索也得以日益丰富。但由于世界各国跨文化教育发展的基础和环境不尽相同，与欧美国家相比，我国跨文化外语教学研究和实践还刚刚起步，在研究深度、广度和系统性上明显不足。造成这一结果的主要原因在于我国没有重视跨文化外语教学的政策导向，有关跨文化教育的内容在教学大纲、教材、教法、测试等各教学环节基本缺失。

教师只是凭借自己的理解，或多或少地向学生介绍一些文化背景知识，文化教学完全缺乏指导、不成体系，这种肤浅片面的文化教学或许会在某种程度上起到提高跨文化交际能力的作用，但多数情况下反而会导致学生对文化狭隘、僵化的理解，甚至对异族文化产生偏见。

在大学英语教学活动很少涉及文化教学的众多影响因素中，教师因素是英语文化教学能否落实到位的关键。首先，教师自身文化培训与文化体验严重不足，文化意识淡薄，致使教师的文化知识严重短缺，所掌握的文化知识也只是星星点点，不成系统。其次，教师本身是传统英语教学的产物，其所接受的教育的思想观念根深蒂固，他所

接受的只重视语言形式的教学方式和理念自然会在他自己的教学中体现出来，这是教学理念偏误的具体表现。课堂教学中，教师很少教授语言的语用规则和交际技巧与技能，对英语文化知识的介绍也不成体系，没有条理，只是点到为止，有些教师对交际中的语言的得体性缺乏足够的认识，对社会环境等重要因素对交际、对学生能力培养所起的作用没有给予足够的重视，甚至还有教师认为文化教学没有必要。

②文化教学缺失

我国外语教学的重点长时期以来始终放在对语音、语法、词汇的讲解，句法与语篇结构分析等语言知识体系方面的知识传授上，各种评估与测试也都相应地以此为中心进行。由于受许多语言学理论如传统语言学、结构语言学、转换生成语言学等的影响，我国大学英语教学界也把语言本身作为自己的研究对象，认为培养和提高语言能力就是大学英语教学的终极目标，因此，确定了语言知识体系教学的培养模式。多年来，每当谈及大学英语教学，人们就会自然而然地想起语音、词汇及语法等方面知识的传授，关于大学英语教学要培养学生什么能力，人们就会说出听、说、读、写、译五项基本语言技能的培养和训练，文化知识的传授和文化能力的培养几乎不被人提起，即使被提到，也只是放在次而又次的位置，不受人重视。各种考试中，强调的都是有关语言形式的正确性和流畅性，而对交际中起着重要作用的社会文化因素与语言运用的得体性、有效性却被忽略掉了。语言形式内的文化内涵得不到挖掘，交际规则得不到运用，单纯的语言知识的学习和语言技能的培训就如同无水之鱼，焕发不出生机，自然也就无法促使学生语言交际能力的提高，英语教学的目标难以实现。

在我国的外语教育体系中，无论是小学、中学还是大学，无论是研究生，还是博士生，衡量学生外语水平的办法就是考试，得分高低是外语水平高低的唯一标志。用考试来评测学生水平的高低倒也无可厚非，问题出在考试的方法和考核的内容上。由于在家长、在老师、在世人的眼里高分代表着好学生，高分代表高水平，学生在英语学习中，常常抛开了语言学习的特点，抛开了语言中蕴含的文化内涵，围绕考试题型，专门研究语法、词汇、语言点等考试必考项目，慢慢地，分数上来了，教师和学生都满意了，学生却张口闭口都说不出英语了，即使个别学生能说得顺畅、流利，也不见得用得得体、有效，能否顺利地进行跨文化交际也未可知。

这一问题长期困扰着我国的外语教学，致使经受多年外语教育的学生"出炉"之后综合运用语言的能力仍十分薄弱，他们可能掌握了很多语法规则和大量词汇，但却无法同外国人进行得体的、有效的实际交流。

③内容选择失衡

我国的外语教学大纲只设有词汇表、语法项目表、功能意念表以及语言技能表等项目内容，是外语教学与测试的主要内容依据，但其中却没有文化项目表，没有对文化教学内容和文化测试做出规定、提供依据。这使外语教学内容的选择受到了很大影响。因此，外语教学中语言教学长期独霸一方，文化教学长期被忽视受冷落。

近年来，文化的学习必须融入语言学习当中去，二者必须紧密结合，这一点在我国外语教育界已得到普遍认同。人们对文化教学的认识有所增强，教学中文化教学内容有所增加，但注重介绍的都是目的语的文化知识，侧重强调外语学习中的母语负迁移，极少涉及中华优秀传统文化。本族文化的学习与掌握会积极地促进对目的语文化的学习，学会用英语表达本族文化有利于本族文化的对外传播。目前，又出现一个新问题，就是外语文化教学中对目的语文化强调过多，对中国传统文化重视不够，忽视母语及母语文化的正迁移作用，产生了文化"逆差现象"，中国传统文化教育欠缺，时间一长，就发生了"中国文化失语症"现象。

随着我国国力的日益增强，国家对外政治、经济、科技、文化方面的合作交流日益频繁。在国际文化交流中，中国文化的地位也日益提高，受到世界瞩目。中国不仅仅要输入文化，还要把中国文化传播到世界各地。这就要求外语教学要重视和满足中国文化的输出需求，在中国文化英语教学方面有所作为。然而，事实是，在实际外语教学实践中，中国文化的重要性并没有得到外语教学管理部门的重视，有关部门并没有起到积极的导向作用。在教学中，一些外语教师没有把中国文化纳入文化学习内容范畴，甚至还有教师在对比中西方文化时总是戴着有色眼镜、不无偏见地去赞美西方文化，贬低中国文化。这种做法违背了大学英语教学要求，会对学生文化素质培养产生负面影响，也严重影响了我国学生在运用英语对本民族文化进行英语表达的学习和能力的培养。

（2）教学目标模糊不清

2007年，教育部颁布的《大学英语课程教学要求》（下文称《要求》），在教学目标、内容、方法、模式、手段、考评以及水平定位等方面与以前的教学大纲相比有了较大的变化。《要求》指出，大学英语教学应以培养学生的英语综合应用能力为目标，使学生能够在今后的学习、工作和社会交往中使用英语有效地进行交际，但对"学生的英语综合应用能力"要达到什么程度，怎样才算是"有效地进行交际"，并没有明确的阐释，而只是一个比较模糊的描述。

《要求》还把具体的英语教学目标分成三个层次，即一般要求、较高要求和更高要求，希望各高等学校根据本校实际情况以这三个要求为参照标准制定符合本校实际的大学英语教学文件。而教学实际表明大多数高校由于种种原因根本不可能根据本校的实际情况制定自己的教学要求。学生对英语并没有现实的需求，也无法预料毕业后从事什么样的职业和该职业对英语能力的具体要求，因此也不知道究竟为自己设立一个什么样的英语学习目标。现实的要求却是在一年或一学期后参加英语四、六级考试。因此，许多大学生最终就只能把通过英语四、六级作为大学英语学习的终极目标。前面的数据统计分析显示有些学生学习英语的目的仅仅是为了通过英语考试取得文凭。可见学生对英语学习的目的基本处于混乱不清的状态。

很多学校的领导也没有把英语教学与本校人才培养的规格和要求有机地融为一体，而是把英语教学作为独立于其人才培养体系之外的一种额外要求，因此没有也不可能对本校的英语教学做出准确的定位。大部分大学英语教师只是模糊地知道课程标准的要求，而对具体的要求并不清楚，因此只能把教材内容作为教学的主要目标。相当部分的教师的大学英语教学处于盲目的状态，没有明确的教学理念，教学目的不够明确。有的教师甚至直接把四、六级考试作为教学的目标。从这个意义上来讲，我国大多数高校的大学英语教学定位是模糊的。跨文化交际能力的培养则更没能提到日程上来。作者在对教师进行的访谈中发现，受访的八名教师中竟无一人能明确说出跨文化交际能力的概念，至于跨文化交际能力的内容也只是从对文化的理解谈及文化习俗、风土人情等，自然也不会把跨文化交际能力的培养列为大学英语教学的目标了。

（3）教学方法滞后，策略运用不合理

①教学方法陈旧

不能灵活、有效地运用各种外语教学方法实施跨文化教学。当前中国广泛使用的传统语法——翻译法和交际法相结合的教学方法对文化教学来说过于单一，在一定程度上妨碍了文化教学的开展。

教学方法上存在着模式单一的问题。在教学中，学生的主体作用和学生自主学习的程度呈现不够，学生合作学习的能力不强，很大程度上还停留在教师讲、学生听，教师放、学生看的层面。课内教学向课外延伸的语言交际活动开展不足。

近年来，随着英语教学理论研究的深入开展，研究水平不断提高，新的教学方法不断被推出，并被外语教学所接受，许多大学英语教师认识和了解了交际法、认知法等一些新的教学方法的价值，并逐步尝试使用，但从调查统计结果来看，新的教学方法的应用还很有限，传统的教学方法仍占主导地位。教师们在教学内容中补充的相关跨文化知识或许会起到一定作用，学生对跨文化交际知识的掌握相对较好，但跨文化交际意识与跨文化技能的调查成绩总体偏低，反映出学生跨文化交际意识总体较弱，跨文化交际技能很欠缺，说明教学没能实现跨文化教学的态度、能力目标，学生无法从所学的跨文化知识中感受到跨文化交流的意义。

语言教学仍是外语教学的主题。教师仍是课堂教学的中心，师生互动交流很少，内容主要集中于强调单词、语法和句子结构等方面的语言知识，文化因素没有得到足够的重视，教学中以教材为中心，忽略正确引导学生通过广泛的课外阅读获取跨文化交际知识，扩大知识涉猎领域，一言堂、灌输式的教学导致英语课堂沉闷无趣，学生英语学习的兴趣日渐丧失。久而久之，学生、教师相看彼此，都感觉索然无味，必然导致调查所显示的学生跨文化交际能力低下的结果。

②教学策略不合理

教师不能够成功地把最有效的学习策略、学习方法传授给学生是教学策略不合理的一个突出的表现。学习策略可分为两大类、六小类。两大类包括直接策略和间接策略。直接策略又可分为记忆策略、认知策略和补偿策略；间接策略可以分为元认知策略、情感策略和社交策略。教会学生掌握良好的学习方法、培养学生养成良好的学习习惯、掌握卓有成效的学习策略是使学生学会学习、提高学习效率、提高教学质量的关键。有研究表明，成功的学习者都善于运用和总结各种学习策略。而调查实际表明，能够较好地运用学习策略的学生并不在多数，很多学生并不知道什么样的学习策略能够帮助他们学习，因此他们的学习效率很低，这也从另一个侧面说明教师在这一方面的传授和渗透非常少。

（4）语言环境与交际场景匮乏

文化学习环境包括自然环境和构建环境两种。前者指的是学习者目前所处的社会大环境，后者一般指的是学习者接受教育的课堂小环境。

众所周知，英语教学有 ESL 和 EFL 之分，两者的主要区别在于语言环境的不同。ESL 指的是在目的语言、社会和文化环境中的英语学习，如亚非移民在美国学英语，学习者周围有众多使用该语的本族语使用者。因此学习者除了课堂英语学习之外，还可以通过新闻媒介、官方文件和广告等形式接触目的语言和文化。然而，EFL 的学习者很难有这样的语言环境，他们主要以课堂教学为主要渠道。这两种社会文化环境对于学习者的语言和文化输入量以及学习动机都有很大的影响。首先，在两种社会文化环境中，语言和文化输入量有着明显的差别，而语言和文化输入量的多少又直接关系到学习者文化学习的效果。

ESL 为学习者提供了极好的文化体验和实践环境，有利于学习者从情感上习惯和接受文化差异，从目的语文化价值观的角度去理解目的语文化行为。学习者能够在认知、情感和行为各个层面获得全面发展。相对而言，EFL 只能通过角色表演、案例教学等手段来提高学习者的跨文化敏感性。此外，在两种社会文化环境中学习目的语文化，学习者的动机也有显著的差异。在 ESL 环境中，学习者为了适应主流文化，更好地与人相处，乃至更快地融入主流社会，他们都会利用各种机会学习目的语文化，学习效果显著。在 EFL 环境中，由于缺少实践机会，学习者学习目的语文化的动力明显不足，效果也不显著。

研究表明，由于缺乏真实性，教室环境对于文化学习存在很多的局限性。教室环境是一个非自然的社区环境，因此"基于教室的学习在本质上属于认知和推理层面的学习，无法深入文化知识根基里去"，其仅仅"有益于对规则的学习，但无助于语言和文化的习得"。在具体实践中，笔者认为，利用多媒体和网络的虚拟真实环境可以弥补教室环境文化真实性的不足。网络环境下的文化学习，有利于学习者学习主体的发挥，最大限度地实现网络环境与课堂教学模式的有机结合。同时通过网络链接或运用新闻报道、电影、录像、光盘等真实材料把目的语国家活生生的文化带进语言教室，增强了教室环境的交互性与真实性，有效地激活了学生大脑中已有知识的图式结构，整合了他们所具有的多种知识和技能，促进了学生对所学文化知识的意义建构。

语言环境在外语学习过程中起着至关重要的作用，是对外语学习产生非常重要的影响的一个关键因素。英语学习是人们在一定的语境下，通过口语或书面语相互交际的过程，它是在一定言语使用区域中进行的，绝不是一个孤立的学习过程。语言需要在适当的语言环境中被操练和运用，用得多了，用得熟练了，自然而然就被掌握了。没有恰当、合适的语言环境，任何语言学习者都不可能学好语言，因为他无法把所学语言与实际语言交际场景结合起来。得不到实际应用的检验，所学语言就不能生动起来，不能适应灵活多变的语言环境。在中国的英语教学中，教师与学生所处的正是这样一种"不能生动起来"的语言环境，教师不是真正意义上的 English speakers，课堂内外教师与学生共有、共用的是同一种文化和语言，英语使用的机会非常之少。除了课堂上使用英语，有点儿英语学习的氛围之外，其他时间里，就很难感受到英语学习的气息了，学校和英语教师也没有什么好的办法在汉语环境里为学生创造较好的英语学习环境。从对教师的访谈中，我们了解到除个别教师由于工作关系与外教接触较多外，其他教师很少有与母语为英语的人进行交际的机会，学生则更是如此。由于缺乏学习英语的语言环境，学生的学习兴趣无法被充分地激发出来。

（5）应试教育普遍存在，素质教育推行不够

在我国现行的教育体制中，一直存在着两种声音：应试教育与素质教育。长久以来，人们为这两种声音争论不休。尽管大家都知道素质教育事关全民整体素质的提高，但总体来说，应试教育仍占上风。

（1）应试教育普遍存在

应试教育在我国的教育体制中由来已久，是一种以考试为目的的教育方式，在其引导下，教学过程往往围绕着试题的内容与形式来进行，学校、教师与学生都在为得到高分和好的名次而努力。在应试教育的影响下，英语教学的内容以及教学各环节的安排，都以考试为中心。这就使得教学过程形成了一种模式，即教师成为教学的主体，负责讲授，而学生则成了被动的接受者坐在了听众的位子上。教师大信息量的灌输都是围绕考试内容进行的，完全忽略了学生英语交际能力的培养。

从考试导向上来看，学生最为关注的英语四、六级考试是以语言能力测试为主，极少涉及跨文化交际内容。因此，教师在教学过程中采取"填鸭式"教学，搞题海战术，甚至在讲解词与词之间的区别时，直接把四、六级的试题搬到课堂上，这种教学方式虽然对提高学生的考试成绩极为有效，但却严重脱离了语篇结构和语言的应用，语言教学成了名副其实的"应试教学"；学生在题海中掌握的是应试的技巧，而不是语言的能力，文化意识的培养和人文精神的养成更是无从谈起。所以，应试教育放大了语言学习的工具价值，而忽视语言承载的文化精髓。学生从小学到初中，各种考试铺天盖地，高中情况更令人担忧，高考的压力使得平时所有的英语课堂教学基本上围绕高考进行。到了大学，学生不但没有摆脱考试的纠缠，反而陷入更深的应试学习旋涡：四、六级考试，口译证书考试等，因为这些都是对大学毕业后找工作可能有用的证书。

走进任何一个书店，外语类图书一定三分天下有其一，而所有的外语类图书中，应试书籍一定占80%以上。许多学生除了做习题以外，简直不知道还有什么别的外语学习方法。

（2）素质教育推行力度不够

上文提到大学英语四、六级考试早已成为全国大面积的统一考试，许多学校把是否通过四、六级考试同入党、评奖学金、评先进联系起来；还有的学校规定拿不到四、六级证书，就不能获取学位证书和毕业证书。如此教学完全置素质教育于不顾，又何谈提高学生综合素质，提高学生实际运用语言的能力呢？

素质教育是一种以素质为导向的教育方式，它以学生为主体，以促进学生身心发展为目标，以训练和培养能力为主要教学任务，充分调动学生学习积极性和主动性。素质教育与应试教育有着本质的不同。大学英语素质教育一直努力在教学目标、教学内容、教学方式上进行改革，从以教师为中心转向以学生为主体，从注重学生分数的提高到加强学生的思想道德修养，从注重语言知识的传授转向加大文化知识学习的力度，注重培养学生的英语交际能力，以此来改变应试教育的种种弊端，但收效并不大，应试教育仍占上风。

二、从跨文化交际层面分析

来自不同文化背景的交际者在进行交际时，其不同的文化、不同的思维模式、不同的价值观念使得他们的交流、沟通难以产生统一、共鸣，还有可能导致交际的失败。跨文化交际所具有的与同文化内交际所不同的特点，势必要给外语教学带来巨大的影响。

（1）对中英文化差异缺乏了解和理解

英国文化学者伯克曾告诫我们，不同文化相遇时，每种文化都可能会对其他文化的形象形成一种固定程式。该程式本身可能无可厚非，但它常常会对某些事实特征夸大其词，同时又全然忽略其他另外一些特征。由于这一模式被用于相互之间差异很大的文化状况，结果是不可避免地或多或少会缺乏细致周到而与事实真相有某些出入。

在我国，大学生进入大学之前一直在接受中国传统文化的教育，他们在思维方式、行为准则、道德规范等方面都已形成某种定式。大学生活开始后，面对开放的社会文化生活环境，西方文化的大量引入，西方文化、思想和价值观念冲击着大学生已有的文化定式。对文化差异缺乏了解和理解而产生的文化的冲突会使大学生在进行跨文化交流时遇到各种矛盾和问题而不能顺利进行跨文化交际。

所以说，社会文化方面的知识和能力的欠缺直接影响跨文化交流能力的提高。语言能力不足会影响跨文化交流的进行，而社会文化能力的不足则会使跨文化交际发生障碍乃至冲突。

大学生的价值观虽已形成一定定式，但还不够完整，文化差异与冲突会对学生完整的价值观、世界观的形成产生很大影响。因此，外语教学要从跨文化视角客观公正地对待文化差异，在加强学生语言能力培养的同时，加强学生社会文化能力的培养，帮助学生正确对待文化差异与冲突，形成良好的世界观与价值观。

（2）受中西思维方式差异的影响

不同的民族以其特有的历史背景和文化传统生活在各自不同的地理环境中，自然形成其不同于其他民族的思维方式。不同民族的思维方式，必然显现不同的民族特征、时代特征、区域特征和社会特征；其风俗习惯与文化传统也不同于其他民族。

思维方式在语言与文化之间起着纽带连接的作用。思维方式集民族文化心理诸特征于一体，又对文化心理诸要素起着制约的作用。思维方式在民族文化的各个领域，如物质文化、精神文化、制度文化、行为文化等各个方面均有体现。不同民族思维方式上的差异，造成了民族间文化的差异。作为思维的主要工具和构成要素，语言对思维方式的形成和发展起着积极的促进作用。语言是思维的表现形式，语言差异的存在应归因于不同民族思维方式的不同。因此，对与语言和文化密切相关的思维方式的研究是语言与文化差异研究的前提与基础。

①中国的悟性思维与西方的理性思维

悟性思维与理性思维是两种基本的思维方式。中国人的思维呈现为悟性，西方人的思维则呈现为理性。悟性与理性具有不同的表现特征。悟性思维具有很强的形象性，表现出直觉性、形象性、整体性等特征。理性思维具有很强的逻辑性，表现出抽象性、客观性、分析性等特征。西方哲学思维方式本质上是理性主义的。中国人比较注重直觉、体验、领悟，其思维方式是悟性主义的。

中国人的悟性思维使中国人侧重强调主体，常以分析综合的形式改造表象，直觉地认识事物的内在本质和规律。西方人的理性思维则侧重部分与具体，注重分析和实证，长于严密的推理分析。中国人的悟性努力将悟性主体与被悟对象主客合一。中国的悟性认为借助语言符号难以领悟被悟对象的本意，强调悟性主体对被悟对象的直接领悟，中国人的悟性和西方的理性必然表现在中西文化的各个方面。

②思维差异的影响

英语民族和汉语民族的思维差异的不同自然会产生文化上的差异，影响跨文化交际的进行。中国学生常常会忽视中西方文化差异的存在，把中国式的思维直接带到英语表达中去，迫使交际对方以与自己相同的方式进行思维。在观察其他文化时，中国学生又会以本族文化模式来理解和解释异族的文化行为。正是这种错误的认知，导致了跨文化交际中的歧义和误解，在特定的语境下则可能诱发深度的文化对立，给跨文化交流带来诸多不便。

③受中西方价值观的差异影响

价值观是一种影响人们对行动模式、方式和目的做出选择的特有的显性或隐形的观念。价值观是跨文化交际的核心，不理解价值观方面的差异就不能真正理解跨文化交际。若忽视价值观念在交际中的潜在影响，就会造成交际障碍。

在同文化内的交流中，在衡量对方的言行时，人们大多会采用规范的价值标准。不同的文化有着各自不同的规范价值标准，这些价值标准在其本族内很适用，却不适用于其他社会群体。因而，这些价值观在跨文化交流中，不具备统一、维系的作用。每个文化群体都有权决定和保留自己的生活方式和文化传统，都有权保持自己的文化特色。人们在跨文化交际中发生障碍和冲突不是因为不能接受对方，而是因为对彼此的价值观念不够理解和认同而引起理解偏误。这种偏误未必引起激烈的利益冲突，但在特定的语境下却会产生深刻的文化对立。

可见，东西方价值观的差异也会给我国外语教学带来影响。在跨文化交际中，语言方面的错误可以得到容忍和谅解，而违反交际的准则，无视东西方价值观的差异的存在却会被看作举止不雅，有失礼貌。语言的许多方面都会体现东西方价值观的差异，这是跨文化交际存在障碍的一个重要原因，也是跨文化外语教学不能忽略的一个重要方面。

第四章 大学英语教学中跨文化交际能力的培养

成功的跨文化外语教学模式必须使文化教学真正与语言教学相融合，使教师自身的文化素质与文化理解能力得以提高，使跨文化教学目标、教学内容、教学活动的各个环节得以全面改革，从而达到培养具有跨文化意识和跨文化交际能力的高素质人才的目的。因此，必须采取切实可行的教学策略，使跨文化教学系统化。为此，在研究跨文化交际能力三分模式理论指导下已经完成实证研究，并且对调查结果进行深入分析的基础上，以此同一理论框架为结构框架，从认知、情感、行为三个层面构建行之有效的跨文化交际能力的培养体系，满足学生的需求和国际社会发展的需要。

第一节 跨文化交际能力培养的认知体系

跨文化交际能力的认知层面包括目的语文化知识，以及对自身价值观念的意识。对许多教师、学者来说，跨文化交际能力主要是指在目的语文化情境中适宜地使用目的语的知识，调整自己的感知、理解和表达的习惯，用一种新的视角去看待世界，由此形成对世界的新的体验的能力。相对跨文化外语教学来说，认知就意味着教学理念、教学目标、教学中看似矛盾的各种关系的处理以及教学原则等的确立。

一、树立正确的教学理念

外语教学中跨文化教育的开展首先应注重观念更新，认识提升。目前，跨文化教育的相关思想在我国外语界仍是比较前沿的理念，国家教育行政部门作为教育相关政策的制定机构对跨文化教育的理解和解读将直接影响到我国跨文化教育开展的效果。由此，教育行政部门的专家和领导应该借鉴、比较欧美国家的跨文化经验，从战略高度审视跨文化教育所具有的时代意义，明确其目标和内涵，确定符合我国国情的跨文化教育目标、原则和方法，为外语教学提供依据，明确方向。

在跨文化教学中，教师首先要更新自身的教育理念，要始终坚持"语言教学与文化教学有机结合"，从语言学习、语言意识、文化意识和文化经历相互联系的四方面同时入手，充分发挥母语文化在文化学习中的作用。其次，外语教师不能仅满足于做一个传授语言知识的"教书匠"，还应该努力成为一名"会通中西"的学者型教师。我国著名学者吴宓、钱锺书、叶公超等人之所以声名显赫、受人敬仰，不仅仅因为他们的外语水平高超，更重要的是，他们学贯中西，人格俊逸，文、史、哲无一不通，可谓传统意义上的大师级通才。

除教师教学理念的更新、自身素质的提高外，外语教学中文化教学的理论框架作为重要的课题必须进一步明确，深入研究和探讨。

近年来，体验式英语教学作为一种全新的教学理念和教学模式越来越受到英语教学研究者的关注。体验式学习理论的完整提出，当属 20 世纪 80 年代美国人 David Kolb。Kolb 在总结了 John Dewey、Kurt Lewin 和 Piaget 经验学习模式的基础之上提出自己的经验学习模式。1984 年，Kolb 发表了《体验式学习：作为知识与发展源泉的体验》一书，系统阐述了体验式学习过程，他认为经验学习过程是由四个适应性学习阶段构成的环形结构，包括具体经验、反思性观察、抽象概念化和主动实践，确立了著名的 Kolb 体验学习理论。在 Kolb 看来，"学习是体验的转换并创造知识的过程"，也就是说，在学习过程中学习者把体验到的内容消化吸收，内化成为自身具备的知识并在实践中加以运用检验。Nunan 认为，体验式学习理论的提出对教学产生了深远的影响，其中，在教学理念上引发的变化，就是教学模式由原来的知识"传授式"转向了"体验式"。

基于体验式学习理论的体验式教学模式要求教师根据教学内容有目的地创设生动逼真的教学情境，使学生在较为真实的环境中有效获得所学内容，使其理论知识、应用知识得以扩展，技能、技巧得以提高。通过直接接触学习内容，学生能够亲自实践和体验，在自由独立、情知合一的情境下，培养实践创新的能力。体验式教学模式的核心就是体验直接经验。

建构主义理论是体验式英语教学理论的发展基础。建构主义把学习看作一个建构的过程，该理论要求学习者在学习中要积极主动，发挥主体作用。建构主义强调学习者的中心地位，教师在整个学习过程中应该是学生意义建构的协助者、促进者，而不是知识的提供者和灌输者。建构主义从教学方法上看多种多样，各有不同，但教学环节中含有情境创设和协作学习却是其共性所在，学习者不是简单被动地接收信息，而是基于情境创设和协作，最终主动地实现自身对所学知识的意义建构。与以往以教师为主导的知识传授式教学模式相比，体验式教学模式更加突出强调以学习者为中心，认为自主学习十分重要，它更贴近学习者"内化"的学习认知规律。真实语境的创设和模拟能够激发学生的学习积极性和参与体验的热情，使学生在真实语言的感受和体验中，发现语言的应用技巧和使用规则并应用于语言实践。这一理念反映了当代外语教学理论的新进展，既符合以往交际教学法的原则，又体现了"任务教学法"的特点。除此之外，体验式教学不受时空限制，多媒体、网络教学资源为体验式学习创造了更丰富的体验。利用多媒体和网络，体验式教学增加了学习过程中的趣味性，学生的感官和思维受到刺激和激发，使学生积极、主动，快乐学习、记忆语言文化知识。

文化不是一成不变的，不是一个静止的概念。文化是动态的，是随社会的变迁而变化的。以往发生的事情会影响语言表达的含义，语言的意义也会对未来事件产生影响，未来的经历又会影响到具体的语言意义，这是一个周而复始的过程。在社会进步、发展的同时，世界各民族的思维方式、价值观念、生活方式、社会规范等各个方面也都在发生着重大变化。因此，在外语教学过程中，教学的中心不应再是以教师为中心的知识的灌输，而应是以学生为主体，加强学生的文化学习体验，培养学生自主学习、积累文化知识的能力，注重培养学生文化敏感性，提高学生应对文化差异的主动性和自觉性。

因此，要确保跨文化教学的理论研究形成体系，以全新的教学理念、清楚的教学思路促进课堂内外的跨文化教学，在各个方面采取措施，加深教师对外语教学中跨文化教学的认知，使其更好地投入跨文化教学。

二、明确合理的教学目标

2007 年教育部制定的《大学英语课程教学要求》，明确了大学英语课程的教学目标是培养学生的英语综合应用能力。这一目标不同于以往重知识传授、轻知识运用，重知识点记忆、轻能力培养，重阅读、轻听说写的倾向，这一目标的确定将我国大学英语教学的标准提高到了一个新的境界，交际意识和文化能力逐步得到重视。

跨文化教学的目的在于培养学生具有用该社会认为得体的语言和方式进行交际的能力。学生必须了解目的语词语所包含的丰富的文化内涵，以便掌握语言的使用规则。经验表明，与结构规则相比较，语言的使用规则更为重要。仅靠正确的语音、语调、语法，并不能保证交际的有效进行。通过跨文化教学，学生不仅可以了解生活在目的语文化中的人们是如何观察世界，对待事物的，而且能够了解他们如何用语言来反映他们的社会思想、习惯和行为方式的，从而学会用其得体的语言和方式进行交际。

除了对目的语的应用能力外，异域文化的敏感性和容忍度在很大程度上决定了跨文化交际能否成功。学习者要了解异域文化下的思维习惯、认知模式、合作态度等，同时还需对交际对象的文化背景、风俗习惯保持敏感和包容态度。在交际过程中，学习者往往容易从自身文化视角去审视他国文化，而不去探索文化背后的深层意义。应使学生通过直接学习、直接经验，以及参加培训项目等经历，加深对隐藏文化内涵的深层理解，站在对方角度去看待他们的文化，提高学生跨文化交际的敏锐度、宽容性和处理文化差异的灵活性，从而实现跨文化交际的成功进行。因此，提高学习者批判吸收外来优秀文化、发扬优秀传统文化的能力，提高他们融会贯通中外文化的能力尤为重要，这既是中国外语教学中文化教学的发展趋势，也是跨文化外语教学的最终目标。

培养跨文化交际能力成为我们新时代英语教学的目标，这一目标的确定体现了英语社会功能的进一步演变，顺应了当今世界政治、经济、文化等的发展趋势，同时也是外语教学服务社会的需要。这一新的教学目标的实现要求我们更新外语教学观念，改革外语教学体系。

三、正确处理大学英语跨文化教学应面对的三种关系

（1）本土文化与英语文化的关系

在经济全球化的时代，英语被认为是全球化语言。作为全球通用的语言，它应该具有两个层面的意思：第一，它由全世界英语使用者共同享有；第二，它包括各种地域、文化特征的本土化的英语表达形式。

中国是世界上英语学习大国，对中国英语学习者而言，学习英语一方面是为了了解世界，同时也希望通过英语这个媒介，让世界来了解中国。因此，英语交流是双向式的，但是在我们现实的生活中，英语（主要指的是英美）文化对中国社会文化产生了重要的影响：如象征着美国饮食文化的麦当劳、肯德基遍布中国大部分城市，引领时尚的美国流行音乐以及好莱坞影片备受年轻一代的青睐，西方传统的节日如圣诞节、情人节开始在社会上盛行，甚至连英文名字也与一个人的社会地位有了某种联系等。

在强调英语文化和价值观的同时，中国传统文化的学习逐渐地淡化。中国本土文化的欠缺，使得中国英语学习者在表达中国特有的文化思想上存在困难。因此，如何处理好英语教学中传统文化与英语文化的关系是值得我们思考的问题。

①重视学生的母语和母语文化的学习。"语言反映一个民族的特征，它不仅包含

着该民族的历史和文化背景,而且蕴藏着该民族对人生的看法、生活方式和思维方式。"对我们中国人而言,汉语是我们的母语,通过母语的学习使我们形成汉语的思维方式,使我们传承和发扬具有自己特色的文化。

②承认"中国英语"存在的客观性,并使其达到国际交流的目的。英语是世界性的语言,世界各地出现不同类型的英语变体,"中国英语"就是其中之一。但是在使用"中国英语"时要注意以下几点:第一,使"中国英语"具有可接受性。中国人在使用英语的时候应尽量地使之合乎英语语言的普通原则,使之为英语国家的人所接受。第二,要用英语表达具有中国特色的文化,如清明节、洋务运动等。第三,如果在交际中出现与英语本族文化冲突的现象,要尽量经过解释使之达到被以英语为母语的人的理解,从而达到国际交际的目的。

③在英语教材的编写上,要适当加入介绍中国文化的英语素材,而不是全盘地搬用体现西方价值观和文化观的素材。在英语课堂教学过程中,教师可以适当利用母语,有意识地对比分析母语和目的语之间的语言形式和文化背景,比较两种语言文化的异同点,加深学生对不同语言文化的理解。要积极地利用母语对英语教学的正迁移作用帮助学习者更好地掌握英语。

总之,在全球化时代,在我国英语教育中要平衡英语文化与中国传统文化的关系,在引进西方文化的同时,也不能忽视通过英语或者"中国英语"来保护我们的文化和向外宣传我们的文化。英语具有双向文化交流的功能,英语学习者可以通过英语学习培养跨文化交际能力、国际的理解能力,最终在全球多元的社会中生存、发展。

（2）英语功用性与人文性的关系

语言是交际的工具,更是人类文化的主要载体,是人类文明的集中体现。因此,英语具有功用性与人文性的双重价值。一方面,英语是人们用来认识世界、改造世界,进行交际交往的工具,具有功用价值;另一方面,英语又是人类用来进行文化传承、人文教育、人格塑造的途径,具有人文价值。学生通过人文知识学习语言,通过语言学习人文知识,在潜移默化中受其感染、暗示、引导,逐渐实现心理积淀,形成质文相宜的人文素质。

英语之所以在中国社会流行，主要的原因是它非常具有使用价值。实用性在学校的英语教育中占有重要地位，甚至在高校英语语言文学专业教育中也出现了"强调实用性课程，淡化语言文学课程"的趋势。

考试和量化可以用来衡量外语的知识和技能，却难以用来判断学生的人文素养。英语功用性的一面不可否认，但是不能忽视其人文性的一面。英语的功用性是紧密与社会的经济利益挂钩的，而整个社会是一个复杂的整体，包括政治、经济和文化诸多方面的内容。在经济全球化背景下，各种文化相互地撞击、融合，中国与外面世界的交流是全方位的，在交流过程中文化起着重要的作用。英语本身就是一种文化，一种与英语国家的历史传统与现实场景相联系的文化。

英语教学不仅仅是强调语言技能的教学，更应该重视英语文化内涵的理解，培养学习者的跨文化意识、跨文化敏感性、跨文化的价值观以及国际理解能力等。21世纪是一个全球化、多元文化共存的时代，作为现代社会的公民应该学会与来自不同社会背景、文化背景、政治制度国家的人相处，而英语是全球语言，英语学习的主要目的之一是理解异国的文化与社会，了解世界和中西文化的差异，开阔视野，促进个体在多元文化的社会中生存与发展。因此，在跨文化教学的过程中，要提倡拓展英语文学、文化课程的开设，强调运用人文意识引导法、人文品格分析法等方法对学生进行人文素养的渗透，使得英语教学中的功用性与人文性相统一。

（3）语言教学与文化教学的关系

20世纪70年代，Kenneth Chastain 指出，外语教学中要考虑文化教学，原因有二：第一，要和另一种语言的人进行交往的能力不但依赖于语言技能，而且依赖于对文化的习惯和期望值的理解。第二，跨文化理解本身也是现代教育的一个基本目标。如果学习一门外语没有领悟其深厚的文化，同样，所有的努力也是徒劳的。不管是哪一个民族的传统文化与生活方式，民族心理和宗教信仰，乃至各种特定的思维模式，均依赖于语言得以成形、积累、发展和传承。

语言与文化息息相关。语言学习的过程也是文化学习的过程。一个民族的语言总是反映和表达这个民族的文化，不学习文化，也就很难学通语言。从语言和文化的关系来看，语言承载着文化，同时又是文化的重要组成部分。民族语言与民族文化一一对应，语言与文化血肉相连，互相影响、互相作用，难解难分。

不了解文化就难以理解语言，要理解文化又必须要有良好的语言做基础。只有扎实的语言基础，才能理解和体验语言中所蕴藏的深刻文化内涵。对于语言是文化不可分割的一部分，学生的理解也比较一致。

从目前大学英语整体的教学情况来看，语言与文化这种相辅相成的关系还是有失平衡的，教师对语言的"工具性"强调得过多，在实际的教学计划、教学设计和教学要求中，忽略了语言不可能孤立存在的这一事实，人为地削弱了文化教学，将语言与文化或文学加以隔离。长期以来，此种教学模式导致学生将学习重点放在语法、词汇和做相关的考试型的练习上，而对语境下的篇章理解和听说交际能力普遍表现薄弱，因此，正确认识和处理语言教学与文化教学的关系尤为重要。

第一，语言教学与文化教学的过程是同时共进的。教师在语言教学的同时也必须进行相应的文化教学，表现在语言学得和习得机制与文化学得和习得机制是协调一致、同步进行的。正如盛炎指出的那样，在第二语言的学习过程中往往会形成一种"自我疆界"，第二文化的学习目的就在于要超越这种"自我疆界"，或者使这种"自我疆界"得到扩展，达到消除这两种文化接触时所产生的障碍，使学习者能够设身处地地站在以目的语为母语的人的位置上，思考问题、处理问题、解决问题，达到真正移情的理想境界，获得全新的"自我认同"。

第二，语言教学与文化教学具有相互依存性，互为条件、互为补充。要了解一种文化必先了解其语言，要了解一种语言也必须要了解这一语言所赖以生存的文化。因此，离开语言教学的文化教学就会成为无米之炊，无本之源。而脱离文化教学的语言教学内容势必枯燥、乏味，无法激发学生应有的学习兴趣。从能力培养方面来看，单单讲授语言知识而不进行相应文化知识的教学，学生只能具备最为基本的语言能力，而不能得体有效地运用语言，成功地进行跨文化交际，达不到提高跨文化交际能力的目的；从培养机制来看，文化教学以语言教学为基础和前提条件，同时又对语言教学起着"反拨"与检验的作用，能够促进语言教学，夯实语言基础，提高交际能力。文化教学能够拓展语言教学的深度和广度，有效提高语言教学的质量。

第三，语言教学和文化教学相互兼容，不可分离。语言和文化融合为一体的事实使我们相信，无论我们采用什么语言教学方法，都会自然而然导致文化教学。现代教育理念认为，外语教学只有把语言教学与文化教学合二为一，才是现代意义上的真正的教学。国内学者李润新曾用化学公式形象地把语言教学与文化教学之间相互兼容、彼此融合的关系表达为：语言+文化+教师（催化剂）=语言交际能力（有机化合物）。

只有语言教学与文化教学有机结合，才能达到外语教学的最高目的，使学生在教育的过程中真正获得跨文化交际能力。

四、确立大学英语跨文化教学原则

跨文化外语教学的本质是实现它的社会交际性。跨文化外语教学是要培养学生在文化知识认同与理解方面的交际能力，这种交际能力可分为处理语言信息能力和调节语言活动能力。外语跨文化教学过程中最为核心的价值取向和原则是语言的使用必须遵循文化的规则，认同外语的思维和社会交际，这一点十分重要。

（1）以学生为中心原则

大学英语跨文化教学是以学生为中心的教学活动。学生的实际需要是教师进行课堂教学、编写教材和设计选择教学模式的依据和目标。尽管基础语言知识和技能的传授仍然是大学英语教学的必要组成部分，但是教学过程应该以培养学习者自主学习能力为中心，而教师的教学任务则是以启发和引导学生进行自主学习为主。在课堂上以学生为主体，学生与教师共同进行文化体验，感受和领悟语言与文化，进行知识和意义的内在建构，其心理感受和价值取向不同，体验的意义建构也就不同。在跨文化英语教学中，课堂教学的设计和教学活动的安排应该考虑到各种因素对于学习者的影响，需要注意和重视的不仅是具体的英语语言知识学习，还应该包括学习者对本族语和本族文化的体验和理解、对目的语文化和其他文化的态度、个人综合素质的提高，包括立体思维方式的形成和跨文化交际能力的培养，甚至包括对整个人生的态度等很多与学习者的过去、现在和未来密切相关的主题。跨文化英语教学的目标和内容相对于传统的外语教学而言扩大了无数倍，而教学时间基本不变，因此为了能够最终实现教学目标，教师必须切实有效地加强对于学生进行自主学习的引导和能力培养。

（2）多层面合作原则

Gardner 认为，人的智能机制可以分为：个人智能（包括内省智能、社交智能和音乐智能）、学习智能（包括逻辑智能和语言智能）、表达智能（包括身体语言智能和视觉空间智能），以及自然发展智能或者自然主义智能。智能机制在各个方面的表现形式则是因人而异，教师应该根据学生具体的智能表现，发掘学生的优势智能，并帮助学生能够协调运用这几种智能机制，做到扬长避短，有效配合和优化使用这些智能，从而树立学习者认真负责的学习态度。依据建构主义理论，产生学习的首要条件取决于学习者在学习过程中的个体参与程度，充分优化学生的智能涉及的师生之间以及生生之间的合作学习。由此可见，合作学习原则的必要性。在进行大学英语跨文化教学的过程中，学习者个人与其他群体的多元化合作是确保教学顺利完成的一个必要条件。

（3）渐进性原则

文化知识像其他科学知识一样，也有其自身的科学体系。教师教授文化知识要合理地安排不同阶段文化学习的内容，适应学生的认知特点和思维发展规律，要参照其逻辑顺序，掌握其基本结构，按照学生的认知发展由简到繁、由浅入深、由粗到精，由形象思维到逻辑思维，再到辩证思维，记忆也要经过由机械记忆到理解记忆等。在文化教学内容的编排上，要从简单、具体的文化事件到概括性的文化主题，最后才应是对目的语的社会全面理解，体现文化知识本身的逻辑结构及其系统性，既要注意各个层次文化知识内部的系统性和序列性，又要密切关注各个层次文化内容之间的相关性，如宽泛的文化环境知识和情境文化知识或价值观体系和社会规范之间的相关性，从以感性体验、感性认识为主逐步过渡到以理性认识和体验为主，帮助学习者全面、系统、有效地理解和掌握目的语的文化知识。

（4）传授式与体验式相融合的原则

传授式教学模式和体验式教学模式这组彼此相对的概念是 Gudykunst 和 Hammer 在进行跨文化培训时提出的。传授式利用讲座、讨论等途径传授知识技能，提高学习者的认知和理解能力，学习和掌握语言和文化知识，分析和理解文化差异，其不足之处在于学习者在很大程度上处于一种被动接受的状态，学习者在态度和行为层面的进步与发展难以实现。体验式则以学习者为中心，创造真实或模拟的跨文化交际情景，让学生去感受、体验，使学生在认知、情感和行为各个层面都受到刺激，弥补了传授式教学法的不足。

两种方法各有所长。教师要注重传授和体验有机结合，使课堂教学活动多样化，既要有注重语言和文化知识的讲座和讲解，又要有触动情感、培养行为能力的角色扮演、模拟活动和参观访问等。语言和文化知识的学习要充分考虑学习者的认知接受能力和遵循语言文化的学习规律，学生起初的体验探索应该是直观的、具体的，与其实际生活关系密切的实用问题，然后再逐渐转向间接、抽象的思维理念阶段，多层次、多渠道地进行教学，以习得语言的整体性为终极目的。

（5）反思与比较原则

跨文化英语教学的一个突出特点是将本族文化从学习背景中凸显出来，通过与其他文化进行比较，形成一种跨文化的氛围。在这种跨文化的氛围中，联系本族文化和个人体验进行外国文化和语言的学习可以刺激和保持学习者的学习积极性，而且使学习者对所学内容记忆更牢固，理解更透彻，应用更灵活。

跨文化交际要求学习者了解本族文化与其他文化接触时可能发生的冲突和可以采取的相应措施，在外国文化学习过程中不断反思和对照自己的本族文化，对文化差异的具体表现有一个全面、深入的了解。学习者要具备较强的辨别能力和文化对比敏感性。要能明确区分知识文化与交际文化，要能分清表层差别与内涵差别，要了解语言差别与非语言差别的表现，要知晓语言形式差别与语言意义差别的不同，要对词汇包含的文化内涵、习语背后的文化背景、句法的运用、不同语言风格的表达等进行对比学习，把中西方文化差异的各个方面自然而然地渗透到外语教学中去。

由于对本族文化处于一种潜移默化的接受状态，不特别引导和刺激，人们很少会对自己赖以生存的文化进行反思。增强对本族文化的意识和反思则对消除或减弱学习者的民族中心主义思想，使其客观认识自己的价值观念和行为习惯，从而培养一种开放、灵活的思维模式十分有利。因此，增强学习者对自己本族文化的意识和理解是跨文化英语教学的重要任务之一，反思与比较是完成这一任务的重要手段。

（6）因材施教原则

学习者的文化体验和价值观、世界观和思维等个人因素在跨文化英语教学中起着重要的作用，它们是文化教学（在一定程度上也是语言教学）的基础，因为跨文化交际能力的培养需要从学习者现有的文化体验出发，通过将本族文化与目的语文化和其他文化进行对比，来增强跨文化意识。

因此，在教学过程中教师一定要尊重学生的个人体会、文化背景、价值观念、思想感情等，不能对学生及其思想感情持有轻视、蔑视、否定及批判的态度。教师应该对学生的个性、特点、学习基础、学习风格有所了解，并相应选择和设计合适的教学方法，因材施教。

第二节 跨文化交际能力培养的情感体系

跨文化交际能力的情感层面包括对不确定性的容忍度、灵活性、共情能力、悬置判断的能力等。为了能够愉快有效地进行交际，跨文化外语教学必须注重培养学生对异国文化的兴趣，使他们乐于了解外国文化，要以开放、欣赏的态度对待异国文化。

因此，跨文化外语教学不能再像以前那样单纯地把目的语文化导入教学中，而是要进行双语文化的交叉交际教学。学生不仅仅要了解目的语文化和母语文化知识，更重要的是，学生要学会如何用英语表达这些文化，使学生已经掌握的文化知识内化、生长成为学生自己独有的、具有个性化的精神财富。中外文化兼容并蓄，学生的文化理解能力就会得到提高，学生的评价能力和整合能力就能日趋完善，学生就能学会用敏锐的洞察力和恰当的移情能力理性地、批判性地接收各种文化信息，以博大的胸怀和高度的智慧妥当处理不可避免的各种中外文化冲突。

一、英汉文化并重，消除"中国文化失语症"的影响

众所周知，在世界走向中国、中国也走向世界的今天，我们在借鉴和吸收外国的先进技术和文化精华的同时，也要向全世界介绍自己的优秀文化和科技成果。但现实的进展情况却与社会发展的需求与愿望存在着很大差距，"中国文化失语症"现象在国际交流中频频现身。因此，要让中国走向世界，我们要学会用英语来表达中国传统文化中独有的现象和思想。

Kramsch 反对外语教学中普遍存在的"同化"原则，并提出了自己的见解。Kramsch 认为，在外语教学中，文化教学不应该是认同采纳的过程而应以"增强意识"为主。文化教学的目的并非秉承异化原则，而是要让学习者在习得外语知识和文化过程中通过"跨文化对话"提高跨文化交流意识和跨文化交际能力，最终实现本族文化与外来文化之间的互动交流和融合。

外语教学中文化教学的目的并不是要让学习者归化于目的语文化（削减性学习），也不是两种文化在学习者身上的简单的累加（附加性学习），而是要让母语文化和第二文化在学习者身上形成互动，让学习者具备文化创造力。

注重将西方文化教学有机地融入英语语言教学之中，并遵从"双向文化知识"导入的原则。在目的语文化与母语文化并重的教学环境中，汉语文化和英语民族文化在

学习者身上形成互动，学习者由此产生文化创造力，他们加深并拓宽了对汉语文化的认识，并且对英语民族文化也有了较深刻的理解，帮助学习者在立足于本土文化的基础上培养和提高跨文化意识和跨文化交际的能力。

因此，教育主管部门及教师应该注重引导学生在用英语进行跨文化交流的过程中正视中国文化的主体性和保持一定的文化道德底线，实现消除"中国文化失语症"的影响。

（1）发挥教育主管部门的监督引导作用

教育主管部门首先要做到与时俱进，时刻注意世界发展的动态，收集和掌握跨文化交际活动的各种详尽信息，采取措施，引起各部门、各学校以及各领域专家对于跨文化交际的重视和合作，将用英语表达中国文化的重要性记录在各类文件和大纲中，充分发挥其在文化教学方面的监督引导作用，并使其呈现在不同英语教学层次的测试之中，要在英语教学中实现中国文化教育的传授，要求各相关部门、各相关领域的专家学者以及各教学单位共同协作、相互沟通，将所制定的有关政策切实地实施起来。

（2）提高教师自身的文化素养和教学水平

从调查来看，英语教师无论在中国文化修养还是在中国文化的英语表达方面都存在一定的知识亏空，这无疑对其教学产生了一定的影响。教师需要拥有较强的中西文化背景知识，并能够有意识地帮助学生具备平等的文化观，从而培养学生能够使用英语表达中国文化，并有效地提高教学效果。教师不仅应该具备这种文化素养和宏观意识，还应该注重微观方面的具体教学操作过程。例如，教师可以通过比较两种文化，向学生介绍一些中国文化的英语表达方法来平衡外来文化与本族文化之间的讲授比例，同时按照实际需要给学生以小组合作学习的方式分配一定数量的文化对比作业任务，使学生有意识地认识到自己的"文化缺陷"并能够做出相应的弥补和改善，进一步强化他们对两种文化的理解，使他们能够更好、更加自如地运用外语来表达本族文化，掌握相关的知识结构和表述方式，最终生成陈申所提到的"文化创造力"，即"在外语教育中，通过本族语（文化）及目的语（文化）的对比学习，逐步获得的一种创造力"。

（3）提高学生参与跨文化交际活动的主动性

参与外教课和类似于模拟真实生活情境的教学活动可以培养学生参与跨文化交际活动的主动性，感受跨文化交际活动的深刻意义。学校和教师还应该鼓励学生积极参加国际性的各种跨文化交流活动。例如，国际合作机会的增加使中国有机会举办各种国际性赛事、国际性会议以及其他大型活动，而这些活动往往需要大量的工作人员和志愿者，这为学生提供了难得的参与真实的跨文化交流的机会，教师和学生都要多注意收集这些资讯，并能够主动地参加各种跨文化交流活动。

学生具备良好的中英语言和文化基础知识和技能，并能够积极参与跨文化交际活动，从而既能够认识到中国文化越来越受到世界关注，又能够意识到中国文化英语表达的困难之处，进而能够自觉地产生对本族文化的高度认同和敏感接受，并能够积极地增强用英语表达母语文化的能力，建立进行跨文化交际的自信心，最终实现有效传播中国文化的目的。

二、消除母语的负迁移，发挥母语正迁移作用

学习一种语言就是学习这种文化（Learning a language is learning a culture）。从本质上说，大学英语教学是通过东西方两种文化的交流和融合，在学生早已形成的汉语语言文化背景中移入英语语言文化，最终使学生拥有双语能力，并能够了解两种文化不同的思考方式的过程。在学生的汉语文化背景已经形成的情况下，汉语的文化迁移在英语学习中会不可避免地发生。那么如何在大学英语教学中营造一种"文化语言氛围"，既注重强调技能培养，又加强语言的客观文化背景、交际环境以及思维方式的差异的学习，使学生在实际语言交际中避免不得体现象或尴尬局面，已经成为大学英语教学改革面临的一个重要课题。

在学习过程中，学生已有知识对新知识学习发生影响的现象被称作迁移，促进新知识学习的迁移被称为正迁移，阻碍新知识学习的迁移被称为负迁移。行为主义心理

学认为，学习者母语习惯负迁移是外语学习中所犯的错误或遇到的障碍所致。此处的文化迁移是指由文化差异而引起的文化干扰，其表现：在跨文化交际中，或外语学习时，人们不由自主地用自己的文化准则和价值观念指导自己的言行和思想，并以此为准则去评判他人的言行和思想。

文化迁移主要表现为语言使用不得体。这种不得体会使人们在交际过程中交流不顺、产生误解，因此，要重视这种迁移，要逐步提高语言学习者的文化素养，认真学习英语国家的文化知识，提高语言学习者的文化敏感性，逐渐消除文化迁移对英语学习与使用的影响。

因此，大学英语跨文化教学应努力设法预测学习过程中可能会出现的文化迁移，通过对英汉两种语言进行分析比较，减少汉语文化的负迁移，正确地利用母语正迁移的作用，促进汉语文化的正迁移，从而提高大学生的英语语言交际能力。在消除母语的负迁移、发挥母语正迁移作用方面，黄运亭的如下尝试值得借鉴。

（1）重视英汉语言文化与大学英语教学的关系

正如邓炎昌、刘润清曾指出的那样，所学语言的文化与所学语言密切相关，熟悉与语言密切相关的文化知识有助于保证使用这门语言的整体性。教师应高度重视英汉文化因素在大学英语跨文化教学过程中的重要性，提高学生对英、汉文化差异的敏感性和适应性，树立文化意识，在传授语言知识的同时同步传授文化知识，根据学生的现有水平、接受能力和理解能力，确定文化学习的内容。同时，教师作为教学过程中主要的组织者和指导者，切忌在文化功能的传授中面面俱到。

（2）大学英语教学应与文化教学相结合

语言作为音义结合的符号系统，会随时间、空间和社会需要的变化而产生不同的变体，在外语教学中，可从语音、词汇、句法和篇章等具体层面建构语言的文化功能。同时可以让学生通过听、说、读、写、看电影、看录像、举办外国文化知识专题讲座等具体的语言实践了解英语国家的文化知识。另外，可通过汉语与英语的对比，有意识地探讨两个语种的语言结构和文化内涵之间的异同，从而帮助学生逐步形成跨文化交际的意识和文化敏感性。在比较的基础上，精选出英语文化中主流文化的内容和承载有比较突出的文化特征的内容，如文化习俗、饮食习惯、地理特征、宗教信仰、词语掌故、历史事实等内容的材料予以专门讲解分析，进而促进外语教学。

（3）大学英语教学要培养学生的文化意识

文化蕴藏于语音、语法、词汇、对话、篇章乃至认知模式的各个层面上。在大学英语教学中，学生应循序渐进，而不是偶然、盲目、无目的地接触西方文化，为此，教师应根据各阶段教学过程的特点，通过进行英汉文化的系统对比，使学生有意识、有目的地了解英语的思维和认知模式。

在教学中，教师应注意收集、积累并充分利用好外语文化背景知识和社会风俗习惯的实例。实际上，许多语言材料都以家庭成员之间、朋友之间的交往接触为素材，如果结合录音、录像进行教学，一定会使学生产生犹如与人面对面交谈的临场感。教师在教学中还应指明其文化意义和在使用中的文化规约，这种文化背景知识的教学不仅会使学生对所学内容有更深刻的理解，而且会极大地促进教学质量的提高。

此外，教师还可以鼓励和引导学生在课外有选择地看一些原版电影和录像片，可以在圣诞节、复活节等一些西方特有的节日里开展一些课外活动，让学生充分了解西方人的风俗、习惯和礼仪等，以培养学生的跨文化意识和良好的学习习惯。

三、树立平等观，加强学生文化移情能力的培养

世界各国的文化各自有其产生与发展的历史渊源与理由，各具特色且彼此平等，共同构成世界文化。因此，在跨文化外语教学中，外语教师要注重教育学生充分认识世界文化的特性，帮助学生树立语言、文化平等观，提高学生的多元文化意识，加强学生文化移情能力的培养，使学生能够以平等的心态来对待外国文化，以科学的标准去把握中国传统文化，去除对母语文化的优越感和已经形成的对异国文化的偏见或成见。

（1）树立平等意识

在不同文化接触过程中，要了解、尊重彼此的文化，宽容地对待文化的不同点，只有这样才能实现不同文化之间的真正交流与理解。跨文化交际是两种或者两种以上不同文化之间相互交流的过程，交流双方应该充分了解对方的文化特点，尊重对方的文化习惯，相互体谅，促进交流。在跨文化教学中，应注意平等意识的建立，参与交流的双方在交流过程中都是平等地位，任何片面的权威或者独占真理以及固执己见都是错误的。

任何一种文化都有其能够长期持续发展的原因，没有一种文化可以凌驾于其他文化之上。对于不同的事物，要协调它们之间的不同，达到和谐统一，从而促进其发展，形成不同的新事物。因为事物是不同的，因此在其相互交流过程中会发展创新。如果所有事物都是相同的，那就不会有发展，也就不会有新事物的出现。事实上，不同的文化一方面要保持自己所特有的特色，另一方面要相互交流、融合，形成一种动态的平衡。

学习外语是进行跨文化交际的需要，其目的主要有两个：一个是能够与所学外语的使用者成功地进行交流，从而了解、学习他们文化的精髓；另一个是用所学外语准确地介绍、传播本民族的文化特征，让世界更好地了解本民族，从而减少在跨文化交际过程中所产生的误解、冲突。因此，任何放弃本民族的文化特征而去单纯学习外语的观点都是错误的。每一种文化都有其独特的优点和长处，都是人类解决各种问题的经验总结。当前世界经济日益全球化，各国文化日益多元化，在跨文化交际过程中，每一种文化都应该取长补短，不断充实自己。在跨文化教学中，学生应该重视西方文化的学习，因为西方文化对学生来说是很陌生、以前没有接触过的新事物，但是不应该唯西方文化为尊而否认本民族文化的优点。在跨文化交际过程中，要彼此尊重，在平等的基础上进行交流，相互比较、鉴别，相互吸收、融合，共同发展。

为了适应多元文化时代的需要，我们必须打破母语文化与目的语文化的桎梏，容忍、尊重和理解文化差异，积极寻找文化之间的共性，树立语言文化平等观，在动态的交际语境中，不断调整文化参考框架，不断地相互协商，积极地建构跨文化交际的过程，从而实现共同期待的交际目标。在外语教学中，我们应该让学生接触不同模式的文化，而非单一的目的语文化，以便增长他们的见识，培养学生主动地、动态地去适应多元文化交际的意识和能力，最终实现人文性的外语教学目标。

（2）培养学生的文化移情能力

①文化移情

文化移情是指在跨文化交际过程中，交际者自觉地站在对方立场上思考问题，有意识地超越本民族文化的定式思维模式，突破自身文化的约束，从另一种文化的角度来思考问题，从而能真实地感受、领悟和理解另一种文化。文化移情是跨文化交际中的一种有效的沟通交流能力，是连接交际者的语言、文化和情感的纽带。

在有效的跨文化交际过程中，文化移情能力是指交际者尽量置身于另一种文化模式中，设身处地地去思考，通过语言和非语言行为去体验、去表达，从而向交际另一方表明已经充分理解其交际内容。文化移情主要表现在两方面：一方面是语言语用移情，指的是说话者刻意地使用某些语言向听话者传达自己的某种心态和意图，以使听话者准确地领会说话者的话语含义；另一方面是社会语用移情，指的是交际者都要自觉地站到对方立场上，尊重彼此的文化习俗，宽容彼此的文化不同点。一个具有良好文化移情能力的人应该是与时俱进的学习者并持有态度开放的文化价值观。

文化移情能力直接影响着跨文化交际是否能顺利进行。由于文化差异，人们的文化取向、价值观念、宗教信仰、伦理规范、思维方式、生活方式和习惯等都不相同，在跨文化交际过程中，不可避免地会产生文化冲突，如果交际者文化移情能力强，他就能摆脱自身文化所形成的定式思维，从而自觉地避免不必要的文化冲突，保证交际的顺利进行。

②文化移情的必要性

自人类出现后，人类实践活动不断地向广度和深度拓展。世界各民族在相对独立的环境下各自发展，形成了各具特色的文化。各民族的文化都植根于本民族的土壤，都具有鲜明的民族特色。各民族在社会背景、政治和经济制度、文化传统、习俗等方面具有自己的民族特质，在民族意识和语言文化上也呈现出很大的差异性。交际者已习惯于本民族经过长期积淀而形成的语言模式和交际模式，在跨文化交际中，如果没有文化移情的意识和能力，很可能以本民族的交际模式同来自其他民族文化的人进行交际，最终可能因文化的不同而导致隔膜、误读乃至冲突。例如，中国人一般在得知亲人或朋友生重病住院后，会在第一时间赶过去慰问，以表关切，而病人见到来慰问的亲人或朋友也会感觉很温暖。美国人在同样的情形下可能会考虑尽量少打扰病人，而病人本身也希望多些静养。可想而知，如果中国朋友得知美国朋友重病住院，中国朋友按照中华民族的传统文化模式急匆匆跑去探望，打扰了美国朋友休息，反而会遭到美国朋友的反感。因此，交际者必须具备文化移情的意识和能力，才能在跨文化交际中冲破文化障碍，减少误会及文化冲突，达到有效交流和沟通的目的。

③文化移情能力的培养

要具备文化移情能力，应该注重培养交际主体的文化敏感性和宽容性。主体首先应该把交际客体视为与主体在文化价值观、信仰、态度、思维方式、审美方式、行为方式等诸多方面都存在着差异性的对象。为了避免文化碰撞，交际主体必须了解对方文化中所奉行的社会规范和语用规则等，提高跨文化交际中的文化敏感性主要在于提高感知的敏感性。跨文化交际中产生的问题，是由感知方式的差异引起的。具体来说，要移情，如果有可能，最好能到对方的国家生活一段时间，熟悉他们生活的方方面面，例如，语言在实际生活中的使用、风俗习惯、文化传统等。如果没有到对方国家生活的机会，可以通过看电视、录像、图片和书籍等来增加自己对对方文化的认识。每个文化都有自身的渊源及特点，它同语言一样无高低优劣之分。交际者应避免成见与偏见，与对方建立平等的关系。只有对异国文化不断增加理解，并对其持尊重和宽容的态度，跨越心理上的障碍，才能真正实现移情。在跨文化交际中实现移情要经历六个步骤：一是承认差异。世界是多元化的，不同的人看世界是不一样的，因此个人与文化之间存在大量差异。二是认识自我。对自己的优缺点有一个客观的评价。三是悬置自我。想象自己是任意的界域，是超出自我和世界的部分。四是体验对方。想象自己处在别人的位置上，设身处地，真正体验、理解另一种文化。五是准备移情。做好移情准备，要与时俱进，并持有态度开放的文化价值观。六是重建自我。在享受另一种文化所带来的激情与欢乐的同时，交际者要对本民族的文化有着清醒的认识，要认识到本民族文化的优势。

总之，文化移情是达到在多元文化之间进行有效沟通的重要途径。在跨文化交际中跨越文化障碍，成功地进行交际，就必须借助文化移情。因为文化具有平等性，文化移情必须坚持适度原则。每个民族都应该积极维护民族尊严，不卑不亢。在外语教学中，需重视对学习者文化移情能力的培养。外语教师宜在正确的文化移情理论指导下，利用课外时间，通过适当的实践活动，使学生置身于英语的气氛中，从而增强学生运用英语语言知识和其文化知识的能力，这样的实践活动很多，如观看英文原版影视作品，举办英语演讲比赛、英语征文比赛、英语书法比赛，学唱英语歌曲，背诵英语诗歌，开设英语广播，发行英语手抄报，举办英语晚会，组织英语角等，现在网络很发达，学生也可以通过网络与外国友人聊天、交笔友等，这些实践活动可以强化学生文化移情意识、锻炼学生文化移情能力，从而使受教育者适应全球化态势下的多元文化交流需要，保证跨文化交际能够顺利完成。

四、建立跨文化交际意识，提高文化认同度

在英语教学中，大部分学生都能够生成符合语法或句法规则的句子，但其表达方式往往无法做到"地道"二字。这是因为这些缺乏英语味道的句子恰恰忽视了习得语言中的文化因素，从而导致交际失败。这主要是由于交际双方未能达成文化认同而造成的。

文化认同是个人对于自身的文化及所依附的文化群体产生的归属感，并在此基础上获取个体文化，同时对其加以保留与丰富的社会心理过程。文化认同涵盖了对社会价值规范、宗教信仰、风俗习惯、语言、艺术等方面的认同感。日益频繁的国际合作使各国家、各民族之间的关系更加紧密。不同民族一方面不断地壮大和创新自身文化，另一方面又都在潜移默化地与其他文化进行密切的交流和互动。在这一过程中，人们

不断地对本族文化和异族文化进行异同对比并对此产生深入的认识和了解。不同民族之间以寻找共同话语为前提，放弃或变革一些原有的看法和行事标准，达成求同存异的目的，同时还要加强自身文化自觉性，树立跨文化交际意识，提高对于本民族文化的认同感，确保本民族文化的生存发展权利。

在跨文化交际中，人类需要在不同民族的交往中建立相互的文化认同感，从而克服跨文化交流中遇到的阻碍。

文化认同是人类在对自然认知基础上的提升，可以对人类行事准则和价值取向产生决定性影响，它是人类对于文化的内涵产生的共识与认可。基于此，文化认同经常作为语用原则指导具体的跨文化交际活动。

马冬虹认为，进行外语教学时，教师应该自觉地对中西文化进行对比，着重介绍中国文化，让学生充分地了解优秀的中国文化，并能够注意引发学生的民族自豪感，指导学生完成中国文化的英语表达，借此推动中国的传统民族文化精华在国际上的传播。同时，英语教学可以让学生更加了解世界和中国，而精通跨文化知识的学生能够让世界更加了解中国，让中国优秀文化走向世界。本族文化的接受往往是一种潜意识的状态，由于缺乏有意识的引导和刺激，人们几乎不会反思自己赖以生存的文化，即使偶尔有类似的想法，也常常困惑于文化现象的繁杂无序，从此望而却步。进行文化教学就是为了加强学生对本族文化的了解和掌握，帮助他们理性地认识自身的价值取向和行事习惯，进而促使他们养成开放、灵活的思维模式。费孝通认为，文化自觉需要经历一个艰巨的过程，认识自己的文化是前提条件，然后再了解周围的多元文化，才能够在现今的多层次文化世界里定位自己，自觉地适应多元文化的存在，并和各种文化不断地进行碰撞和交流互补，共创一个普遍认可的、集各方之长、和谐发展的交际秩序和共处守则。

五、注重英汉语言文化、思维方式的异同分析

经过几个世纪的探索与发展，外语教学在不断地走向完善，人们也逐渐意识到，

了解目的语言的特点是学好外语的前提，而了解目的语言的特点最有效的方法是与母语进行比较，发现并熟悉各自语言的特点，加以科学的分析，找到其差异的因素，这不仅有助于确定教学的重点和难点，增强教学的预见性和针对性，并能有效地提高教学效果。

学生认识英语和汉语的差别对中国学生学习英语具有巨大的帮助作用。教学过程中，在词形、词义、语法范畴、句子结构等具体问题方面，都要尽量进行英汉两种语言的比较，通过比较使学生获得更深刻的领会。然而，实际的外语教学通常要借助多种方法，如直接法和对比分析法。直接法强调学生直接接受外语，让学习者摆脱母语的影响，主要通过模仿来学习外语。这一方法主要适用于针对儿童的外语教学的初级阶段，因为儿童受到母语的影响还不是很显著，通过直接法可以培养学习者用外语进行思维和交际的能力，获得较强的外语语感，在听说能力方面的效果特别显著。但是对于年龄较大的学习者，特别是面临纷繁复杂的语言现象的学习者，直接法并不能达到显著的效果，因为母语的干扰阻碍了学生的模仿能力和接受能力，妨碍了学习者外语水平的提高，这时对比分析法无疑更适用于这些学习者，特别是两种语言表述、文化内涵、思维方式的对比分析。通过这些对比分析，学习者不仅可以排除母语的干扰，还可以克服盲目性，增强自觉性，提高外语水平和应用外语交际能力，做到"知彼知己，百战不殆"。

中西文化和思维方式差异在英汉语言的表现，例如，西方的理性思维与中国的悟性思维是英语与汉语的哲学背景。这一深层差异必然表现在用词、造句、成章的各个方面，如英语较常受亚里士多德的演绎法逻辑思维模式的影响，常用"凸显"语序，常用形合法、结构被动式和概括笼统的抽象性词语，注重显性衔接、语法关系和语义逻辑，注重形式接应，"前呼后应"，喜欢词语和结构的主从分明、长短交错和替代变换，表达方式上呈现出比较严谨、精确，模糊性较小，歧义现象较少等特点，用词造句方面能够遵守严格的词法和句法，造句成章也服从某种逻辑规则，适合于科学思维和理性思维。汉语常用意合法、意念被动句和生动具体的形象性词语，常采用非演绎式的、往往是领悟式的归纳型、经验式的临摹型或螺旋式、漫谈式的思维模式，注重时间先后和事理顺序，常用"自然"语序，注重隐性连贯，较常只把事情或意思排列起来，让读者自己去领悟其间的关系，注重语流的整体感，喜欢词语和结构的整体匀称、成双成对、对偶排比和同义反复，表达方式注重整体性，较多依赖语境，中国人习惯于整体领悟，常常通过语感、语境、悟性和"约定俗成"来表达和理解语句。

在教学中，对英汉两种语言进行对比分析不仅会对教学起到积极的促进作用，对语言交际的顺利进行也十分有利。在对比分析的过程中，人们对英语和母语的各自特性能够获得更进一步的认识，对不同语言各自的表现形式和方法给予更多的注意，因而，在进行交际时，就能够有意识地顺应这些差异，避免表达失误，最终达到交际的目的。

第三节　跨文化交际能力培养的行为体系

跨文化交际能力的行为层面包括解决问题的能力、建立关系的能力、在跨文化情境中完成任务的能力。良好的个人文化适应和人际互动，应能帮助人们在跨文化情境中有效地完成工作任务。在跨文化外语教学中，教材的选用与教学策略的运用等行为体系直接影响学生跨文化交际能力的培养，是影响任务完成情况的关键因素。

一、确定大学英语跨文化教学教材编写特色

教材是教学内容的主要承载者，是教师和学生教与学的主要依据和向导，是完成教学任务，培养学生跨文化交际能力的关键。

因此，教材选材时，既要考虑提高跨文化交际能力所能涉及的各个方面，又要注意设计形式多样的练习对学生在纷繁复杂的跨文化语境中进行交际所需要的各种技能加以训练。例如，从跨文化知识的导入入手，解释语言表达中的文化内涵，扩大与文

化有关的知识面，通过案例分析与点评，提高学生的全球意识与跨文化敏感度，通过情景模拟、角色扮演等让学生接触各种跨文化语境中的跨文化冲突，以培养学生观察与分析跨文化问题的能力，最后进入培养学生观察跨文化生活或工作环境中的文化问题，如各媒体所报道的新闻，或通过各种调查，或在实习中观察跨文化语境等。这些方法都是提高学生实际能力的关键要素与途径。如果教师在课堂中忽视这一教学环节，那就不可能真正提高学生的跨文化交际能力，或只能提高学生的跨文化意识或跨文化敏感度。外语教学只有进入在现实语境中培养学生跨文化交际能力阶段，学生的知识积累和跨文化意识才能得以应用与体现，也才能将知识转换成跨文化交际能力。

（1）教材应体现文化内容与语言内容的自然融合

大学英语跨文化教学教材内容的编排应以文化主题为单位，在每一个部分中都重点突出文化，突出语言，在文化的潜移默化中，让学生更好地、灵活地、牢固地掌握语言的使用。语言内容和文化内容有机地结合，是跨文化交际外语教学的核心思想。语言和文化同为教学的目的和手段，两者不可分割。在教材中，系统的文化主题构成教材的主线，而语言教学的内容实际上与这些文化内容融合一体。

教材要充分考虑学生学习外语的需求、语言环境、知识结构和层次等多方面因素，蕴含社会习俗、历史、宗教，特别是价值观等方面内容，介绍西方不同国家的文化元素和中国传统文化，融入中西文化对比研究，让学生学会如何对待差异。

教材要有助于培养学生批判性思维技能。要求学生以一种审视的眼光与批判的思维方式，看待目的语国家事务，体验与本国文化不同之处。培养学生如何进行有效文化沟通。教材包含和传授的内容要充满积极的、使人奋发向上的精神，要将人类优秀的文化、高尚的思想道德通过语言潜移默化地传授给学生，要对学生世界观和价值观的形成产生深远的影响。

教材在题材的选取上要恰当地处理好以下几方面。

①适当地介绍目的语国家的历史、民族构成、政府机构、政治情况、经济发展与教育情况的基本特点，使学习者对于目的语文化有较为全面的了解。

②选取母语文化中较为独特的优秀的侧面，增强目的语文化与本族文化的对比，培养学生对于文化差异的感知力和敏感性。

③尽力夸张文化的对比，使其不仅局限于本族文化与目的语文化的对比，还可以与其他非主流文化和主流文化进行对比，让学生对非主流文化和主流文化产生同样的理解和尊重。

（2）教材内容安排应循序渐进且多面化

文化的复杂性、动态性和多层次性决定了文化教学内容的安排不能只是古板的说教，或是传授过知识后就一劳永逸。以文化为主题编写的教材须是有渐进性的，可操作性的，能弹性循环进行教学。唯有这样，学生对文化的体验与认识才能不断地理解和深化。

教材内容的呈现要按照由浅入深、由表及里、从已知到未知、从具体到抽象的序列进行安排，课程内容在不同阶段上重复出现，范围逐渐扩大，程度不断加深。跨文化学科的教材要具备系统性、一致性、层次性、前沿性以及时效性的特点，注重与时俱进，编排体系既体现西方国家的人文精神，又映衬出国内对人才需求理念所发生的重大转变，既注重人文关怀，又要满足人文素质培养的现实需求。

（3）教材选用注重教学材料的真实化、语境化、多样化

能适合跨文化外语教学的教材一定要遵循教学材料真实化与语境化的原则。因为只有真实的语言教学材料才能真的刺激学习者对所学的内容和过程在认知、心理、态度和行为层面产生反应，才能让学生真实体验到跨文化交际过程。教学材料的真实性就是指能在现实生活中使用，而不是单单为了教学而设计。语言与文化是密不可分的两者，越来越多的语言学者和教育学家都认同，任何一种语言都不能脱离特定文化下的语境。只有在考虑语境的情况下，语言的表达与理解才能充分与准确。

因此，跨文化外语教学材料的选用既要密切结合学生生活，找到学生的关注点和兴趣点，又要使教材中的文化内容真实化和语境化，既呈现各种文化知识，又体现人文精神。

具体地说，文章的选取要原汁原味，语言流利、自然，话题紧扣主题，涉及东西方文化差异、沟通技能、文化知识等，所有的语境也均是在目标语使用的环境中，所有的信息都是在有文化意义的系统中进行传递。

设计相关跨文化意识和技能的练习和问题，选用大量跨文化交际实践案例对学生进行综合训练，使学生运用语言知识、文化知识、实践语境（案例/模拟），结合具体的文化事例，模拟经历文化适应过程。通过案例进行交际实践，培养学生的跨文化敏感性、宽容性和处理问题的灵活性。

教材要系统地将跨文化动态人际关系的构建与跨文化交际知识和实践紧密结合，内容要体现文化的多元性、视角的多重性、问题的多样性以及回答的灵活性。例如，跨文化交际领域所涉及的语言知识和非语言知识、不同国家的文化差异、不同民族的思维方式以及价值观的异同，民族中心主义、文化歧视问题和思维定式等因素对跨文化交际的影响，以及跨文化调适与适应等内容。这种跨文化关系的建构侧重培养学生相对文化论的观点，处理文化冲突和调适时的态度和情感，使学习者能够换位思考，以友好的态度看待多元文化，有助于学习者深入了解认知其他国家民族的文化，突破文化单一论的局限，帮助学生理解语言与行为、价值体系与行为规范的关系，使学习者能够透过现象把书本知识和现实生活密切联系起来，从根本上了解和熟知本族文化与异族文化的异同和根源所在。最终，学习者能够以开放、包容的态度对待异文化，对不同民族的文化价值观、风俗习惯、行为方式以及思维模式，从不同的角度进行思考和评价，通过案例分析，以模拟训练的形式，使学生在课堂教学中体验真实的跨文化交际，为学生实际跨文化交际可能遇到的问题提供解决方法、指导和实践经验。

（4）加强教材与练习的编排设计，促进学生自主学习

教材内容的编排设计十分重要，既要有趣味性，能激发学生的学习兴趣，又要有针对性，使学生对设定的教学目标一目了然，让学生学得明白、透彻。在练习的设计中，要安排让学生自行组成小组进行讨论与分析的部分，让学生有空间去充分思考与审视文化因素，既能促进互动，又可体现较高的学生参与性。练习中要注重实践方法，为

学生创造情景、语境，让学生在身临其境中去体验与感受，甚至去 Role-play，让学生在模拟的情景与语境中去分析、讨论和运用，提高学生学习自觉性和自主学习的能力。

教材中安排学生自主完成的练习，围绕单元技能或主题补充学生课外知识，使学生扩大知识面，对不同文化有更深入的认识和理解。

在跨文化交际的课堂中，常用的教学方法有注解法、融合法、实践法、比较法和专门讲解法。还可以利用文化讲座、关键事件、文化包、文化群、模拟游戏等方法强化教材中文化内容的学习，使教材内容的选配适合不同的教学方法的采取，使教学形式更加灵活多样，易被学生接受而不致僵化乏味。

二、大学英语跨文化教学策略运用

世界文化多元化及跨文化交际的迅猛发展对外语跨文化教学提出了新的挑战和更高的要求。跨文化交际能力的培养已成为 21 世纪跨文化教学的主要目标，自觉的跨文化意识以及对异族文化的敏感性和洞察力，是跨文化交际者必备的素质。为此，加大力度研究跨文化教学策略，培养学生的跨文化交际能力已成为跨文化教学的重中之重。

（1）加强教师的跨文化训练

世界经济全球化和文化多元化进程的快速发展，使得语言的使用更多地脱离开语言发展原有的社会文化环境。在非母语环境中使用时，该语言必然要经历再语境化的过程，这期间，此语言与一种与其本族文化不同的文化发生了关系并彼此相互作用，造就出一种新的交际模式。我们可以看到，发生变化的不仅仅是交际进行的大环境，从本族文化和社会到地方文化和社会，各种交际环境都在发生变化。很多以该语言作为外语使用的人会有意识或无意识地把自己文化中的价值观念、行为规范和交际模式应用到外语交际中，使得语言使用的小环境（其中包括对交际场景、交际者之间的关系、有效交际和礼貌交际的态度等）也发生了变化。总而言之，语言一旦脱离本族文化，经历再语境化，就会与地方文化发生联系，这就为外语教学中跨文化培训的开展提供了条件和机会，并使其成为可能和必然。

①跨文化训练的目的

Landis 和 Bhagat 在以往研究的基础上，认为跨文化训练主要有三个目的：使个人的思想、感情以及行为发生改变。

第一，改变个人的思想。跨文化训练在认知方面，试图改变参与者的思想，以达到四项目标：一是能够从地主国的角度来理解地主国人的思想行为；二是减少对地主国负面的刻板印象；三是改变对其他文化过度简化的思考方式，并进一步发展出一套较完整与复杂的系统，以期对其他文化有更深入的了解；四是长期的跨文化训练，能够让受训的人，学习到所谓"世界性开放心灵"的态度，并同时进一步深入地了解自己的文化。

第二，改变个人感情的反应。跨文化训练在情感方面，试图改变参与者在与地主国人互动时，建立正面性的感情。包括五种：一是培养一种欣然与不同文化的人们互动的心情；二是能够祛除与不同文化人们互动时的焦虑感；三是发展出能够与不同文化的人们建立工作关系的感受；四是能够喜欢被指派的海外责任；五是能够容忍、欣赏，甚至接受文化差异的心态。

第三，个人行为上的改变。跨文化训练在行为方面，试图改变参与者的行为举止，以便有足够的能力与来自不同文化的人们，建立人际关系、增强工作表现、日常生活的互动等以行为为基础的表现。其中的项目包括：一是能够在多文化的团队里，与队员建立良好的人际关系；二是能够适应在地主国每天承受的压力；三是能够发展出良好工作表现的能力；四是能够发展出让地主国人，感到你沟通无碍的能力；五是能够协助他人与地主国人建立良好关系的能力。

不同领域的人们会根据各自不同的需要确定不同的更为具体的训练目的和方法，以满足其跨文化培训和实际跨文化交际的需求。跨文化外语教学以语言、文化、交际三位一体的关系为理论基础，以文化教学和跨文化交际能力的培养为核心。跨文化外语教学的有效进行，要求外语教师既要具备深厚的语言功底、较强的交际能力、丰富的教学经验，又要能够了解学生的认知心理、情感特征和教学规律。因此，教师的跨文化交际能力和跨文化教学方法直接影响跨文化教学的进行。从前面的实证分析中，我们已经知道，教师的文化知识和交际能力薄弱，采用的教学模式和方法已不能满足当前跨文化教学需要，这种状况和教师缺乏跨文化培训有直接的关系，所以学校必须针对教师开展跨文化培训，有意识地强化教师跨文化教学的理念，提高教师的跨文化素质，鼓励广大外语教师注意跨文化知识在外语教学中的应用研究，以提高学生的跨文化交际能力。加强教师跨文化交际能力与文化教学方法的培训势在必行。

②教师跨文化训练的目的

第一，帮助教师拓展文化知识，增加文化知识储备，促使教师能够更加深入地理解有关文化、跨文化交际、跨文化交际意识和跨文化交际能力等重要概念的深刻含义，使教师对语言、文化和交际三位一体的密切关系加深理解，使教师正确对待不同文化间的差异，进一步明确英语作为国际中介语和国际通用语的重要作用。

第二，帮助教师增强跨文化敏感性和提高跨文化交际意识。使教师更加清楚地意识到文化在社会、生活各方面的重要作用，及其对跨文化交际所产生的重大影响，充分发挥外语教学的文化教学功能，主动了解不同文化，积极主动地与来自不同文化的人进行沟通、交流，使教师善于发现不同文化之间存在的差异并能够以正确的方式，以宽容、理解和欣赏的态度对待文化之间存在的差异，使教师能够学会不断反思自己的言行和经历的跨文化交际活动，并经常总结自己的跨文化敏感性的发展过程。

第三，帮助教师不断调整自身的文化行为，使教师能够灵活多变地根据不同文化的特点使用恰当可行的交际策略，调整自己的交际方式去了解新的文化群体，与来自不同文化的人们建立友好的关系，提高跨文化交际能力。

第四，使教师明确文化教学的目的，帮助、指导教师进行文化教学大纲和教学教案的设计，帮助教师合理选用和使用教材，适当选择、补充课外材料，采用切实有效的文化教学方法，合理布置文化学习任务，确定合理可行、可操作性强的文化学习的评估方案。

③教师跨文化交际能力训练的方法

跨文化环境多种多样，跨文化交际的目的因人而异，跨文化调适的过程各不相同。面对纷繁复杂的培训需求，培训的方法和种类必然不同。Brislin 等总结出以下六种主要的培训方法。

第一，文化现实培训：这是一种较为传统的文化培训方法，主要通过关键事例、案例分析、讲座、录像、阅读、文化包、戏剧表演、电影、问答和讨论等手段，由培训者向受训教师传授目的语文化各方面知识。

第二，归因培训：这种培训的目的是使受训者了解并掌握目的语文化的价值标准，从而根据目的语文化的价值标准去对社会行为和言行举止进行归因解释，这样有助于移民和旅居者更快更好地融入目的语文化中去，这种培训常常采用文化模拟的方法。

第三，文化意识培训：这一培训介绍文化的概念、特点和文化差异的本质，旨在增强受训者的文化意识，树立文化相对论的思想。通常借鉴文化人类学的研究结果，以目的语文化和受训者的本族文化为实例，进行培训。具体方法有：价值取向一览表、价值观排序表、个人意识建构、文化对比分析等。其他一些普遍文化学习的方法也都适用，如模拟游戏、感知练习、语言和非语言交际活动等。

第四，认知行为调整：这是一种利用学习理论来解决跨文化调适中一些特殊问题的方法，就一些学习者感到特别困难的目的语文化的特点，让受训者列出在自己本族文化中被认为应该表扬或惩罚的活动，然后，帮助他们对相同活动在目的语文化中的不同凡响进行分析和学习。

第五，体验式学习：这是关于具体文化的培训，它不同于文化意识的培训，其目的在于把受训者的情感、行为和认知等各层面的因素都调动起来，采用实地考察、情景练习、角色游戏、文化浸入等体验式学习方法，使受训者在亲身经历和体验中学习。

第六，互动式学习：通过将受训者与目的语文化群体的人或有丰富跨文化交际经验的人结对子，开展一些互动活动，帮助受训者更多地了解目的语文化。

对外语教师的跨文化交际能力和跨文化教学能力的培训涉及文化意识、文化知识、文化能力和文化教学等诸多层面的知识，需要由外语教学、文化学、社会学、跨文化交际学等许多学科的专家共同努力才能完成。不仅需要培训教师精心准备和组织培训内容和复杂的培训过程，也需要受训者全身心投入配合。教师培训是一个漫长的过程。教师不可能通过一次培训一次性获得所需要的所有知识和能力，因此，教师培训的重点要放在使教师学会自我提高的方法上，使教师自主提高，勇于研究与创新。

④教师跨文化教学方法的培训

近年来，反思教学和课堂教学研究这两种方法受到教学研究者和教师的高度重视，越来越多地被用于教师培训和教师自我发展。

第一，反思教学。

反思是一种促进学习的方法。反思教学是教师针对自己的教学所做的理性思考，目的是发现教学中存在的问题和不足，为今后的教学提供经验和启示。反思活动可以是反思者自己或他人（如教师培训者）有意识发起的，也可以是因为教学中发生的某件事、产生的某种心情或遇到的某种困难等客观条件刺激的结果。反思对于教师业务能力提高的作用被 Wallace 归纳为一个反思循环，教师在教学实践的同时，需要不断进行反思，才能促进自己业务水平的提高。

张红玲认为，对语言教学和文化教学有机结合的跨文化外语教学来说，教师进行反思教学的重要意义体现在三方面[①]：①通过反思，教师对自己的文化教学和语言教学的态度和认识进行自我批评。对于跨文化外语教学这样一种较新的教学思想，态度和认识决定一切，只有对文化教学的价值有足够的认识，对文化教学充满热情才能保证文化教学的具体实施，反思为教师更新观念提供机会。②通过反思，教师可以了解自己作为一个学习者的进步和不足。语言能力和文化能力的培养是一个终身学习的过程。在跨文化外语教学中，教师设计教学活动、准备教学材料、引导学生进行学习的过程，其实也是教师自身知识和能力不断发展和完善的过程。③通过反思，教师可以提高自身的教学能力和水平，不断改善教学效果。独立的思考可以使教师对自己的教

---

① 张红玲.跨文化外语教学 [M].上海：上海外语教育出版社，2007.

学经历和体会进行反思、加以总结,从中发现问题,研究问题,进而找到解决问题的方法,教师也可以参加各种学术交流与教学研讨活动,与其他教师商讨解决问题的方法,分享自己的教学体会。因此,反思是独立的、个体的理性思维活动,也是集体行为。无论反思活动以哪种形式体现,都能反映出教师对教学理念、教学态度和教学方法所进行的深入思考,都会积极促进教师教学水平的提高。

反思教学研究可以通过定量和定性研究的方法,由个人独自完成,如采用问卷调查、案例分析、深入访谈、教学笔记、教学日记、关键事件等,也可与其他教师共同合作进行讨论或项目研究。

第二,课堂教学研究。

Wallace 认为,课堂教学研究是一种系统的资料收集和分析活动,其进行的目的在于改善教学的某一领域。在课堂教学研究活动中,教师可以运用已有的教学理论知识,总结自己的教学经验,针对教学中遇到的问题,寻找解决问题的办法,并对自己的态度和做法进行反思和记录,与其他同行交流体会,从而促进教学水平的提高和教学效果的改善。课堂教学研究不失为一种教师自我提高、自我完善的好方法。

课堂教学研究与反思教学有机结合可以使教师独立工作的能力极大提高。教师一旦形成经常对自己的教学行为进行反思的意识,就会引发对教学问题进行探究的愿望。反思和课堂教学研究的方法的掌握可以使教师不断修正和完善自己的教学。

在教学方法培训中,需要引起培训者和受训教师注意的是,教师身处的教学环境、面对的教学对象、从事的教学活动都各不相同,所以也不可能存在现成的教案和教学方法供所有教师拿来就用,教师只能根据他人的研究理论和实践经验,依据自己的教学需要设计适合自己的教案和教学方法,提高教学效果。因此,提高教师自主研究的能力和水平具有十分重大的意义。

可以说,跨文化培训可以提高教师的跨文化交际能力和文化教学水平,可以减轻教师的心理压力,增强教师文化教学的自信心,更加精力充沛地组织教学活动。教师在具备各项知识、能力和态度的同时,还要经常反思自己的教学,不断提高认识,继续学习、积累知识和经验、提升能力，应对跨文化外语教学给教师提出的巨大挑战。

随着人类进入 21 世纪，无论是在经济发达的欧洲国家，还是在发展中国家，对跨文化培训的需求都日益增加，跨文化培训方法因此层出不穷。实际上，我们并不缺少方法，问题在于如何有效使用这些方法去满足各种不同的培训需求，这是我们进行跨文化培训的关键。

（2）语言与文化有机融合于课堂教学

课堂是跨文化教学的重要阵地，课堂实施是完成教学内容、实现教学目标的决定性环节，文化内涵发掘主要针对语法、词汇、篇章等多个语言层面的文化探索。

①增重语篇与语法的文化分析

语篇一般用来指文章、会话、面谈等比句子更大的语言单位，是使用中的语言。它是特定语境和社会文化中语言运用的产物，语篇的形成和样式反映了意义交流时的社会文化语境。口头篇章所涉及的交际风格和交际策略与文化密不可分，息息相关，而书面篇章则是通过篇章结构以及修辞风格来体现其文化内涵。语篇与文化有着密切的联系，不同文化的人所使用的、制造的语篇是不同的，不同的语篇也会建构不同的个人经验和社会现实。

Scollon 等人认为，英汉语篇之间的差异主要缘于两种语言分别倾向于采用演绎式和归纳式的话语模式。东西方人在修辞策略方面的差异与各自的文化价值取向有着密切的关系。只有从文化的角度来分析不同语言的语篇修辞模式，才能真正厘清语篇与思维模式的关系。

在进行语篇教学实践时，要尽力将文化教学融入其中，即把文化教学作为教学目的和教学内容中不可分割的一部分，突出其重要性，而在教学实践中可通过设计读前和读后任务以及相关文化的讨论和学习将学习者的注意力吸引到具体的篇章内容上，既达到了语篇分析的目的也能帮助深入挖掘东西方在思维模式、价值取向等方面的文化异同及其对于篇章结构产生的影响，利用教材中的丰富资源，不断完善学生的跨文化知识体系。

除语篇之外，语法结构也与思维模式等文化内容有着不可分割的关系。语法同人们的思维模式息息相关，包含着丰富的文化内容，也是人们表达内心感情世界的一种手段。

不同民族的哲学思想塑造了各自不同的思维模式，不同的思维模式又造就了各具特色的语法形态，不同的语法形态特征又呈现出其特有的语言表达方式。各民族思维的方式、特征及风格一般都蕴含丰富的民族文化底蕴。换句话说，一个民族的语法系统和语法使用规则常会受到其所属的语言群体的思维和文化特点的影响，带有一定的文化成分，因此不同语言组词造句的规则不尽相同。西方人的思维方式趋向于呈现由外向内的演绎思维，其特点是逻辑性实证能力较强。这种思维方式在句法方面表现为具有明显的词汇形态特征，便于保持句子成分之间的逻辑关系。与西方人不同，中国人趋向于呈现由内向外的归纳法思维，对整体把握和意念体悟十分关注，其特点是逻辑实证性较差，这种思维方式在句法上表现为没有明显的词汇形态特征，其逻辑关系的保持是依靠意义的理解而非靠形态句子成分之间的标记，因此，汉语句子常使用流水句，且句子短小精悍。

因此，英语语法教学也不同于汉语语法教学，其重点主要为时态、语序、句子结构。在教学中，教师可以通过区分不同语言中的时态，对比语序方面的异同以及句子结构的差异来寻找不同语言的文化根源，如思维差异，实现语法教学与文化教学的结合。

②加强词汇的文化教学

词汇是文化的重要载体，也是外语教学的主要内容之一。在英语学习中，学生对词汇学习给予了极大关注，某项（学习广泛的词汇是外语学习的关键）调查数据显示，33.66% 的学生对题目内容"非常同意"，43.56% 的学生对此表示"同意"，可见学生十分重视词汇学习。因此，跨文化外语教学要充分利用学生对词汇学习的关注与兴趣，使词汇及其蕴含的文化意义的教学成为外语教学中跨文化教学的一个重要组成部分。

词汇主要包括单词、词组、习语（成语）、谚语以及警句，它们标志着一个民族的语言、文化、习俗乃至整个社会的发展，并充分体现了其语言群体的思维模式、价值观念、文化环境、文明程度以及生活习惯。Sapir 曾说："一种语言的词汇可以看成是该语言群体所关注的所有的思想、兴趣和工作的总汇。"

词汇与文化的关系还体现在词汇本身蕴含丰富的文化意义，因此，词汇的具体含义往往要借助于对比不同的语言才能挖掘出来。Lado 总结出词汇文化差异的三种情况：形式相同，意义不同；意义相同，形式不同；同形同意，分布不同。这一分类模式对于词汇教学意义重大，不仅能够帮助学生记住词汇的拼写与意义，而且能够帮助学生了解词汇的使用范围和文化内涵，并充分理解和掌握这些词汇。另外，Richards 提出了词汇学习的内容标准：一是知道功能和语境的时间、社会和地理等因素对词汇使用所产生的限定作用；二是掌握该词与其他词汇之间的联系的知识；三是知道该词的语义价值（指示意义和隐含意义）；四是知道与该词相关的许多不同意义。

由于词汇在不同时代、不同社会和地理环境中使用时会产生不同的差异，因此词汇必须呈现在文化语境中，由此才能确保学生所学到的不是词汇孤立的字面意义，从而不知如何使用这些词汇，他们学到的应该是活的词汇意义系统，在不同的语言环境中，学生都能够恰当准确地使用他们所学过的词汇。

每个语言体系中的词汇都承载着大量的文化信息，丰富而多元化，而每个词汇都蕴含着深厚的文化内涵，富于变化，是任何词典与书籍都无法穷尽的，不仅如此，不同语言中的词汇还体现了说话者不同的价值观念。正因为每个语言系统的词汇以及词汇的运用都与其民族文化紧密相关，带有浓厚的文化背景，所以，教师在进行词汇教学中除了注重词汇的意义和用法外，还应该拓展该词汇的文化意义，如词汇来源，使用语境以及使用该词汇的注意事项。把词汇的文化渊源、历史因素、社会内涵融入词汇教学中是实现词汇与文化教学相结合的重要途径。

③加强听说教学过程的文化教学

听说教学是语言教学的一个重要部分，也是学生最为感兴趣的一部分，因为，听说活动可以让学生产生参与感，并有机会切实感受跨文化交际过程，使学生感知不同的文化差异并提高交际能力。在文化教学中，教师必须确保听说内容的真实性以及实用性，听、说的主题来自真实的生活，听、说的材料具有一定的意义，并能够反映出本族文化和目的语文化的不同侧面。因此，编写听说教材时不仅要考虑学习者的语言水平和学习需求，还要密切注意相关文化内容编排的一致性和系统性。在安排教学材料和教学内容时，要注意使文化教学的需要与语言教学的需要有机结合，使学习者在系统地学习语言知识的同时，也扩展了其他文化知识，增强了文化交际能力。即使教材的编者有时会受到时间和篇幅的限制，很难做到将目的语文化的某一侧面细致全面地展现给学习者，也要注意提醒教师和学习者在教学和学习过程中对文化变体以及个体差异给予足够的注意，避免由于以偏概全或者过度概括而引起的偏见。

教师要注意利用课堂内外听说活动，将非语言交际技巧、交际策略融入学生语言交际能力培养的过程中，利用文字、图片、音频相结合的方式来刺激学习者的感官和感受能力，使他们有一种身临其境的感受。此外，多媒体教学也是进行跨文化听说教学的一个重要手段，同时通过将各种跨文化交际情景真实地展现给学习者，促进了学习者跨文化交际能力的培养，为在外语教学中进行文化教学开辟了新的途径，并特别有利于从情感和行为层面上培养学生的跨文化交际能力。

④加强写作教学中的文化教学

在外语学习中，写作教学与阅读教学和听说教学齐头并进，贯穿于教学的始终。尽管写作的体裁不尽相同，决定了其写作内容和写作要求各有不同，但文化教学仍然可以与写作教学有机地结合在外语学习的各个阶段。

写作不仅体现了作者的个人经历、生活经验，更能呈现作者的思想价值观念，也就是说能够反映作者所身处的文化环境，因此常被看作讨论和学习日常生活、风俗习惯和价值观念等文化内容的理想的基石。

教师可对比同一主题下学生的作文与西方人的文章，引导学生思考，发现思维方式的异同，也可以指引学生寻找修辞风格的差异，如修辞格、引用方式、论证方式及谚语、短语的使用，并进一步探索不同语言的深层文化根源。与背景知识导入相似，这部分教学也是以教师的讲授为主来增加学生的知识积累和提高跨文化意识。在阅读与写作教学过程中贯穿跨文化思维能力的训练，让学生通过了解东西方思维方式的异同，体会跨文化交际实践中形成跨文化思维的重要意义。

⑤运用案例分析，加强跨文化交际技能的训练

案例分析是通过对实际跨文化交际活动的个案进行讨论分析，从而在知识积累的基础上运用知识，掌握交际技巧。在课堂上，跨文化教学的案例分析一般要遵循两个原则：第一个原则是要注重案例选择的关联性和针对性，也就是说案例内容与课文主题要紧密关联、使课堂教学形成系统的知识体系，针对跨文化交际能力的培养展开；第二个原则是案例分析要循序渐进，教师要首先提出问题，然后学生带着问题阅读案例，阅读之后进行分析，接着进行分组讨论，得出结论，最后由教师进行总结。

案例分析以学生讨论分析为主、教师指导为辅，突出强调了交际能力的训练，是跨文化外语教学所倡导的语言文化知识向跨文化交际能力转变的有效途径。

在课堂教学中运用案例进行实际场景模拟训练，可以使学生获得运用外语进行有效的跨文化交际的真实体验，为其实际解决跨文化问题提供方法指导和实践经验。案例内容可以十分广泛，既可涵盖跨文化语境下的各种日常交际活动，也可包含异国文化跨文化交际成功的经验或失败的教训等。案例的完成需要学生之间或学生与教师之间不断地在异文化和本族文化间变换角色，不断地解读、反思和调整，使学生能够换位，从异文化的角度思考、表达自己的观点。完成以案例为教学任务的活动需要学习者运用跨文化学科所包含理论和实践知识，这有助于他们形成系统的跨文化学科体系。案例分析将一些跨文化内容呈现在文化知识背景介绍或练习中，使学生在学习语言的同时，学习跨文化交际知识和技能。

案例分析教学要求教师要具备较强的案例教学调控能力。教师要提出能激发学生活动并且思路清晰、符合逻辑的问题，要能激发学生学习文化的好奇心，对问题解答要具有开放性。教师不但要掌握充足的文化知识和熟练的操作能力，还要能够准确解读案例的内容，合理设计教学活动，并能够有效组织与控制课堂教学，使学生能积极参与教学活动，发挥他们的主动性、创造性，通过活动将他们的知识转化为能力。

教师有的放矢的提问为学生的思考分析指明方向，阅读案例是获得语言文化知识，训练阅读技能的过程，分析案例使学生的思辨能力和判断能力得到训练，是跨文化意识得以形成的关键阶段，分组讨论能够提升学生的语言综合运用能力和交际技巧，得出结论是对学生的概括、归纳能力加以训练的过程，教师总结则确保了知识的准确性和系统性，为案例分析画上了圆满句号。

案例分析是一个综合训练过程，它对学生的跨文化知识、跨文化意识、跨文化思维和跨文化交际能力进行全方位的训练。运用案例教学法进行教学的目的在于培养学生的综合能力，其中包括分析、思辨的能力和批判性思维的能力，群体与人际协调技巧以及人际沟通的能力，从而提高学生的跨文化交际技能。

（3）创设课外文化学习环境，培养学生自主学习的能力

①自主学习的概念与内容

自主学习已经成为学者们争相探讨的一个话题。对于什么是自主学习，学者各有所见。Dickinson 认为，自主学习是一种对自己的学习做出决策的责任的态度表明，又是一种对独立学习的学习过程的决策和反思的能力。Littlewood 指出，自主学习指学生独立做出选择，想对自己的学习负责的愿望，是学生的动机和信心。同时自主学习也是学生能够选择并且自己学习这些知识的能力，是学生的选择能力与执行能力。也就是说，学习者的动机和信心决定了他们独立行动的愿望，其知识和技能的程度则决定了他们独立学习的能力。Wenden 则更加明确地说出，成功的学习者之所以成功，之所以具有专门知识和技能，之所以具有才智，主要是因为他们学会了学习，掌握了学习策略，具备了有关学习的知识和技能，能够独立于教师充满信心地、灵活恰当地运用所掌握的知识和技能，他们完全是自主的。

综合上述，我们可以把外语学习过程中的自主学习归纳为下述三方面内容。

第一，态度方面。学习者要以积极的态度对待自己的学习，自愿承担自己学习的责任。

第二，能力方面。学习者要有自己负责自己学习的能力，要研究自己负责自己学

习的学习策略，能够保证独立地完成自己的学习任务。

第三，环境方面。学习者要有一个环境，在这个环境中，学习者有大量的机会来锻炼自己负责自己学习的能力。环境及环境因素影响和制约学生综合运用语言能力的发展，外语教学环境的诸多因素自然要影响和制约学生的外语学习。因此，教师要把自己看作教学环境中的信息传播媒体，既要考虑自己在外语教学中的主导作用，又要努力发挥协调教学环境的能动性，以有效的教学组织去激励学生自主学习外语的积极性。

②学生自主学习能力的培养

自主学习要求学习者根据自己的实际情况确定自己的学习目标、制订学习计划、科学地评估自己的学习结果，是体现学习者对自己的学习主动负责的过程。自主学习强调的是学习者的学习能力而不是学习过程。大学生要明确自己的主体地位，教师起的只是指导辅助的作用。在课堂上，教师只是进行指导式的讲解，学生只有通过大量实践才能掌握技能。所以，自主学习在学好大学英语中扮演着一个很重要的角色。学生要以语言规则的认知、操作和掌握为基础，努力培养自我创新的意识和能力，通过发掘和运用自身原有语言认知能力，提高对自身知识水平和学习风格的认识水平，逐步学会掌控个人的学习过程、学会选择学习方式和评估学习结果，最终克服英语学习中的畏难情绪，帮助自己建构个性化的、卓有成效的英语语言学习体系。

教师在课堂上所讲述的内容肯定不可能满足各类学生的要求，那么"第二课堂"的开辟就是很有必要的。它要求学生根据自身的特点利用时间来安排个性化的学习计划及学习进度。教师要以学生为中心，根据学生的个性进行培养，在传授语言知识与技能的基础上，重点培养学生的语言交际能力和自主学习能力。

第五章　跨文化大学英语教学实施及具体建议

第一节　跨文化大学英语教学建议

一、提高教师的跨文化综合素质

作为外语教师，自身应具备很强的跨文化意识，这需要教师通过各种方法丰富自己的外语文化知识，对跨文化交际和比较文化差异有深刻的造诣，不断提高自身的文化修养。语言是文化的一部分，不懂得文化的模式和准则，就不可能真正学到语言。大学英语教师是大学英语习得的主要引导者，是沟通学生个体文化和英美文化的桥梁。大学英语教师所具有的跨文化知识和意识的强弱将从根本上直接影响学生的跨文化素质及其最终的跨文化习得及运用。虽然，目前已经有大学英语教师在大学英语教学过程中意识到了跨文化教育的重要性，并且也尝试着在大学英语教学过程中进行跨文化教育，但是由于缺乏跨文化教学理念的指导和实践的经验，因而步履维艰。所以，跨文化教育的发展首先应当加强大学英语教师的跨文化教育，提高大学英语教师的跨文化素质。

（1）英语教师必须不断提高自身的文化修养

作为一名英语教师，必须不断学习，可以通过结交外国朋友、涉猎各种形式的文学作品、观赏精彩的外国电影录像、欣赏格调高雅的外文歌曲等各种渠道来了解外国文化，不断提高自身的文化修养，提高自己进行跨文化教育的能力和水平。首先，教师要熟悉教材中的语言文化知识及文化特点。尤其是英语国家的典型文化背景知识。其次，英语教师要具备双重文化的理解和教授能力。既不能死抱着本民族文化不放，也不能只注重对英语国家文化的讲解。在教学中，要注重培养学生的社会文化洞察力。在课堂上，教师在教授英语知识的同时，应引导学生去注意作品的社会文化背景，揭示关键词的社会文化含义。组织小范围的讨论，以培养学生对社会文化的敏感性和分析能力。

（2）拓宽英语教师在教学中的跨文化教育知识

对教师继续教育的内容和方式进行改革，拓展英语教师在教学中的跨文化教育知识。

首先，在英语教师培训的基础课程中增开人类学、民俗学等课程，以及国内外的历史、地理、文学等知识，通过东西方思想方式和文化差异的介绍，东西方文学的比较，分析文化现象背后产生的原因，帮助教师认识外来文化，理解外来文化，开阔多元文化和跨文化视野。其次，在英语教学的专业课程中增加"多元文化教育"和"跨文化教育"等内容。这样有助于发展教师的多元文化性，在课程和教学中，消除习惯使用的、带有文化歧视和文化偏见的内容，对不同文化间的差异能包容和接纳。再次，英语教师继续教育的内容要丰富，教师应具备全球一体化的理念，拥有广博的基础知识，同时在教学与辅导中愿意将各种各样的观点呈现给学生。由此可见，英语教师在继续教育中必须具备扎实的英语专业知识、语言学基础知识、本民族的语言知识，以及英语教学法知识以及与英语教学相关的知识，才能担当跨文化教育的重任。另外，在继续教育模式上可以采取灵活、多样的形式。

①短期培训计划与长期培训相结合；

②进修学习与访问学者形式相结合；

③常规交流与专题跨文化教育研究相结合；

④国内学习与国外进修相结合；

⑤脱产教育与远程网络教育相结合。

二、培养学生正确的跨文化心态

教师在实际教学过程中，不仅要帮助学生把从外部世界获得的知识转化为自己内在的知识，还要培养他们对外国文化的鉴赏能力和判断能力，并运用所学的知识灵活应对跨文化交际的实践。也就是说，要让学生达到对外国文化不仅"知其然"，而且"知其所以然"的境地。只有这样，他们才能正确理解看待外国文化，吸取其所长，补我之所短，把外国文化中优秀的、对祖国建设有用的部分吸纳到我们的文化中来，进而弘扬中华文化。另外，必须帮助学生克服"本民族文化"对外语学习的障碍。应使学生在认识上有一个提高，克服不自觉的民族中心主义。由于受本民族文化的影响，在接触另一文化时，人们往往以自己的文化为出发点进行判断，有时表现为文化上的先入为主或"文化偏见"，有时则表现为民族中心论，即认为自己的文化是最好、最先进、最标准的文化。因此，教师要使学生提高对外国文化的认识，抛弃偏见，克服民族中心主义，做到心胸宽广、态度开明，对外国文化采取一种全面的、客观的态度，不仅要尊重它们，而且要努力学习它们、理解它们、适应它们，而不是把它们当作荒唐可笑的东西加以贬低和排斥，使其努力成为双文化者。但是，反过来讲，我们也不应以外国文化为标准，全盘接受而贬低自己的文化。对待外国文化，我们应理解、适应，而不是被它同化。因此，我们的教师不但要帮助学生以开放的心态学习认识英语国家的文化，更要鼓励学生通过英语了解世界万象，培养国际意识和合理的跨文化心态。

三、编写新的教学大纲

尽管英语教学大纲指出："英语教学的目的，是通过听、说、读、写的训练，使学生获得英语基础知识和运用英语进行交际的能力。"但是大纲对跨文化交际能力和文化素养的培养未做具体的要求，如应该掌握哪些情景下的哪些语言功能、哪几种语篇类型、哪些交际策略，应该了解哪些目的语的非言语行为，应该学习哪些目的语的交际习俗、礼仪、社会结构、人际关系、价值观念，等等。还应在大纲现有的四级、六级词汇表中增补学术研究和对外交往中常用的词汇，在词汇释义中加入一些实用性很强的释义，在母语文化和目的语文化中的有不同联想意义的常用词汇、习语、谚语等要注明其联想意义，对某些词汇还要注明其语体，还要规定向全体学生开设英美文学欣赏、英美文化、跨文化交际学等选修课。一份细致的教学大纲不但为整个教学活动指明了方向，而且也是检查和考试的依据。任何的教学都离不开检测和考试，但由于跨文化教学本身的特点，英语跨文化的检测形式应有别于语言技能的检测方式。

四、选择适当的教材

（1）优化课程内容

英语课程可供选择的内容卷帙浩繁，因此，所选择的内容必须能鼓励学生积极参与，对事件的反思和分析也要有利于揭示不同区域各民族和文化具有共性与个性点，同时还应增加体现本民族文化特色的内容。

（2）对英语教材教学内容进行科学的选择

如何选择有效英语教学内容，应该遵循以下几个方面的原则。

第一，教学材料真实化和语境化的原则。

真实的教学材料是指真实交际环境下所使用的，不是专门为教学而设计的材料。真实的教学材料之所以重要，是因为它们将学习者的英语学习与现实生活和真实的社会环境和历史背景联系起来，这样不仅有利于激发学习者的语言学习兴趣和积极性，而且使他们在面对真实的社会交际环境时，能够做到从容面对，学以致用，从而提高学习效率。与材料真实化原则紧密相关的是语境化原则。语境化有两层含义：①避免将语言形式从其使用的环境中脱离出来，进行孤立的、纯语言的分析和学习。

②避免将文化信息从其文化意义系统中抽取出来，作为知识进行分析和学习。因为语言和文化必须是一个系统学习的过程，语言和文化的意义只有在一定的社会环境和历史背景下才能够准确、充分地被理解，所以语言与文化教学材料的呈现必须语境化。

第二，对各民族文化尊重原则。

一方面，要尊重目的语的民族文化传统。重视目的语国家民族的文化以及民俗民风，尽可能全面、准确地对目的语国家民族的文化知识进行介绍，不能回避、乱解、生硬更改内容，应以跨文化教育目的为出发点，有目的地介绍目的语民族文化的特点和值得我们学习、吸收借鉴之处，引导学生获得全面准确的目的语民族文化知识，并具备不断更新知识的能力。另一方面，要尊重母语与民族文化传统。虽然全球化潮流势不可当，英语的影响在不断扩大，但并不是由英语来统一天下，民族特色文化是不可抹杀的，各民族特色的文化与之交流抗衡中相互影响和交融。因此，尊重民族文化的原则应包括尊重同一目的语为通用语的民族文化传统、不同区域民族文化传统和母语的文化传统。这样，就要求在教学内容上科学选择。首先，要增加非目的语国家民族的文学作品，只有读了这种英译本，在交际中才能准确表达非目的语国家文化。其次，扩大包含目的语和非目的语民族的政治、经济、文教、史地、社会风俗内容。再次，音、像教学的内容要多样化，让学生听到和习惯各种不同的语音、语调。最后，扩大具有中国历史文化特色的英语词汇、短语、句子，以及中国的成语、谚语等，促进中华文化传播。

第三，注重培养跨文化意识、能力原则。

教学内容应把文化内容和英语语言教学紧密结合起来，选择有异国文化习俗、历史背景、民间故事、传说内容的教材，这样有助于学生形成有效的跨文化意识，具备跨文化的比较、参照、取舍、传播能力，也有利于培养学生实际运用英语的能力。

五、改革跨文化测试内容与形式

跨文化测试的内容应包括具体文化和抽象文化两个方面以及文化知识、文化意识、文化态度、文化行为等多个方面，所以采用的评价方法和手段也应多种多样。跨文化知识的测试可以采用填空、选择、正误判断等传统的客观题形式。重要的是，将学习者应该掌握的文化知识全面、系统地通过各种测试手段予以体现。跨文化行为的测试既可以采取笔试形式，通过设置模拟现实的任务让学习者书面应答，也可以通过直接观察学习者真实的行为表现来进行评价。目前，大学英语口语考试已在全国推广，在英语四、六级考试试题中也加入检测学生语言运用能力和目的语文化知识，测试跨文化交际能力的内容有很大幅度提高，这都说明英语语言运用能力的测试迈出了可喜一步。但是仍有许多工作要做。例如，现在评分体系中缺乏"语言的得体性"的标准。没有针对非英语专业学生为对象测试目的语文化知识的内容，考生的文化创造力的测评也是一大难题等，都影响跨文化教育的发展，应尽快组织人员进行专题科研，攻克这一难关。

六、其他形式的跨文化教育

跨文化教育不但可以在语言教学上进行，而且还可以利用其他形式进行有效的推广。

（1）利用多媒体教学手段

多媒体教学手段被大量地应用于现代英语教学中，这种集图、文、音、像等为一体的互动教学形式，大大增加了课堂教学信息量，这不仅有利于提高学习者进行语言交际的积极性，更能有助于提高跨文化交际的能力。日益发展的多媒体技术为在外语教学中进行跨文化的教育开辟了新的渠道。它可以将各种跨文化交际情景真实地展现给读者，让他们有一种身临其境的感受，使英语跨文化教育效果明显得到提高。

（2）充分利用外教资源

中外合作办学的推广，一个行之有效的形式就是互派教师，这已成为跨文化教育师资不可替代的力量，可以弥补涉及内容甚广的社会文化知识和本国教师无法接触到，也体会不到的文化内容。外籍教师切身讲解、传授他们本国的文化，可以使学生直接感受其他国家文化与本国文化的差异与共同规律。同时，由于外籍教师本身也正经历着所在国家文化的冲击与熏陶，更可以从自身的实际出发，体会跨文化的感受，指出跨文化交际中所应注意的事项。

（3）利用教育网站

当前，英语学习可以通过英语电影、电视、幻灯片、录像、多媒体、互联网等多种形式，尤其是互联网为英语的教学提供了丰富的信息，像中国教育网、中国教育热线、中华教育网等网站中就有相当多有关英语国家文化背景知识和其他相关信息。教师可以在网络上寻找适合学生阅读的文化背景知识，挑选有代表性的知识，通过下载、网址收藏等形式提供给学生，也可以引导学生浏览相关网页，这样不仅信息量大，而且知识更新及时，能紧跟时代步伐。例如，hao360英语学习网的网页中就设有英语宝库、英语杂谈、英语游戏、英语歌曲等栏目，且信息量很大，更新较快。这样也吻合了现代大学生对于网络的兴趣，接受新事物快，对新事物也很感兴趣的特点，使得英语文化背景知识的获得与接受变得快捷，掌握起来也较轻松，学习效果也较好。通过网络获取英语国家的文化背景知识大大提高了语言学习的效率，有效帮助学生使用地道的英语进行交际，提高学生运用英语交际的能力。

（4）举办专题跨文化知识讲座

专题讲座已成为学术交流、前沿知识传播有效方法，其优势体现在：其一，主讲人对主讲的内容有充分准备，并且对如何将内容最有效传递有充足的设想，讲解也较生动形象，收效也较好；其二，一般专题讲座内容、题材等都是学生关注或感兴趣的，因而学生会带着问题且抱着较大的兴趣来听讲座，这样有助于学生在一种有别于课堂的环境中轻松地接受、讨论跨文化知识，在良好的氛围中增长跨文化知识，提高跨文化交际应用能力。为了将专题跨文化讲座的效果发挥到最大，应对主讲内容有目的、有计划地科学安排，渗透入每学期的教学内容中，采用专题形式分别进行，如中外风俗差异、中外民间传说等。这样，经过一段时间训练之后，学生对于跨文化知识的系统性认识将会有很大提高，对目的语国家文化整体的认知也会逐渐提高。

第二节 具体实施建议

一、大学英语词汇中的跨文化教育

语言学家 Franz Boas 在 *Language and Thought* 一文中论述："在思维方面对语言和文化最有影响力的是词汇！"词汇是语言的基本要素，其含义和用法体现民族与文化间的差别。尤其英语习语是英语语言的瑰宝，是英语文化的一面镜子，并且短小精悍，便于学生记忆。因此，在英语教学中，教师应重视词汇的文化内涵，加强英语词汇中的跨文化教育。

（1）指示意义相同的词汇在不同文化中所产生的联想不一样或者截然相反

例如，一些颜色的词汇为不同语言和文化所共有，然而它们的文化内涵却截然不同。西方人们习惯用蓝色（blue）来表示消沉、淫秽、黄色、下流等负面的含义，但在中国文化中，人们用蓝色来表示宁静、祥和、肃穆，而猥亵下流的意思却用黄色来表示。同样绿色（green）在不同的文化中内涵不同，在西方国家绿色被联想为"稚嫩、不成熟""缺乏经验"，而在中国文化中，绿色象征生命，代表春天、新生和希望。在中国文化中，人们过年、过节都喜欢用红色饰物装饰自己的家居，婚礼上新娘穿红色的服装表示喜庆、吉祥。用"红"做语素的词一般都包含兴旺、繁荣、成功、顺利、受欢迎、流行等含义。例如，红利、红运、红榜、开门红、红人等。在讲英语的国家，红色多用来表示恼怒、气愤的意思甚至还有其他负面的含义。例如，红灯区是妓女出没的场所。在谈到中国农民时，中国人往往称其为 peasant，而在西方国家，peasant 一般指未受过教育的、社会地位低下的，或举止粗鲁、思想狭隘的人，带有明显的负面含义。在汉语中，"农民"指的是直接从事农业生产劳动的人，丝毫没有贬义。如"ambition"一词中文翻译成"野心"，在中国文化中，人们经常使用"野心家""野心勃勃"等,不难看出该词在中国文化里具有负面的含义,而在西方文化中,"ambition"具有"远大的抱负、理想"等正面、积极向上的内涵,这正是西方人所崇尚和追求的价值观。柳树在中国文化里被赋予分离、思念的联想意义。由于"柳"与"留"谐音,在长期的文字使用过程中,人们将"挽留、离别、思念"等这样的含义赋予"柳树"也是很自然的。在离别时古人有折柳送别的习俗。唐代大诗人王维在送好友元二出使安西的时候,留下了"客舍青青柳色新"的佳句。而柳树(willow)在英语中与中国文化中的"柳树"有着不同的联想意义。在西方柳树常常使人联想起悲伤和忧愁,多与死亡相关。如在莎士比亚的《奥赛罗》(*Othello*)中,戴斯德蒙娜就曾唱过一首《柳树歌》,表达她的悲哀,同时暗示了她的死。在经历了巴比伦之囚以后,犹太人把马头琴挂在柳树上,寄托他们对耶路撒冷的思念。在 Dryden 所写的 Secret Love 中,柳树也有这样的联想意义:if you had not forsaken me, I had you; so the willows may flourish for any branches I shall rob' em of. 这些都表明,willow 在中西方虽同指相同的物体,但其联想意义却不同。

中西文化中月亮的象征含义不尽相同。月亮在中国文化中象征意义十分丰富。它是美丽的象征,创造了优美的审美意境。"月亮"象征团圆。它能引发人们对团圆的渴望、团聚的欢乐以及远离故乡亲人的感伤,还能使人联想到"嫦娥、吴刚、玉兔、桂树"等神话传说。同时,月亮也是人类相思情感的载体,它寄托了恋人间的相思,表达了人们对故乡和亲人朋友的怀念。在失意者的笔下,月亮又有了失意的象征。而月亮本身安宁与静谧的情韵,创造出静与美的审美意境,引发了许多失意文人的空灵情思。高悬于天际的月亮,也引发了人们的哲理思考,月亮成为永恒的象征。自古以来,又有多少咏月诗词表达了"花好月圆人长寿"的美好愿望。在英美文化中,月亮在月圆时象征着富饶,而在月缺时象征着死亡、风暴和毁灭。由于古罗马人相信精神受月亮的影响,所以人们认为精神错乱是由月亮引起的。月亮还被认为是使内心发生冲突、极度烦恼的原因,因而影响着精神病的病发。英文"lunacy"(疯狂)和"lunatic"(疯子)都源自月亮。这些文化内涵不同的词汇容易导致学生的理解错误。因此,交际者必须十分注意这些具有民族文化背景的词汇。

（2）指示意义相同，在一种语言中有丰富的联想意义，在另一种语言中却没有的词汇

例如，"竹子"这种植物就与中国的传统文化有着深厚的关系。中国人常用竹来以物喻人，表达自己坚贞、高洁、刚正不阿的性格。"雪压枝头低，虽低不着泥；一朝红日出，依旧与天齐"，这是明太祖朱元璋给予竹的刚正之誉；邵谒的《金谷园怀古》："竹死不变节，花落有余香"，欧阳修的"竹色君子德，猗猗寒更绿"；等等。与之相反的是 bamboo（竹子）一词在英语中几乎没有什么联想意义，它只是一个名称而已。在中国传统文化中，"九"是表示最多、最高的大数，又因为"九"与"久"谐音，人们往往用"九"表示"长久"的意思。历代帝王都崇拜"九"，希望长治久安。因此，皇帝穿九龙袍，故宫房屋有 9999 间，每个门上的铜门钉也是横竖 9 颗，共有九九八十一颗门钉，取"重九"吉利之意。在英语中，nine（九）并没有特殊的内涵。

（3）各自文化中特有的词汇，即文化中的词汇缺项

语言的词汇系统总是依附于其社会文化，在历史长河中，一个国家曾有过的文化个性都会在语言文字上留下不可磨灭的印记。由于汉英民族在宗教信仰、自然环境、政治体系、经济发展水平、历史传统、价值取向等诸方面的差异，各自的民族文化中都有大量为该民族文化所特有，而为另一文化所无的特殊现象，这样就难免在另一文化中造成"真空"地带，即文化"零对应性"，也就是汉英文化中的词汇缺项现象。曾经在中国北方农村常见的"炕"对多数英语国家的人来说，如不亲眼看见，亲自尝试，是完全难以想象的。如翻译成英文，则必须给予适当的解释和说明：Kang：a heatable brick bed。又如，汉语中的"阴阳"很难确切地译为英文，在英文里没有合适的对应词，这是因为中国的哲学思想或价值观念与西方的不同。"阴阳"本源于中国古代道家的学说，他们认为世界万物都有阴阳两面，相克相生，互相转化。同样，英语词汇中也存在着诸如 motel（汽车旅馆）、hot dog（热狗）、time clock（打卡钟，备有记录员工上下班时间装置的钟）等词汇，在汉语中找不到对应词甚至近义词。同样，像

cowboy、hippie、dink 这样的词虽然被译成汉语，但不了解西方文化的人并不能确切知道他们到底是些什么人。在课堂教学中，首先要让学生弄清缺项词语在两种语言中的真正文化内涵，然后可通过音译、直译或意译并在译文中加解释说明或文化诠释来处理词语空缺造成的交际障碍，从而使跨文化交际得以顺利进行。

二、大学英语语法和篇章教学中的跨文化教育

（1）大学英语语法教学中的跨文化教育

语法是语言表达方式的小结，它揭示了连字成词、组词成句、句合成篇的基本规律。每一种语言都有其独特的语法体系，不同的语言使用不同的语法系统和规则来指导和评价该语言群体的语言使用。英语是一种形态语言，其语法关系主要通过其本身的形态变化和借助一定的虚词来表达的。英语句子多靠形合，汉语句子多靠意合。英语句子能够形成紧凑严密的树形结构，是因为有各种连接词起到了黏合剂的作用。汉语句子的线性结构灵活流畅，是因为没有过多的"黏合剂"，句段之间可不用任何连接符号，而靠语义上的联系结合在一起。如"If winter comes,can Sring be far behind?"（冬天来了，春天还会远吗？），一看到连词 if，两句的语法关系便了然于胸。与英语句法比较，汉语重语义，轻形式。对汉语句子理解一般要靠环境以及文化背景等方面因素的整体把握。如"打得赢就打，打不赢就走，还怕没办法？"毛主席这句脍炙人口的名言，看上去像是一连串动词的堆砌，几个短句之间无连接词语，但其上下文的语义使它们浑然一体。如要表达"他是我的一个朋友"，不能说"He's my a friend"，而应该说"He's a friend of mine"，双重所有格准确地体现了"他"与"我的朋友们"之间的部分关系。这就是我们常说的英语重形合，汉语重意合，西方人重理性和逻辑思维，汉民族重悟性和辩证思维。所以，在日常语法教学中，适时恰当地引入目的语文化元素，将中西文化差异进行对比，既能使学生获得目的语的文化知识，又能使枯燥无味的语法学习变得鲜活有趣，从而提高学生的学习兴趣。

（2）大学英语篇章教学中的跨文化教育

外语教师在篇章教学过程中，要坚持介绍文章作者生平，故事或事件文化历史背景及其他相关文化科学知识，解释因文化差异而产生理解困难的句子。这些对开阔学生的文化视野，感受文化差异，消除阅读障碍有很大帮助。高等教育出版社出版的《实用英语》[①]（Practical English）教材提供了大量不同体裁和题材的文章，同时传递着丰富的文化信息，我们必须加以充分利用。如第一册中"Table Manners and Customs"一文，重点放在提高跨文化知识的理解能力方面，与课文新的语言知识学习和巩固性练习安排在不同学时。这种安排有益于课堂教学中语言、文化氛围的形成，使学生感受到语言文化的双重熏陶。另外，一些课文本来就是有关西方文化的内容，如第二册"What is Culture"一文本身就是一种跨文化知识的传授，教师在教学过程中应适当联系、补充一些与课文相关的知识，甚至可以与母语文化中相关内容进行比较，使学生对同一个主题文化有更全面、更系统的认识。例如，课文涉及食品与健康，就自然联想到外国快餐进军到中国和中西餐桌礼仪与文化；讲美国就会提到美洲大陆、移民、CHINATOWN、海归派、种族歧视等。除课本外，教师应选择体现中西文化共性和差异的英文文章，作为学生的课外补充材料，使学生加深了解西方的风土人情和价值取向。

三、大学英语翻译和写作教学中的跨文化教育

（1）大学英语翻译教学中的跨文化教育

被看作两种语言转换过程的翻译活动，绝不仅仅是从一种语言到另一种语言的传递，也不是字、词、句之间的机械转换，它是两种文化之间的跨文化交流活动。因此，不了解文化之间的差异无疑会在翻译过程中产生很大障碍。学生在翻译中常出现的最严重的错误往往不是因为表达不当造成的，而是缘于文化差异所造成的障碍。因此，应该主张在大学英语翻译教学中，加强中西方文化背景知识的传授。

①地域和历史方面的文化差异对翻译的影响

① 赵海芳.实用英语[M].北京：高等教育出版社，2009.

所谓"地域文化",就是指由所处地域、自然条件和地理环境所形成的文化现象,其表现就是不同民族对同一种现象或事物表达形式采用不同的言语。例如,汉语中人们常用"雨后春笋"来形容新事物的迅速涌现或蓬勃发展,但是英语中却用 spring up like mushrooms(蘑菇)来表达,汉语中的"多如牛毛"表示事物之多,而英语中则用 plentiful as blackberries(黑莓)。中国在地理环境上属于半封闭的大河大陆型,自古以来,人们生活和生产活动主要是依附在土地上。因此,汉语词汇和习语有许多都与"土"有关,如"土生土长(locally born and bred)、土洋并举(to use both indigenous and foreign method)、土特产(local product)"等。但在英译时它们都失去了"土地"一词的字面意思。倘若将"土"字都不留余地地译出,就会让西方人感到莫名其妙。

相反,英国是个岛国,四面环海,英语中与海洋渔业有关的表达俯拾皆是,但翻译成汉语时却采用另外的表达法。如英语"All at sea"(字面意思为"在海上"),汉语却翻译为"茫然不知所措";英语"A small leak will sink a great ship"(字面意思为"小漏沉大船"),汉语却翻译为"蝼蚁之穴能溃千里";英语"sink or swim"(字面意思为"是浮还是沉"),汉语却翻译为"孤注一掷";英语"Spend money like water"(字面意思为"花钱如水"),汉语却翻译为"挥金如土"。一定的语言表达跟特定的历史文化也是分不开的,在两种语言之间进行翻译时,会经常遇到由于历史文化差异而出现的翻译难题。例如,英语"waterloo"(滑铁卢)是比利时的一个地名,拿破仑于1815年在那里惨败,整个战局为之一变。因此,"to meet one's waterloo"在进行翻译时应该包含"遭到决定性失败"之意。又如,"三个臭皮匠,胜过一个诸葛亮"。诸葛亮是中国历史上的著名人物,在中国家喻户晓,是人们心目中智慧的象征。但西方读者未必知道他是何人,与"臭皮匠"有何联系,若采用直译很难传递句子所蕴含的丰富历史文化信息。在此只有采用直译加增译相结合的方法,才能使原语言的信息得以充分再现,故可译为:"Three cobblers with their wits combined equal Chukeh Liang - the master mind."

②思维方式和价值观的差异对翻译的影响

思维方式的差异本质上是文化差异的表现,长久生活在不同区域的人具有不同的文化特征，因而也形成了不同的思维方式。英语民族的思维是个体的、独特的，而中国人注重整体、综合、概括思维。表现在语言上，英语偏好用词具体细腻，而汉语用词概括模糊。例如，"说"一词，英语有"say，speak，tell"等，这些词可以表达不同情况下"说"的意思。这样使语言简洁准确，又富于变化，形象生动。而汉语往往趋向于泛指，在"说"前加副词修饰语，例如，语无伦次地说，低声地说，嘟嘟囔囔地说。又如，东方人偏重人文，注重伦理道德，西方人偏重自然，注重科学技术；东方人重悟性、直觉、求同、求稳、重和谐，西方人则重理性、逻辑、求异、求变、重竞争等。不同的思维方式决定了各个民族按照各自不同的方式创造不同的文化，而这种不同必然要通过文化的载体——语言来表达。这种思维方式的差异常导致翻译中一些词语的引申义不同，因此，我们要谨防翻译陷阱。价值观指人的意识形态、伦理道德、宗教信仰，以及风俗人情等为人处世准则的观念。一般认为是特定文化和生活方式的核心，表现在两种语言中，会对语言理解和翻译造成很多障碍，足以引起翻译工作者的重视。中国人认为个人是"沧海一粟"，微不足道，推崇社团和集体价值，强调社会群体的统一和认同，是一种社团价值至上的价值取向。西方文化则是个人价值至上，它推崇个人主义，强调个人的存在价值，崇拜个人奋斗。例如，英语谚语中说"God helps those that help themselves"（天助自助者），"self is our centre"（自我是我们的核心），"life is a battle"（生活就是战斗），这些英语谚语都在告诫人们：只有靠自己奋斗，才能获得成功和安全感。这些都表明西方人的个人主义价值观。中国人常说"四海之内皆兄弟""在家靠父母，出门靠朋友""仁义值千金""大树底下好乘凉"等，这都说明中国人常把自己和所谓自家人视为一体并希望能够在自身以外找到安全之所。中国传统文化里最重要的价值观念是"忠"和"孝"。人际交往很注意自我与谈话对象的关系。中国文化又被称为"我们文化""集体主义文化"。将英语中的"individualism"与汉语中的"个人主义"相提并论，价值观的差异尤为明显。在西方，该词指的是"独立自主"的个人品质，人们把自己看成单独的个体，凡事都从个人利益出发，以个人为中心，体现个人价值。他们相信天道酬勤（God help those who help themselves.），主张独立自强，喜欢个人竞争，强调平等和权利。而中国的传统文化，由于受儒家和道教思想的影响，强调群体意识，个人的利益服从集体的利益，各个成员之间互帮互助，彼此合作。因此，汉文化的"个人主义"是与"集体主义"相对的贬义词，是指一切从个人出发，把个人利益放在集体利益之上，只顾自己，不顾他人的错误思想。

（2）大学英语写作教学中的跨文化教育

英汉两种语言的篇章结构与其思维模式相关，有什么样的思维模式就有什么样的语篇组织结构。西方文化注重线性的因果式思维，而中国文化偏重直觉和整体式思维，这就导致语篇结构方面的巨大差异。英语句子组织严密，层次井然有序，其句法功能一望便知。比如"If winter comes,can spring be far behind？"一见到连词 if，两句间的逻辑关系便了然于胸。而汉语句子成分之间没有英语那么多的黏合剂，较少地使用连接手段，句子看上去显得松散，句子间的逻辑联系从外表不易看出。汉语思维模式呈螺旋形，其思维习惯在书面语言上的表现形式是迂回曲折，不直接切入主题，而是在主题外围"兜圈子"或"旁敲侧击"，最后进入主题。"文若看山不喜平"是典型的汉语修辞模式，也成为衡量文采的标准。英语篇章的组织和发展是"直线式"（linear），通常先开门见山直抒己见，以主题句开始，直截了当地陈述主题，然后用事实说明，即先有主题句，后接自然衔接的例证句。英美人的思维方式决定了英语写作中出现主题句的必然。例如：

Soccer is a difficult sort. ① A layer must be able to run steadily without rest. ② Sometimes a layer must hit the ball with his head. ③ He must be willing to bang into and be banged into by others. 这段话的第一句就是主题句，是段落的中心，①②③句是用来说明、支撑主题句的。在汉语中，我们习惯于先分后总，先说原因后说结果，即所谓的"前因后果"，如果要表达同样的意思，我们会这样说：足球运动员必须能不断地奔跑，有时得用头顶球，撞击别人或被别人撞，必须忍受双脚和全身肌肉的疼痛，所以，足球运动是一项难度较大的运动。这样通过对比，使学生了解中西的写作思维模式差异，学会用英语思维，写出较地道的英语文章。

第六章　跨文化大学英语教学模式

第一节　文化因素对于大学英语教学的重要意义

外语教学应该包括对学习者语言能力、语言运用能力、社会文化能力和跨文化交际能力的培养。其中，跨文化交际能力的培养首先涉及对本族文化和目的语言文化的态度转变。无论对研究者还是普通外语学习者而言，文化能力，即有关风俗、习惯、价值观、信仰和意义系统的知识，都应该成为外语学习的一部分。现在许多教师已经开始把文化教学作为一个教学目标融入语言课程中。在过去 20 年中，已经受到足够重视的交际能力，强调的是"语境"的作用，认为在不同情境中交际者应该得体地运用语言。语境中蕴含着文化规则，发生在具体语境中的交际行为受文化的限制，所以实现有效、得体的交际要求交际者既要了解语言的语法知识（语法能力），又要解读语境中暗含的文化意义（文化能力），两种能力相互补充形成交际能力。

当然，我们早已对以"行为主义模式"为中心的语言学习方法进行了批判。在此模式下，语言学习就是句型模仿，语言就是用来表述事件的词和句子的简单组合。

近年来，外语教学方式方法、教学模式发生了明显的转变。然而，仍然有一些与语言教学本质有关的信念深植于人们心中，决定了外语课程的内容。这种信念既削弱了语言课程中的文化教学，又阻碍了学生跨文化交际能力的培养。

把语言仅仅当作一种符号，只学习语法规则无疑是一种错误的观念。在某种程度上，如果只对与语言有关的社会动态予以关注，而不能对社会和文化的结构有深远的洞察力，也可能导致跨文化交际中发生误解。所以，外语学习就是外国文化的学习，在外语课堂中应该教授文化，这是毫无疑问的。但是如何将文化融入教学当中确是值得重视的问题。Kramsch 认为，文化之于语言学习不是可有可无的第五种技能，它附属于听、说、读、写的教学。从学习外语的第一天起，文化就一直存在于学习背景中，会干扰到学习者，挑战他们认识周围世界的能力，使学习者意识到跨文化交际能力的局限性。

外语教师逐渐意识到文化与语言不可分割的关系。缺乏了文化因素的外语教学是不准确的，也是不完整的。对外语学习者来说，如果他们对以目的语言为母语的人们的生活习惯或是国家状况一无所知，那么语言学习将毫无意义。学习目的语言文化的重要性随着语言学习者与外国文化越来越频繁的接触逐步凸显出来，因为他们在跨文化交流中碰到的最大障碍往往与语言的熟练程度无关。这种障碍就是母语文化的缺失，其直接后果就是语用失误。正如美国语言学家沃尔夫森所说，"在与外国人交往时，本族语者趋向于容忍发音和句法方面的错误。相反，他们常常把违反讲话规则解释为态度不友好，因为他们没能够意识到社会语言的相对性"。

由此可见，外语学习者在学习一门语言时不应忽视目的语言文化。随着文化在语言习得中的重要性逐渐被肯定，语言教学研究者和语言教学工作者开始进一步探讨如何能够有效地在外语教学过程中渗透文化知识，于是就产生了"文化教学"这一概念。外语教学的目的主要是培养学生把语言作为交际工具来掌握。寓语言教学于文化背景的目的之一是发现并排除干扰语言交际的因素。不同文化层面的语用失误贯穿于英语学习和使用的每个阶段。因此，不同阶段的语言教学应与不同层次的文化教学有机地结合起来，从而建立一个相应的文化认知系统，以使学生的英语水平得到全面提高。

第二节　大学英语跨文化教学模式的建构

大学英语教学是高等教育的一个有机组成部分，大学英语课程是大学生的一门必修基础课程。大学英语是以英语语言知识与应用技能、学习策略和跨文化交际为主要内容，以外语教学理论为指导，并融多种教学模式和教学手段为一体的教学体系。大学英语的教学目标是培养学生的英语综合应用能力，特别是听、说能力，使他们在今后工作和社会交往中能用英语有效地进行口头和书面的信息交流，同时增强其自主学习能力、提高文化素养，以适应我国社会发展和国际交流的要求。大学英语课程不仅是一门语言基础知识课程，也是拓宽知识、了解世界文化的素质教育课程。因此，设计大学英语课程时也应充分考虑对学生文化素质培养和国际文化知识的传授。

一、教学原则

跨文化交际能力的培养必须通过一个精心设计的教学模式得以实现。为该教学模式制定教学目标、确定教学内容、选定教学材料、设计课堂活动需要遵循科学的教学原则。

（一）制定教学目标所遵循的原则

（1）既有总体目标，又有个性化目标。

（2）根据《大学英语课程教学指南》确定总体教学目标。

（3）通过需求分析确定本校个性化教学目标，满足学生需求。

（4）所有目标必须符合时代特点。

（5）培养掌握双语言文化的人才是确定总体目标和个性化目标的基础。

（二）确定语言教学内容所遵循的原则

（1）以《大学英语课程教学指南》和需求分析为依据确定教学内容。

（2）语言内容应与文化内容相辅相成。

（3）尽量选择有文化内涵的语言项目。

（4）内容典型，重点突出，不应增加学生的学习负担。

（5）语言教学内容难度参考克拉辛"i+I"原则。

（三）确定文化教学内容所遵循的原则

（1）文化内容应与语言内容相辅相成。

（2）交际文化内容优先于知识文化内容。

（3）选定典型文化差异内容，减少文化负迁移。

（4）选定两种文化相通的内容，充分利用文化正迁移。

（5）要构建一个开放式文化内容体系，鼓励学生接触不同的文化观点和价值观念。

（6）文化内容要有正确导向，帮助学生克服民族中心主义。

（7）文化教学既要包括语言技能和交际策略训练，又要包括学生人文素质的培养。

（四）使用教材所遵循的原则

（1）引进理念先进、语料真实的国外教材。

（2）采用优秀的国内教材。

（3）自行编写符合本校教学要求的教材。

（五）课堂语言教学所遵循的原则

（1）听、说、读、写、译齐头并进，全面发展。

（2）在认知语言规则的基础上进行操练，创造有意义的学习情景。

（3）课堂教学以学生为中心、教师为指导。

（4）创造活跃、轻松的课堂气氛，鼓励课堂互动。

（5）让学生了解每一个课堂活动的目的，反思参与课堂活动所获得的经验和感受。

（6）考虑学生的个体差异，采取灵活的对策引导学生积极参与活动。

（7）充分利用网络多媒体等高科技手段，使英语教学情景化和交际化。

（8）综合运用言语交际活动的八种要素：①情景；②功能；③意念；④社会、性别、心理作用；⑤语体；⑥重音和语调；⑦语法和词汇；⑧语言辅助手段。

（9）使用真实语篇，培养学生交际能力。

（10）强调运用目标语训练交际。

（11）提供机会使学习者不仅重视语言而且重视学习过程自身。

（12）将课堂学习与课外语言活动紧密结合起来。

（13）适时地对学生的语言错误进行分析和疏导。

（六）课堂文化教学所遵循的原则

（1）在课堂设计中融入"合作式学习""研讨式学习"的教学理念。

（2）设计丰富多彩的第二课堂文化实践与体验活动，增加体验式学习的机会。

（3）根据文化教学特点、学生学习风格、教学条件等因素灵活运用教学方法。

二、教学目的

应用视角下的英语教学目的以语言应用技能为目标，对学生进行听、说、读、写、译五个方面的技能训练，以提高学生的英语综合应用能力。

跨文化交际视角下的英语教学则注重学生整体沟通能力的建构，语言技能作为沟通能力的一个方面包含在宏观的能力和素质中。根据我国最新的大学英语教学大纲《大学英语教学指南》，培养学生的跨文化交际能力，在培训语言基本技能的英语教学过程中添加文化内容，增设文化知识的课程、跨文化交际课程、双语文化类课程等已成为必要之举。根据跨文化交际能力的构成内容、大学英语课程的教学目标以及课程体系特点，大学英语跨文化教学目的可细化为以下几方面。

（一）培养学生的英语综合应用能力

就英语语言教学而言，从语言能力、语言技能和语言运用等方面对学生进行培养。根据新生入学的英语水平、摸底测试结果和专业特点、就业需求、深造需求等，除了确定适合学生的英语培养目标外，还应从听、说、读、写、译、词汇六方面确定教学内容，决定教学策略和方法，开设相应的课程，以提高学生的英语综合应用能力。大学英语教学的具体要求如下：

（1）听力理解能力：能听懂英语谈话和讲座，能基本听懂题材熟悉、篇幅较长的英语广播和电视节目，语速为每分钟150～180词，能掌握其中心大意，抓住要点和相关细节。能基本听懂用英语讲授的专业课程。

（2）口语表达能力：能用英语就一般性话题进行比较流利的会话，能基本表达个人意见、情感、观点等，能基本陈述事实、理由和描述事件，表达清楚，语音、语调基本正确。

（3）阅读理解能力：能基本读懂英语国家大众性报纸杂志上一般性题材的文章，阅读速度为每分钟70～90词。在快速阅读篇幅较长、难度适中的材料时，阅读速度达到每分钟120词。能阅读所学专业的综述性文献，并能正确理解中心大意，抓住主要事实和有关细节。

（4）书面表达能力：能基本上就一般性的主题表达个人观点，能写所学专业论文的英文摘要，能写所学专业的英语小论文，能描述各种图表，能在半小时内写出不少于160词的短文，内容完整，观点明确，条理清楚，语句通顺。

（5）翻译能力：能摘译所学专业的英语文献资料，能借助词典翻译英语国家大众性报刊上题材熟悉的文章，英汉译速度为每小时约350个英语单词，汉英译速度为每小时约300个汉字。译文通顺达意，理解和语言表达错误较少。能使用适当的翻译技巧。

（6）推荐词汇量：掌握的词汇量应达到6 395个单词和1 200个词组（包括中学和一般要求应该掌握的词汇），其中约2 200个单词（包括一般要求应该掌握的积极词汇）。

（二）培养学生的跨文化交际认知能力

英语综合应用能力是跨文化交际能力的一部分。大学英语教学的终极目标是培养学生的跨文化交际能力；跨文化交际能力是进行成功跨文化交际所需要的能力，即与不同文化背景的人们进行有效的、适宜的交际的能力。跨文化交际能力一般包括三个基本因素：认知因素、情感因素、行为因素。这里的认知因素是指跨文化意识，即人们在对本国文化和外国文化理解的基础上形成的对周围世界认知上的变化和对自己行为模式的调整。情感因素是指跨文化交际过程中人们的情绪、态度和文化敏感度。行为因素指的是人们进行有效的、适宜的跨文化交际行为的各种能力和技能，比如：获取语言信息和运用语言信息的能力，如何开始交谈、在交谈中如何进行话轮转换，以及如何结束交谈的技能和移情的能力等。

跨文化交际过程中的认知，是指人在特定交际环境中处理和加工语言及文化信息的过程。跨文化的认知能力是获得跨文化知识、跨文化交际规则以及提高跨文化交际意识的基础，包括文化认知能力和交际认知能力。在跨文化交际大学英语教学中，应该优先培养学生的跨文化认知能力。

1. 文化认知能力

文化认知能力是指在了解母语和目的语言双方文化参照体系的前提下，所具备的跨文化思维能力和跨文化情节能力。跨文化交际要求交际者既了解自己所在文化体系的文化习俗、价值观念、思维模式和行为取向，又了解目的语文化的相关知识。

只有了解双方文化的参照体系，交际者才可以在跨文化交际语境中调整自己的行为模式，预测交际对象的行为取向，为有效交际做准备。跨文化思维能力是指交际者在了解交际对象文化的思维习惯的基础上，能够进行跨文化的思维活动，是高层次的跨文化交际能力。交际过程中交际主体的认知对象主要是组成沟通环境的各种事物，即交际行为发生在一定的语境中。跨文化情节能力是交际者在特定语境中按照交往序列定式交际的能力。

2. 交际认知能力

跨文化交际能力既包括对目的语交际模式和交际习惯的了解，也包括对目的语言体系、交际规则和交际策略的掌握。大学英语教学的主要内容是语言，掌握语言知识和应用规则是重要的教学目标之一。由于各文化体系中人们的价值取向不同，交际规则差别很大。如果不了解对方文化的交际规则，即使正确使用目的语言，也不能保证有效的交际结果。因此，外语学习者只有了解交际对象在文化方面的交际规则，学习其交际策略才能在行为层面上表现出跨文化交际能力。

（三）培养学生跨文化情感能力

情感是指人对客观事物是否符合自己需要而产生的态度体验。情感反映的是具有一定需要的主体与客观事物之间的关系，是对客观世界的一种特殊的反映形式，属于心理现象中的高级层面，能够影响到认知层面的心理过程。情感、态度和动机能够影响对事物的认识和解决问题的方式。交际过程中的文化情感能力主要指交际者的移情能力和自我心理调适能力。

1. 移情能力

培养学生的移情能力是指培养学生克服民族中心主义的能力、换位思考能力，以及形成得体交际动机的能力。作为文化群体的一员，交际个体都有民族中心主义的倾向，以本民族文化为标准评价其他文化，对其他文化存在文化思维定式、偏见和反感情绪。培养跨文化交际能力的课程体系能够增加学生对其他文化的认识，提高跨文化交际意识和克服民族中心主义的负面影响。

2. 自我心理调适能力

在跨文化交际语境中，交际主体会因文化差异产生心理焦虑或感到心理压力，例如文化休克。因此，培养学生的自我心理调节能力（包括困惑和挫折时，自我减轻心理压力的能力）、对目的语言文化中不确定因素的接受能力和保持自信和宽容的能力是重要的文化教学目标。

（四）培养学生的跨文化行为能力

跨文化行为能力是指人们进行有效的、适宜的跨文化交际行为的各种能力，比如，正确运用语言的能力，通过非言语手段交换信息的能力，灵活地运用交际策略的能力，与对方建立关系的能力，控制交谈内容、方式和过程的能力等。跨文化交际的行为能力是跨文化交际能力的最终体现。跨文化行为能力的形成需要以认知能力和情感能力作为基础。在跨文化交际大学英语教学过程中，着重培养学生的三种跨文化行为能力：言语行为能力、非言语行为能力和跨文化关系能力。

1. 言语行为能力

言语行为能力的基础是语言能力和语言行为。语言能力包括词法、语音、语法、句法、语篇等语言知识，语言行为是正确使用语言的能力。因此，我们应该从跨文化交际角度培养学生言语行为能力，使学生了解目的语言词汇的文化隐含意义、句法构成习惯以及篇章结构布局等。

2. 非言语行为能力

培养学生非言语交际能力，提高有效沟通能力。非语言交际行为包括肢体动作、身体姿态、面部表情、目光接触、交流体距、音调高低等。在交际中非语言交际行为所传递的信息量远远超过了言语行为所传递的信息量。

3. 跨文化关系能力

培养学生的跨文化关系能力，保证跨文化交际的顺利进行。跨文化关系能力包括与目的语言文化交际对象建立并保持关系的策略能力，在不同的交际情境中的应变能力。

语言综合应用能力、跨文化认知能力、情感能力和行为能力构成了跨文化交际能力的主体，是跨文化教学的重要目标。这些能力需要通过跨文化交际课程体系来实现。

三、教学内容

（一）语言基础教学内容

1.语法结构项目：3 项

（1）词语层面：名词、代词、限定词、数词、时态、被动语态、短语动词、不定式、现在分词、动名词、过去分词、情态动词、虚拟语气、介词、形容词、副词等。

（2）句子层面：句型、句子成分、名词从句、直接引语、间接引语、形容词从句、同位语、副词从句等。

（3）超语句层面：并列结构、插入语、倒装语序、强调、省略、替代、标点符号等。

2.功能意念项目：10项

（1）寒暄：问候、告别、称呼、介绍、致谢、道歉、同情、祝贺、邀请、提议等。

（2）态度：愿意、决心、决定、责备、抱怨、允许、同意、建议、命令、相信、怀疑、认定、预告、提醒、承诺等。

（3）情感：高兴、担忧、焦虑、惊奇、满意、失望、恼怒、恐惧、欲望等。

（4）时间：时刻、时段、时间关系、频度、时序等。

（5）空间：位置、方向、距离、运动等。

（6）计量：长度、宽度、深度、容量、速度、准确度、温度、近视、平均、比率、比例、估计、最大限度、最小限度等。

（7）信息：定义、解释、澄清、争辩、叙述、描述、演示、概括、结论等。

（8）关系：对比、比较、相似、差异、所属、因果、目的、让步、真实条件、非真实条件、假定、假设、部分和整体关系等。

（9）计算：加、减、乘、除、增加、减少、百分数等。

（10）特性：形状、颜色、材料、规格、功能和应用等。

3.语言技能项目（听、说、读、写、译）

（1）听力技能：6项

①辨别音素。

②辨别重音。

③辨别语调类型。

④理解话语的交际功能。

⑤理解语篇的主题或大意。

⑥领会说话人的观点、态度或意图。

（2）口语技能：7项

①标准语音语调。

②善于提问和回答。

③复述故事或短文。

④就日常生活话题进行对话。

⑤口头作文。

⑥采访。

⑦即兴简短讲演。

（3）阅读技能：10项

①理解主题和中心思想。

②辨认关键细节。

③区分事实和看法。

④推论。

⑤做结论。

⑥略读以获取文章大意。

⑦快读以查找特定信息。

⑧利用上下文线索，猜测生词或短语的含义。

⑨理解句子内部关系。

⑩参阅附加信息技能。

（4）写作技能：7项

①句子写作。

②段落写作。

③篇章写作（描写文、叙述文、说明文、论说文、应用文）。

④写提纲。

⑤写摘要。

⑥做笔记。

⑦有提示和无提示即兴作文。

（5）翻译技能：6 项

①直译。

②意译。

③直意兼译。

④成语典故翻译。

⑤合同条文翻译。

⑥校对。

（二）文化嵌入与文化教学内容

1. 文化行为项目：12 项

（1）生活必需：就餐、住宿、购物、看病、乘行、穿着、节假日、搬家、医疗、保健等。

（2）人际关系：称呼、寒暄、介绍、打电话、通信、邀请、接受、拒绝、拜访、会客、共餐、聚会、帮忙、交友、送礼、祝贺、告别等。

（3）娱乐消遣：看电影、观剧、游览、看电视、周末娱乐、别墅生活、欢度节日、听音乐会、体育等。

（4）情感态度：兴奋、愤怒、沮丧、厌恶、惊讶、遗憾、请求、要求、怀疑、感谢、同情、赞扬、谦虚、道歉、服从、妥协等。

（5）观点意见：讨论、评论、征求意见、建议、同意、反对等。

（6）个人隐私：年龄、收入、婚姻状况、宗教信仰、政治立场等。

（7）时空意义：身体触碰、人际距离、时间划定、时间观念等。

（8）家庭生活：家庭团聚、家务分工、家庭纠纷、家庭开支、亲属往来、长幼代沟等。

（9）婚姻习俗：恋爱、结婚、婚变、生育等。

（10）知识教育：学校教育、社会教育、校园生活、课外活动等。

（11）社会职责：求职、社会活动、志愿者等。

（12）宗教活动：宗教派别、宗教教义、宗教仪式、宗教节日、宗教禁忌等。

2. 文化心理项目：5项

（1）社会价值观念：个人与集体、竞争与和谐、男女地位、权威与平等。

（2）人生价值观念：成就、命运、金钱、友谊等。

（3）伦理观念：公正与善良、他人与自我、礼节与面子等。

（4）审美观念：色彩、数字、体态等。

（5）自然观念：天人合一、天人相异、战胜自然、适应自然、星座凶吉等。

3. 跨文化交际因素：8项

（1）全球化语境。

（2）文化对语言的影响。

（3）文化对交际的影响。

（4）跨文化交际障碍：心理障碍、民族中心主义、文化定式与偏见、语言障碍等。

（5）跨文化言语交际。

（6）跨文化非言语交际。

（7）文化价值观。

（8）文化多样性。

四、教材的选择

为了达到教学目标，开设两类课程：大学英语基础（必修课程）、文化与跨文化交际（选修课程）。前者旨在培养学生语言综合应用能力，后者着重培养学生跨文化交际能力。两类课程选用了不同的教材。

（一）大学英语基础课程教学教材

大学英语基础教学阶段以培养学生语言应用能力为基本教学目标，教学内容以词汇、语法、篇章、语用为主。为避免语言文化脱离的语法教学，引进以功能—意念大纲为编写原则、丰富的跨文化交际语料为内容的国内优秀的大学英语教材，包括《新视野大学英语》系列教材（外语教学与研究出版社），（全新版）《大学英语》系列教材（上海外语教育出版社）。

这几部教材以交际教学法为指导，突出教学过程中跨文化交际能力的培养，在内容方面做到了语言材料与文化内容的融合。教材不仅包括了实用性强且生动有趣的语言材料，还提供大量真实的图片以及英语国家丰富的文化背景，开阔了学习者的视野。《新视野大学英语》为学生和教师提供网络教学平台，可以采取自主学习模式，使学习更富有趣味性、自主性，易于实现体验式学习方式和合作式学习方式。

（二）文化与跨文化交际类课程教学教材

《新视野大学英语视听阅读》教程主要是关于地理、文化方面的知识，并配有视频。学习者不但可以摆脱枯燥乏味的学习过程，还可以通过录像节目深入了解不同国家社会的方方面面，为学生提供体验跨文化交际的机会，从而提高文化素质。（全新版）《大学英语》覆盖了听、说、读、写、译各方面的教学内容，其知识性、趣味性和实用性极佳，经多年的教学检验，不失为大学英语的经典教材。

五、课程设置

（一）语言基础教学课程体系

大学英语基础教学课程属必修课程，共计 6 学分。在大学英语基础教学阶段，教学突出语言基本技能的培养，实施大学英语分类、分级教学动态管理机制。为了达到上述要求，需开设大学英语听说课程、读写译综合课程，视、听、说网络自主学习课程（包括视听、口语、文化）。

（二）开设选修的跨文化交际与应用课程体系

跨文化交际类课程与应用类课程包括一系列可选择的必修课程，授课对象是完成了两个学期语言基础学习任务的学生。教学方式包括教师讲授、课堂讨论、学生陈述等。第 3 ~ 4 学期，开设多门可供选择的必修课：大学英语基础课程（3 ~ 4）；大学英语跨文化交际类课程；英语应用类课程，每周 4 学时；额外开设若干门选修课，每周选修 2 学时。第 3 ~ 4 学期，必修 6 学分和选修课 4 学分。第 5 ~ 6 学期，开设若干门选修课，每周选修课 2 学时，两学期共修 4 学分。跨文化交际类课程以讲授英美文化和跨文化交际知识为主线，用英语授课，教学目的是提高学生跨文化交际技巧和跨文化交际能力。英语应用课程着重培养学生语言应用能力，特别是英语与专业相结合的应用能力，通过培养学生的跨文化交际能力，开阔其国际视野，提高就业和深造竞争力。

可开设的跨文化交际类选修课程：英语演讲技巧、英语影视欣赏、英语诗歌欣赏、英国历史、圣经与希腊神话、西方文化概览、英美文学欣赏、中西文化对比、美国社会与文化、英语国家社会与文化、美国总统就职演说之文化分析、美国外交等。

可开设的英语应用类选修课程：戏剧与影视文学专业英语、哲学专业英语、法律专业英语、管理学专业英语、生化专业英语、普通医学专业英语、口腔医学专业英语、国际商业文化、国际商务英语写作、跨文化商务沟通、商学导论等。

开设以上两门跨文化交际课程和英语应用类课程的目的：①培养学生的跨文化交际意识及跨文化交际能力；②提高学生在交际环境下综合运用语言的能力；③培养学生在商务、医学、法律等实践活动中的跨文化交际能力；④让学生了解英语国家的整体概况，提高他们的文化认知能力；⑤帮助学生开阔国际视野，提高他们对国际问题的敏感度。

六、外语教学策略

外语教学策略涉及"如何教外语"之类的问题，它是为实现教学目标，按照一定的教学原则和思路，针对特定的教学内容，而采取的一系列教学措施、方式或方法。教学策略具有综合性、可操作性、灵活性等特征。

（一）普遍性教学策略

普遍性教学策略是指适用于各种课型的教学策略。任何课型，无论是听说课，还是读写课，甚至是练习课，都离不开教师的主导。在教学的各个环节上，教师需要采用一套相应的教学策略。这套教学策略包括：课堂组织策略、激励策略、提问策略、评估策略。

1. 课堂组织策略

课堂组织是课堂教学的生命。课堂组织策略包括教师角色的选择、课堂活动的控制、活动的组织方式等。大学英语教师主要应该扮演六种角色：课堂的组织者、课堂活动的控制者、学生学习效果的检测者、学生的启发者、课堂活动的参与者和学习资源的提供者。

2. 激励策略

学习兴趣是一种内部动力，是成功的前提或先决条件。学生如果缺乏学习兴趣，那么学习和教学都将是痛苦的过程。因此，大学英语教师的一个重要任务是采用一套有效的激励策略激发学生的学习兴趣。这套激励策略包括组织有趣的外语活动、使用生动幽默的课堂语言、鼓励和奖励学生参与外语活动、将外语考试成绩与奖学金和学位等挂钩。

3. 提问策略

提问是课堂上常见的课堂互动形式。教师通过提问了解学生的学习情况。这就要求教师严格把握提问策略，按学生的认知水平和英语语言能力，设计难易程度相当的问题。教师可提如下几类问题：开放性问题与封闭性问题，浅层问题与深层问题，聚合性问题与发散性问题，信息性问题、理解性问题与评价性问题，陈述性问题与推理性问题等。

4. 评估策略

课堂评估对教学的"反拨"作用很大，师生都能够从中受益。一方面，评估可以检测学生对教学内容的掌握情况和学习中仍未解决的问题，为学生调整自己的学习策略和学习方案提供反馈；另一方面，教师可以采用恰当的评估策略发现课程设置问题、教学内容问题、教学方法问题，为教师调整教学内容、方法和手段提供依据。

评估是课堂教学的重要组成部分。由于评估是一个连续不断的过程，课堂评估应该采用形成性评估的策略，以学生问卷、学习监控表、一句话概要、应用卡等为主要手段。

（二）具体性教学策略

具体性教学策略指培养听、说、读、写能力和文化意识的教学行为。在语言教学方面，要求教师恰当地采用以下六种具体性教学策略：词汇教学策略、语法教学策略、阅读教学策略、写作教学策略、听力教学策略、会话教学策略。

（1）帮助学生认知词汇的教学策略：单词网、信息沟、词汇发现、词汇问题以及多媒体展示等；帮助学生应用词汇的教学策略：词汇旅行、单词冲刺、单词故事、连锁故事、交叉联想等；帮助学生测评词汇的策略：文本校对、填图、纵横字谜、自评对子和学生测验等。

（2）常用的语法教学策略：迷你情景、图片案例、旅游、虚拟情景、猜测模仿、原因探究、爱好选择以及图片故事。

（3）常用的阅读教学策略：合作阅读、先行组织、互惠阅读、学习日志、同伴指导、同伴阅读、自选阅读、质疑作者以及图片故事。

（4）常见的听力教学策略：标题探索、概述选择、排序、复式听写、听与画、远距离听写等。

（5）常见的会话教学策略：图画排序、找伙伴、流程卡、角色卡小品、图画信息沟、补全对话、链锁复述、分组讨论、围圈发言、采访、"陪审团"以及纸条指令等。

（6）常见的写作策略：句子重组、平行写作、故事重组、框架写作、图片序列、轮式写作、拆分信件以及创作隐含对话等。

七、文化教学的方法和策略

（一）文化教学的方法

外语教育中的文化教学可采用三种通常教学法：显性文化教学法、隐性文化教学法和综合文化教学法。

1. 显性文化教学法

显性文化教学法是指相对独立于外语教学的、较为直接系统的、以知识为重心的文化教学法。显性文化教学法省时、高效的特点是显而易见的。而且，这些相对独立于语言教学的自成体系的文化知识材料可以很方便地供学生随时自学。但显性文化教学法有两个致命缺陷：①使学生对异文化形成简单的理解和定型观念，影响跨文化交际的有效进行。②让学习者始终扮演着被动的、接受的角色，导致他们缺乏文化探究的能力和学习策略。

2. 隐性文化教学法

隐性文化教学法是指将外语教学与文化教学自然地融合在一起的教学方法。优点：课堂的各种交际活动给学习者提供了一个认识和感知异文化的机会；缺点：学习者在语言学习的过程中自然习得的外国文化缺乏系统性。

3. 综合文化教学法

综合文化教学法是指将跨文化交际能力作为最终教学目标，综合了显性文化教学和隐性文化教学的各自优势，且兼顾了文化知识的传授与跨文化意识和行为能力的培养的教学方法。

（二）文化教学的策略

大学英语教学中有效地实施文化教学离不开系统的文化教学策略的支持。在涉猎了国内外语言文化教学研究和跨文化交际研究的书籍以后，引进了综合文化教学法，借鉴了陈申（1999）、胡文仲和高一虹（1997）、陈俊森（2006）、严明（2006）等学者的研究成果，整合了一套适合实际情况的基本文化教学策略，并设计了一系列的课堂活动。

采用的文化教学策略：文化讲座、文化参观、文化讨论、文化欣赏、文化会话、文化合作、文化表演、文化交流、文化谜语、文化冲突、文化研究、文化渗透、文化体验、文化旁白、文化片段、文化包、文化丛、文化多棱镜、关键事件分析、角色扮演、案例分析法、文学作品分析。

为大学英语教学过程中文化教学设计的课堂活动如下所述。

文化实物：让每位学生展示一件代表家乡文化的物品，如典型的民族服饰、手工艺品、家乡著名建筑物模型或照片、家乡人民生活情景图片等。学生通过展示代表自己家乡文化的物品，介绍家乡文化的特色。这一活动可以开阔学生视野，增加地域文化知识，体会地域文化差异。

短文仿写练习：改写一篇英国文化背景的短文，要求主题保持一致，以本民族文化为叙事和观察视角。例如，仿照例文《美国学生的春假》写一篇题目为"中国学生的假期"的短文。通过比较原文和改写文在文化和内容上的不同，了解中美文化差异。

地域文化介绍：教师把学生分为四组，分别代表美国、英国、加拿大和澳大利亚，把有关四国文化的资料分发给各组学习，假设上述四国是学生的家乡，要求学生简要介绍家乡的文化特色。通过角色扮演，使学生了解四国文化的相同点和不同点，使学生意识到这四个以英语为母语的国家在很多方面存在差别。

通过习语和谚语了解文化：系统讲解英语习语和谚语，解析隐含的价值观念。

发现文化身份：让学生反思自身的文化观念，确定自己的文化身份，进而深入了解自己所在文化群体的特点和文化价值取向。

凭记忆画图：教师展示一幅图画，要求学生观察 2 分钟后凭记忆画出图中内容；通过观察、讨论不同的学生所画图画的内容，教师引导学生得出结论——受个人文化背景的影响，人们感知世界的方式是不同的。

感受个体空间距离：创造不同的语境，让学生以不同的交际身份和交际对象保持某种空间距离，了解不同文化对交际者空间距离的要求，体会文化、语境、交际者的身份角色及交际对象的关系对空间距离的不同期望。

文化定式：教师让学生观看不同国籍的人们的照片，要求学生用形容词说出对照片中人物的印象。通过描述对不同群体或个人的印象，了解文化定式现象，学习文化定式产生的原因、优点和缺点。

回忆最初的时刻：让学生讲述其接触陌生环境最初时刻的感觉和想法，讨论不同态度和行为对人们适应和融入陌生环境与文化的影响，使学生明白交际者与陌生环境或陌生人的最初接触后会影响到交际双方未来关系的发展方向。此外，积极而适当的态度与行为有助于我们更好地适应和融入陌生的环境与文化。

外国工艺品展：带领学生参观某一文化的工艺品展览，引导他们发现展品中蕴含的文化意义，锻炼学生观察事物的能力，培养学生的文化意识和文化敏感性。

文化场景短剧：组织学生表演一幕情景短剧，其他学生一边欣赏短剧表演，一边从文化角度理解和分析短剧中的情景。短剧表演完毕，学生讨论几个问题，如短剧中发生了什么事情？剧中体现了哪些文化现象和冲突？该活动可锻炼学生的观察技能，提高学生分析文化现象的能力。

感知移情：学生阅读一篇由文化认知差异引发交际问题的短文，教师引导学生就其中的问题进行讨论，培养学生移情能力，增强其跨文化交际意识，帮助学生寻找更多的提高跨文化交际能力的途径和方法。

非言语交际：学生分组表演某些生活场景，展示肢体语言（面目表情、眼神交流）、空间距离、表达情感的声调和语气（讽刺、兴奋）等。通过该课堂活动，帮助学生了解非言语交际所包含的内容及其重要性，帮助学生掌握一些非言语交际过程中应采取的恰当的行为和态度，进而加强其交际意识。

采访外国人：教师布置学生就某些特定问题采访一些外国人，然后在课堂做采访汇报，要求学生比较不同的受访者做出的回答，以及他们对采访和采访问题所表现出的态度和反应。该活动旨在帮助学生了解不同文化对待某些事物看法和态度的异同。

影片欣赏：教师让学生欣赏几段有关美国（或其他国家）教育、教学方面的影片，使他们了解美国教育体系的特点，并指导学生比较中美两国教育体制的差异。

辨别强语境文化和弱语境文化：教师首先向学生简要介绍强语境文化和弱语境文化的定义，然后让学生辨别不同的文化现象，使其了解强语境文化和弱语境文化，找出这两种不同语境文化模式之间的差异，进而引导学生学会接受并尊重不同文化，培养学生的跨文化交际意识。

文化适应：教师要求学生安静地回忆其接触陌生环境和文化的经历，结合异地求学或旅游等经历来进行思考，简要地写出经历中的主要事件和情景，并回忆其当时的心情、感受和想法。该活动可以帮助学生了解文化适应的过程，提高学生的跨文化交际意识和适应新环境、新文化的能力。

第三节　跨文化教学及文化培训的概念

文化教学与文化培训是培养学生跨文化交际能力的两种模式，它们既有共性又有差别。二者都是跨文化交际学形成的土壤和研究的主要内容。通过对跨文化交际学理论的学习和实践，我们充分感受到文化教学是一个伴随着语言教学漫长而又复杂的过程，它要求教师具有高度的文化意识与敏感性，能灵活且创造性地将语言与文化的教学方法和内容结合起来。文化培训则是一个短期的极具针对性的教学过程，其目标是培养出国人员或移民的跨文化交际能力，帮助他们在异国他乡与来自不同文化的人们友好相处。

一、文化教学

文化教学可采取几种不同的形式：第一，在外语教学过程中开设文化课程；第二，将文化因素融入外语课程；第三，课外文化体验或实践活动。文化教学的对象主要是在校大学生，他们有机会参与各种形式的跨文化交流活动，如听外籍教师讲课、参加国际学术会议、短期或长期出国学习、参加国际夏令营、去跨国公司实习等。

文化教学致力于提高语言学习者的跨文化意识和培养其跨文化交际能力。在外语课堂教学过程中，教师可采用专题讲座的形式传授那些直接或间接参与交际的目标语言文化知识，也可把文化教学融于语言教学中，通过对两种文化的对比，使学生对文化差异有较高的敏感性，并能在两种文化间自如地进行角色转换，从而达到成功交际的目的。传统意义上的文化教学是指教师讲授目的语国家的历史、地理、政府机构、文学艺术等背景知识。这些文化背景知识有助于跨文化交际的成功，但由于不直接参与交际，具有一定的局限性。自 20 世纪中叶以来，由于受到人类学和社会学的影响，外语教学研究者们开始认识到，了解目的语言民族的风俗习惯、生活方式、思维方式、价值观念系统等文化因素对于学习该民族的语言十分重要。国内外学者纷纷著书立说，阐明文化与语言的关系，研究如何选择文化教学的内容，如何将文化教学与语言教学有机地结合起来。

在文化教学研究方面，国外学者各抒己见，提出了不少有价值的见解。诺斯特兰德（Nostrand）指出，文化教学的总目标是跨文化理解和跨文化交际，文化教学除了认知因素以外还应包括社会和情感因素。西利（Seelye）认为，文化教学应该从七个方面启发学生：第一，受文化制约的行为意识；第二，语言和社会变量的相互作用；第三，一般情况下的常规行为；第四，词和词组的文化内涵；第五，对目的语言文化通性的评估；第六，对目的语言文化的探究；第七，对其他社会群体的态度。通过教学实践和社会检验，大学英语教师普遍认识到文化教学不仅仅是讲授英美国家的文化现象或介绍一些文化事实，更是要培养学生的文化意识，采用有效的教学模式，寓文化于英语教学之中，方可达到培养学生跨文化交际能力之目标。

如果学生只是死记硬背一些文化事实，往往会造成在跨文化交际过程中因循守旧、不善变通的后果。因为文化不是一成不变的，只有让学生真正地理解跨文化交际的原理，懂得跨文化交际的技巧，掌握了英美文化和语言，才能达到得心应手地进行交际的境界，这才是文化教学的真正内涵。

鉴于文化概念的复杂性和文化内容的宽泛性，文化教学不可能涵盖所有的文化因素，所以国内外学者一般认为语言教学中添加文化教学内容或者渗透文化知识应该遵循四项教学原则：实用性原则、阶段性原则、适度性原则、科学性原则。

由于外语教学的最终目的是培养学生的跨文化交际能力，文化教学必须贯穿于语言教学的整个过程。文化因素的复杂程度与语言形式的难易程度并不一定成正比，即使是简单的语言形式也可能因为文化的问题而导致语用失误。例如，在打招呼、表示歉意、表示感谢等情境下使用的一些基本的日常用语，虽然在形式上非常简单，但在实际交际过程中学生对如何得体地运用这些简单语言却常常觉得没有把握。所以，在外语教学中教师要自始至终将语言与文化结合起来教学，即把语言形式置于社会语境中进行教学，让学生按照一定的语用原则操练或使用语言。这样的教学才能使语言知识富有生命力，使学生具备跨文化交际的能力。

那么文化到底包括什么内容呢？从宏观上看，文化包括三方面的内容：观念文化——宗教、历史、哲学、文学、艺术、科学技术、价值观念等；制度文化——社会制度、政治制度、法律制度、经济制度、风俗习惯、生活方式等；物质文化——服装、饮食、建筑物、交通工具等。

由于文化内容纷繁复杂，在实际的课堂教学过程中，教师有必要对文化内容进行适当的调整、归类并与语言教学科学地结合起来。具体到英语课堂教学实践，英美文化教学的内容可以概括为五方面。

（1）英语词语的文化内涵。任何一个民族的语言，其词语都承载着民族文化的大量信息，是外族人理解该民族文化的重要线索。英语词语的文化内涵，包括英语词语的指代范畴、感情色彩和联想意义，以及成语、典故、谚语、俗语的比喻义和引申义。由于词语在英汉两种语言之间的文化差异是英语学习的主要障碍之一，教师在进行词汇教学时要注意英语词语的文化意义在英语和汉语之间的对比。

（2）英美文化背景知识。背景知识是英语文化的重要组成部分。研究表明，在阅读过程中，理解文章的关键在于激活阅读者的"知识图式"（knowledge schema），即让学生正确地使用已有背景知识去填补文中一些非连续实施空白，使文中其他信息连成统一体。英语语言国家的民族习俗、社会行为模式、历史、地理等方面的知识是学生产生合理的推测和联想的基础，有助于学生更好地理解文章的含义。

（3）英语句法、篇章结构特点和英美思维方式。英语句子较长，以动词为核心，其主干旁支结构分明，主从成分层次明晰，呈树形结构。英语句子语法结构严谨，逻辑关系明显，重分析轻意合。而汉语句子较短，无严格的语法约束，重意合。英语的动词曲折变化形式可表示时间概念，而汉语则要用时间状语表达时间概念。英语的篇章结构一般呈直线型，而汉语的篇章结构则呈螺旋形或曲线形。英语文章主题明确，脉络清晰，逻辑性强。而汉语文章的特点是含蓄委婉，谓之"曲径通幽"。教师通过对比分析，让学生掌握英语句法和篇章结构特点。英美人士在英语习得过程中，受英语文字符号特性的影响，形成了逻辑思维优先的习惯。而中国人在习得汉语的过程中，受汉字符号特性的影响，形成了突出的形象思维习惯。

（4）英语交际风格和行为方式。英美人士和中国人在交际习惯和行为方式上存在着巨大的差异。例如，美国人和中国人交际风格差异可概括为：直接与间接差异；线性与圆式差异：自信与谦卑差异；侃侃而谈与沉默寡言差异；详尽与简洁差异；人和任务为中心与关系和地位为中心差异。一般来说，美国人在交际时倾向于直截了当，开门见山，一步一步，直奔主题；美国人崇尚自信，相信只有通过言语，进行详尽严密的交谈，才能达到交流和解决问题的目的；美国人喜欢就事论事，不太注重社会因素和人际关系对交谈主题的影响。美中两种文化的交际风格差异很大，双方只有事先对交际风格差异有所了解，且交际时有意识地调整自己，才能取得良好的交际效果。

教师还应该引导学生了解英美人士在言语行为和非言语行为方面的表现。在言语行为方面的表现主要包括：称谓、打招呼、告别、问候、祝愿、致谢、表扬、禁忌、委婉语等。在非言语行为方面的表现主要包括身体动作、面部表情、衣着、服饰、音调、音量、守时、体距等。

（5）英美价值观念。与跨文化交际关系较为密切的价值观念主要包括人与自然的关系，即"天人合一"，还是"天人相分"；人际关系，是群体取向，还是个人主义取向；人对"变化"的态度，是求变还是求稳；动与静，是求动还是求静；做人与做事；人之天性观，是"性本善"取向，还是"性本恶"取向；时间取向。英美文化语境中，人们采取天人相分的态度。人们崇尚个人主义，包括个人奋斗，独立自主，保护隐私，追求自由与差异。在美国文化中，人们追求的是永无停顿的变化，变化几乎是发展、进步、创新、成长的同义词。美国人的外向、进取和冒险精神源自他们"举动"和"做事"的价值取向。基督教"原罪说"导致了"人之初性本恶"的人性论。在对待时间的态度上美国人轻视传统经验，几乎不怎么留恋过去，很少崇拜祖先，但非常欣赏己辈，更期待未来。

一百多年来，外语教学中的文化教学经历了从注重阅读能力的培养，到注重交际能力的培养，再到关注跨文化交际能力培养的三个主要阶段，形成了两种教学方法：文化知识传授法和文化过程教学法。另外，陈申（1994）在《语言文化教学策略研究》一书中共总结了三种文化教学模式：地域文化学习兼并模式、模拟交际实践融合模式、多元文化互动综合模式。里萨格尔（Risager）的四种文化教学模式：外国文化模式、跨文化模式、多文化模式、超文化模式。这些模式为我们构建跨文化交际大学英语教学模式提供了有价值的参考，特别是里萨格尔的"跨文化模式"具有示范价值。

二、文化培训

文化培训是一项高度专业化的教学形式，其目标是培养出国人员或移民的跨文化交际能力。具体来说，是帮助人们在异国他乡和在陌生的环境中有效地工作，愉快地生活，与来自不同地方文化的人们友好相处。文化培训在很大程度上取决于对培训对象、文化调适过程、跨文化交际环境和培训方法等问题的理解和研究。

目前，文化培训以移民和旅居者为对象，这些群体参加跨文化培训的动机各不相同，因此培训的目标和方法也因人而异。总体说来，有两种动机：一是彻底抛弃本族文化，完全认同移入文化，这往往是移民进行文化调适，接受跨文化培训的动机；二是希望在保持自己本族文化身份的同时，了解本族文化与目的文化差异，获得跨文化交际能力，成为双重文化身份的人。

文化调适是一个漫长的过程，贯穿移民和旅居者的整个跨文化体验之中。一般说，"文化冲击"（culture shock）是文化调适的开始。跨文化培训在帮助学习者正确地认识文化冲击的必然性和积极意义，了解文化冲击产生的原因之后，就可以从文化冲击入手，利用文化冲击给学习者带来的情感和认知上的改变，来增强他们的跨文化意识，从而开始系统的培训。文化调适一般需要经历三个阶段：紧张痛苦阶段、逐渐适应阶段和稳步提高阶段。

由于对跨文化培训的需求日益增加，跨文化培训方法也越来越多。通过归纳，主要有六种培训方法：文化现实为主的培训、归因培训、文化意识培训、认知行为调整、体验式学习、互动式学习。这些跨文化培训方法对于我们在新的教学模式下进行文化教学具有参考价值，特别是"文化意识培训""体验式学习"和"互动式学习"值得我们效仿。

第四节　国内外跨文化教学模式

针对跨文化外语教学或跨文化培训，国内外学者设计出多种反映跨文化交际能力构成要素级关系的模式。国外关于跨文化交际能力的结构模式主要有两种：①动机（motivation）、知识（knowledge）和技能（skill）模式；②显示尊重（display of respect）、求知倾向（orientation to knowledge）、移情能力（empathy）、交际驾驭能力（interaction management）、事件行为能力（task role behavior）、关系行为能力（relational role behavior）、模糊性容忍（tolerance for ambiguity）、交际性态度（interaction posture）的评估等级模式。

国内关于跨文化大学英语教学模式非常多，其中具有代表性的当属孔德亮（2012）、任丽（2012）、张红玲（2012）、胡文仲（2013）、贾玉新（2004）、赵爱国（2003）、姜雅明（2003）、张换成（2014）、宋莉（2008）以及谢玲玲（2012）所构建的大学英语文化教学模式。下面我们将逐一进行介绍。

孔德亮（2012）在其文章《大学英语跨文化教学的模式构建》中先是对2001—2010年大学英语跨文化教学研究的主要文献进行了分析，结果发现学术界越来越重视大学英语跨文化教学的研究与实践，但是也存在着不少问题，例如，研究成果数量与教学规模不相称；共性研究较多和个性研究较少；研究层次不高，结构不平衡；研究的广度和力度增强，但缺少阶段性和实质性的突破；研究的跨学科趋势明显，但尚未形成合力和影响力；研究内容日益丰富，但结构性问题突出，缺乏研究成果转化机制。另外，文章指出因为研究对象缺乏阶段性和群体性界定，不同年级、类别的学生需要学习和实践不同的跨文化内容。孔德亮等在文章中分别给出了跨文化教学中的结构模式和实践模式。大学生跨文化交际能力的结构模式是意识、知识和实践能力构成的综合性结构框架。

实践模式则提出了大学英语跨文化教学的基本原则和策略，致力于如何提高大学生跨文化交际能力。比如：系统性和综合性原则、动态性和持续性原则以及生活化和现实化原则。

针对实现以上模式要求，也需要实施主要策略，比如：实施教师跨文化能力培训工程，提高教师的综合能力；平衡语言和文化，突出导向功能；比较中西文化，融会贯通以及教材结合英语新闻，与时俱进；引入文化测试，形成常规，完善跨文化评价体系。

任丽（2012）结合我国大学英语教学的现状，提出了构建"4+2+1"大学英语文化教学模式的探索。

"4"是指课内文化教学要分四个步骤和阶段建立有序的教学模式和方法；"2"是指对文化教学要课内外同步进行，双管齐下，创建良好的文化氛围；"1"是指要充分利用网络多媒体技术，赋予课内课外文化教学鲜活的生命力。这种大学英语文化教学的模式，有利于促进大学生文化意识和能力的发展，提高文化教学的效果。为验证"4+2+1"大学英语教学模式的效果，笔者在山东大学进行了教学实验。实验结果表明，在"4+2+1"的文化教学模式下，学生的文化能力得到了提高，并激发了学生学习英语的积极性，进而促进了学生英语整体水平的提高，是可行的文化教学模式。笔者指出，想要科学有效地进行文化教学，需要教学体系中各个环节的有机结合，需要学校相关部门的配合和支持，尤其是网络和多媒体设备等硬件设施一定要配套。在这个过程中，教师和学生都需要加强对大学生文化素养的学习。

张红玲（2012）对以跨文化教育为导向的外语教学从历史、现状与未来的角度进行了界定。认为跨文化教育教学活动的主要目标：增强学生的跨文化意识和敏感性，帮助他们用跨文化的视角去看待、分析和解决问题；培养学生对不同文化和个人尊重、包容、理解和欣赏的态度；丰富学生的文化知识，包括本族文化知识和外国文化知识，帮助他们培养全球视野；增强学生的跨文化交际能力，使他们能够根据不同语境调整自己的文化参考框架，以保证交际的有效性和恰当性；培养学生在多元文化环境中与人交流、合作的能力。最后指出，我国跨文化教育应在借鉴欧美相关研究成果的基础上，进行本土化研究，确定符合国情的跨文化教育目标，制定教育大纲，编写教学材料，研讨教学方法，开展教师培训，从而将跨文化教育理念落实到教学的各个环节。

跨文化外语教学研究专家胡文仲教授对如何在外语教学中定位跨文化交际能力给出了自己的见解。胡文仲认为，跨文化交际能力培养是一个复杂且长期的过程，并非只通过讲课就可以实现，还需要课外的配合，包括国外学习或工作。跨文化交际能力培养不仅需要社会和学校两大环境的支持，而且有待其他学科的密切配合（胡文仲，2013）。

赵爱国、姜雅明（2003）也为大学外语教学构建了跨文化交际能力模式，包括语言能力、语用能力和行为能力。其中语言能力包含语音、语法、词义和词汇四个方面；语用能力包含语境能力、语篇能力、社会语言学能力和社会文化的领悟力；行为能力则包括社交能力、非语言交际能力及文化适应能力。但是笔者并没有对上述能力进行详细的论述，所以该模式略显抽象。

贾玉新（2004）则认为，跨文化交际能力应该包括基本的交际能力系统、情感和关系能力系统、情节能力系统和交际方略系统，并对每个系统进行了进一步的细分，对当今国内的跨文化交际能力做出了详尽的解析。但是从跨文化交际能力培养的角度看，这种解释又太过复杂。

张换成（2014）在其文章中首先指出了大学英语教学中存在的问题，然后指出大学英语跨文化教学模式构建的原则，最后提出跨文化教学模式构建的策略，如语言和文化并重、教材和新闻结合互为补充、比较中西文化、开展跨文化活动以及引入文化测试等。从理论层面构建出大学英语跨文化教学模式。

宋莉（2008）从跨文化交际法的角度对中国英语教学模式进行了探析。认为英语教学应该放置在文化教育和人文教育的框架之后。英语教学的宗旨就是要培养学生的跨文化交际能力，培养学生的跨文化素质，使之能够通过英语学习学会跨越文化的界限。在理论方面，提出了实施跨文化交际法英语教学的根本原则，即跨文化原则、互动性原则、语言文化同一性原则、全球化和本土化相结合原则。在这四种原则的指导下，笔者还提出了与教学目标、教学内容、教学方法和教学评估等具体工作应该遵循的基本原则。

除此之外，谢玲玲（2012）研究了美国以文化为核心的汉语教学模式。该研究从不同的角度给我们提供了研究跨文化教学的新经验。文章采用文献研究法、对比研究法和个案分析法以美国堪萨斯州教育中心的教学作为典型案例进行分析。结果显示，以文化为核心的汉语教学模式可以深入地了解语言和学习语言。

综上所述，虽然我国跨文化外语教学研究和实践起步较晚，但近年来也进行了积极的探索。对比中外学者的研究，我们发现国内学者多着眼于语言交际，而国外研究者多注重沟通的需要。因此我们认为，跨文化交际能力应该成为外语教育的最终目的，提高外语的综合应用能力是外语教学的一个主要任务。跨文化交际能力的实现还是需要通过有效沟通和完成特定交际目的来体现。

第七章　全球化视域下大学英语教学的本土化

英语的本土化是英语与其他语言和文化长期接触的产物，是英语全球化的必然结果。英国英语和美国英语不再被看作仅有的两种标准英语，如今，出现了一批有着地域特征的英语，如澳大利亚英语、南非英语、新加坡英语、尼日利亚英语和印度英语等。

Kachru 指出，"英语一旦在某一地区被采用，不论其目的是科学、技术、文学还是获得名望、地位或是现代化，它就会经受一个再生过程，部分是语言上的再生，部分是文化上的再生"①，这种再生过程就是其本土化的过程。英语的迅速国际化，必然会引起英语广泛的本土化，各种带有地域特征的"英语"不断地产生和发展，在本国本地的对内对外交流中发挥着越来越重要的作用。

第一节　英语本土化概述

一、英语本土化的定义

英语的全球化是不可否认的现实，然而另一个现实同样不可否认，那就是英语的本土化。英语的本土化就是英语的再生，是英语与其他语言和文化长期接触而发生变异的产物。英语在世界上的传播已经表明，它每到一处，必然经历某些语言上的变化，从而以一种新的变体扎根在这个地方。著名语言学家 Peter Trudgill 和 Jean

---

① Kachru, B.B, "Standards, Codification and Sociolinguistic Realism: the English Language in the Outer Circle", in Qirk &Widdowson （eds） English inthe World Teaching and Learn-ing the Language and Literature, Cambridge University Press, 1985.

Hannah（2000）在他们所著的《英语：国际通用语》①一书中仅分析对比了内圈（the inner circle）国家和部分外圈（the outer circle）国家所使用的英语，就发现了十几种英语变体在语音、词汇、语法等几个方面的不同。如果考虑到数量众多的扩展圈（the expanding circle）国家所使用的英语，其形态恐怕更多。英语的本土化有其深刻的文化渊源。首先，语言与政治有着千丝万缕的关系，它历来被政治家和语言学家看作一个国家主权和尊严的象征。美国语言学家 Webstei 早在 1789 年就鲜明地亮出了自己的立场：拥有我们自己的语言系统就如同拥有我们自己的政府体系一样，在一定程度上是一个独立民族的荣誉问题。20 世纪 50 年代和 60 年代，许多英国在非洲和亚洲的殖民地为了防止英语对本土文化的"入侵"和"西化"，在取得主权的同时，还宣布自己英语的"独立"，并推动其本土化。Robert Phillipson 用一个术语来描述这种情况，那就是"语言领域的人权（linguistic human rights）"，因此越来越多的非英语国家，特别是原英语殖民地国家，开始宣布自己的"英语"独立，如印度、新加坡、尼日利亚等国家；还有些把英语作为外语学习和使用的国家如日本等也加入了这个行列。日本的 Takao Suzuki 主张将"日语内容和其他非英语文化现象"置于英语的"形式"之中。至此，在 Kachru（1997）划分的英语使用的三类国家中，所有的内圈（the inner circle）、外圈（the outer circle）、扩展圈（the expanding circle）中都有国家"揭竿而起"，强调自己国家英语的本土化。其次，语言还体现着一个人的认同感。如果你想告诉别人自己来自哪一个国家、民族或社会阶层，你可以挥舞自己的国旗、佩戴自己的标志，但最简便的做法是操一口具有鲜明特征的语言。你就是你说的话（You are what you speak）。在国际交往中，人们以不同的方式使用英语，这些英语的国别变体在 Crystal（2000）看来是有利于交际的，它们一方面可以标明会话者的国籍和身份，另一方面又可以保证相互间的可理解性。最后，从语言自身发展规律来看，每个国家和地区都有其独特的本土文化、语言习惯和思维模式，作为反映现实生活的语言，英语在表述本土文化时，就会显得力不从心，因而借用了当地语言的一些现象，因此，

---

① PeterTrudgill，JeanHannah. 英语：国际通用语 [M]. 北京：外语教学与研究出版社，2000.

在语音、词汇、语法和语用习惯诸方面都表现出独特的一面。

二、英语本土化的成因

（一）语言接触

英语跨越国界，传播到各个国家时，必然会与当地的语言接触，继而衍生出"本土化英语"。语言接触理论就是研究英语与其他语言的"碰撞"对英语发展的影响的。克里奥尔语与皮钦语的出现就是语言接触理论的实际应用。任何语言接触局面的出现都需要把握分析以下几个因素：语言交际各方、人口学、社会关系、各方的态度、交际事件的类型、语言输入的特征（交际各方使用的语言的相似性与类别）。在任何一次语言接触的过程中，最终语言如何变化，取决于交际各方的语言输入，即相关各方的母语的语言结构和形式，这是语言发展的基础。通过语言接触成长起来的一种语言所具有的特点是交际各方的母语相互竞争的结果。当英语与其全球化进程中发生碰撞的语言相互竞争而后又繁育出一种新英语时，这种新英语必定既有内圈英语的特点，又有与英语接触的某一国语言的特点。新英语是两种语言接触的"混血儿"。内圈英语是新英语的规范部分，那些新英语里的不规范或非标准语言形成则可归因于某一非英语国家（如中国）母语影响范围的扩大。在语言接触初期，它的各个"生态系统"都在不断地变化，更促进新英语混杂性的形成。当然，除语言输入这个"生态系统"、接触语言的类型、语言使用者的个人因素等，其他"生态系统"也对语言接触的整个发展过程有着重要的影响。

（二）语言调和

交际各方为表示合作诚意，竭力使彼此的语言形式相互接近，以便尽可能地成功沟通和获得对方的赞同。这样，就有一个语言趋同的过程。英语与其到达国的语言发生碰撞时，操内圈英语即所谓"标准英语"的交际方将会有意降低语言表达的标准，改变原先的语言习惯，去适应当地人；同时，当地人与说标准英语的外来者选择用英语沟通时，也会主动提升他的英语表达，尽量使自己的"英语"接近标准英语，没有本族语的痕迹。这个双方相互调和以期适应对方达到各自交际目的的过程不可避免地会改变标准英语的原貌，吸纳受当地母语影响的一些非标准的但又接近英语的语言内容，从而诞生一种新英语。与标准英语接触的当地语越类似英语，这种调和越少，新英语与标准英语的差别也就越小；相反，当地语若与标准英语差异较大，如英语、汉语（一个西方语言，一个东方语言），这种调和就要多些，由调和造就的新英语也更显其特异性。

（三）语言的使用

和内圈国家相似的是，英语在外圈国家也曾经是殖民统治的工具。英语殖民者通过培养当地的英语人才巩固他们的统治。和内圈国家不同的是，英语在外圈国家的本土化靠的不是母语人口的壮大，而是不断壮大的以英语为第二语言的使用者。在这里，英语成为官方语言或第二语言。其中，印度英语就是典型代表。早在 15 世纪，英语就随着英国商人进入了印度。17 世纪，英国的东印度公司在印度立足，并逐步开始殖民统治。1835 年，英国驻印度总督宣布在印度推广英语，以培养一部分精通英语的印度精英协助英国殖民统治者的管理。其间，英语在印度的普及和运用有了突破性发展，精通英语的印度人比不懂英语的印度人更容易得到在英国人领导的政府部门工作的机会。英语经过印度人的改造，最终成为具有明显地方特色的英语变体——印度英语（Hinglish）。到 20 世纪初，英语在印度获得了官方语言和学术语言的地位。而据 Crystal 估计，现在说印度英语的人大约有 3.5 亿之众。据统计，在印度中央政府机构中，英语的使用率为 70%，印度语仅为 7%。因此，在不久的将来，说印度英语的人数很可能会超过说正宗英语的人数。实际上，印度英语是英语大家族中最重要的成员之一。

（四）经济全球化的发展，国际贸易和教育交流的提升

尽管在英语扩展圈国家也可能有过英殖民的历史，但它们有着和外圈国家不同的英语本土化原因。经济全球化的发展，国际贸易和教育交流等不断提升的要求才是主要原因。通过教育手段，以英语为外语的学习是促成英语本土化发展的重要力量。这些以英语为外语的使用者不断壮大，促使英语在联系当地文化的同时，形成相对稳定的地方变体。在扩展圈国家中，中国英语正在不断成熟。英语在中国的不断普及和日显重要，已经使中国英语成为"客观存在"（汪榕培，1991）。英语最初是由 Captain John Weddell 带入中国的，在鸦片战争后，英语和汉语的接触也变得更加广泛，Pidgin English 随即出现。教会学校的出现有效地遏制了这种英语的过度泛滥，并对英语的正统传授做出了一定的贡献。中国的英语教学最早开始于 1861 年京师同文馆的成立，但影响最大的还是当代英语教学。1978 年以后，英语被认为是现代化建设和国际交往的重要工具而被纳入国民教育的范畴。中国进入市场经济时代以后，英语更加成为在社会诸多领域中寻求有利地位的重要手段。在英语人才需求的刺激下，学习英语的热潮此起彼伏，说英语的人口迅速壮大。当前约有 2 亿中国人能说英语，5 000 万中学生在学习英语。根据英国文化协会的统计，中国有近 1 亿的儿童在学习英语，在未来 20 年里，中国说英语的人数将是全世界母语为英语的人数的总和。如果说殖民统治曾经影响过中国英语的形成，那么影响中国英语形成和发展的最主要因素还是社会经济文化发展的需要和外语教育的推波助澜。

三、英语本土化的表现形式

英语在世界各地的传播必然会使英语同当地的语言、文化、习俗等相结合从而导致它的变异，形成带有本地特征，并在各个层面（语音、词汇、语法、话语、语域、风格、文学流派）与母语英语有不同程度差异的英语变体。这些变体很早就引起了语言学家们的注意，对其在各个层面的调查和研究已全面展开并取得了相当大的成就。

如Kachrn（1993：3）以"历史、社会语言和文化特征"为核心提出了一个"三大同心圈"（the three concentric circles）理论，即把全世界的英语变体以同心圈的方式分为三大类：内圈（the inner circle）包括英国英语、美国英语、加拿大英语、澳大利亚英语和新西兰英语。这些英语是其他英语变体的规范提供者（norm-provider），其中英国英语和美国英语在英语学习者和使用者眼中比其他三个更为规范和标准。但是，尽管英国的标准发音（RP）在传统上有优势，美国英语现在却更受其他国家学习者的欢迎。外圈（the outer circle）包括新加坡英语、印度英语、菲律宾英语、南非英语和其他30多个国家的英语变体。这些英语被认为是规范发展型（norm-developing），其变体已带有较强的本地语言和文化的特征。这些国家把英语作为辅助语言使用。扩展圈（the expanding circle）包括德国英语、中国英语、日本英语、韩国英语等。这些变体大多数分布在亚洲和欧洲，被看作规范依附型（norm-dependant），其英语的标准主要来源英国英语和美国英语。

PhillipsOn（1992）把以英语为母语的国家归类于核心英语国家（core English-speaking countries），把以英语为第二语言或外语的国家归类于周边英语国家（periphery English-speaking countries），并分析了英语语言帝国主义的形成，指出其对非核心英语国家的支配意图和对其他语言的歧视以及对英语教学的影响。而 Trudgill 和 Hannah（2000）则进一步从语音、语法、拼写、词汇等方面详细分析了包括内圈英语和外圈英语在内的多个英语变体的特征。Jeiikins（2000）也提出，随着英语的不断国际化，在语音方面有必要提供一种独立于英国英语和美国英语的语音系统。他使用"国际英语"（international English）这个术语寻求一个所有英语变体的"共核"（common core），以确保不仅在内圈，而且在外圈和扩展圈内所有的变体在可学性（learn-ability）原则下的共通性（intelligibility）。中国学者文秋芳和俞希（2003）也认为，完全否定英语本土化必然会严重限制其作为国际通用语的功能，并提出了一个"双层英语"的假设，即英语共核与本土化英语的有机结合，这一点和 Crystal（1999）的观点相同，"在一个和谐的语言世界里，语言的通用功能与体现地方特色的本土功能两者都需要。

我们的理论模式和教育模式应该允许这两种功能的相互补充"。

对变体的各个层面来说，在语言学方面，对语音、词汇的研究较多，各种变体在这些方面的差别很明显、很活跃，在拼法上也可能不同于母语英语；对语法有一定的系统研究，各种变体在语法上的变化相对稳定，但也有规律性的变异。但对语篇这个重要的层面只是提出了问题而没有展开研究。

（一）英语词汇的本土化表现

在不列颠之外，英语在说英语的移民和非英语人口中传承的时候，不断受到本土文化的影响，吸收了不少当地的民族语言中的词汇。这种本土文化的气息在内圈、外圈和扩展圈国家的英语中都十分普遍。20世纪，地方英语词典的诞生就是对这些英语的本土化进行研究的结果。20世纪三四十年代，A Dictionary of American English on Historical Principles（1938—1942）出版。该词典突出反映了美国英语词汇不同于其他英语地方变体的特定用法，揭示了美国英语词汇和美国历史与文化的紧密联系。20世纪八九十年代，反映其他英语地方变体的词典应运而生，成为各地方英语变体的代表，如The Australian National Dictionary（1988），The Canadian Oxford Dictionary（1997），The Dictionary New Zealand English（1998）。此外，还有反映本土英语的网络词典，如Dictionary of Indian English，A Dictionary of Singlishand Singapore English。

尽管中国英语还没有自己的词典，但表现中国特色的词库早已由《中国日报》的网站所建。所有这些词典或词库从词汇层面上揭示了英语本土化的现象。以下仅以美国英语、印度英语和中国英语的词汇为例进行说明。

1.美国英语词汇的特征

语言学家把美国英语的词汇分为美国人创造的新词，如 cafeteria（自助餐馆）、caribou（北美的驯鹿）等；被美国人赋予了新的含义的英国旧词，如 corn（玉蜀黍）、tube（电视）；已被英国人淘汰的美国常用词，如 offal（垃圾）、adze（手斧）等；

以及大量的外来词，如来自印第安语的 hooch（一种烈酒）、squaw（印第安女人）、totem（图腾），来自西班牙语的 adobe（土砖）、buckaroo（牛仔）、mesa（高原），来自非洲语言中的 goober（花生）、banjo（班卓琴）、gumbo（秋葵汤），来自犹太人意第绪语（Yiddish）的 schlep（搬运）、schmutz（污物）、goy（非犹太人），来自法语的 banquette（人行道）、boudin（血肠）、cafeaulait（牛奶咖啡），来自荷兰语的 cookie（小甜饼）、caboose（守车）、scow（敞舱驳船），来自德语的 Poker（拨火棍）、seminal（讲习班）、Semester（学期），来自日语的 skosh（少量）、sushi（寿司）、karaoke（卡拉 OK），甚至来自菲律宾的他加禄语（Tagalog）中的 Barangay（小型政治组织，小区）、boondocks（穷乡僻壤）、Cogon（白茅草）。他们使美国英语的词汇变得丰富多彩，且独具特色。

2. 印度英语词汇的特征

总体来说，印度英语接近于英国英语，但美国英语的影响也越来越明显，尤其在印度年轻人中间。现在的印度英语受到印度乡土音、印地语与正宗伦敦音或美式英语的共同影响，到处反映出受印度文化改造的痕迹。印度英语的词汇有很多独特的来源，其中不少已经为世界英语国家所通用。比如：来自北印度语的 bangle（手镯）、cheetah（印度豹）、guru（宗教老师），来自印度泰米尔语的 catamaran（双体船）、mango（芒果）、teak（柚木），其他还有 babu（政府官员）、chota（小的）、dahi（酸奶）、mufti（便衣）、ryots（印度农夫）、casteism（种性制度）、ulta（颠倒，相反）、utsav（节日）、yatra（旅行）、pooja（礼拜）、pati（丈夫，业主）、zamindar（印度地主）。印度英语也有很多创新的词汇或新的用法，如 mixi（食物研磨机）、fast（现代又新潮）、jangos（现代而时尚的人）。有些词保留了现代英语中已经消失的用法，如用 intimate 表示"告知"，比如，"You will be intimated shortly"（不久你们就会被告知）。印度英语还有很多独特的英语首字母缩拼词，比如，ABCD（American Bom Confused Deshi，在美国出生的迷茫的印度人），FOB（Fresh Off the Boat，在美国出生的印度人对来美的印度人的嘲笑）。英语本土化使得印度媒体上的英语体现出讨好印度本土文化的态势。印度的百事可乐公司将自己"Askformore"的广告词改成了印度英语味道浓厚的"Yehdilmaangemore"，而其竞争对手可口可乐也把自己的"生活理应如此"改成了"Lifehotoaisi"。这种半印半英的语言恰恰反映了英语在印度本土化的趋势。

3. 中国英语词汇的特征

中国英语是以规范英语为核心，用来表达中国特有的事物与现象的一种英语变体。它是英语国家使用的英语跟中国特有的社会文化相结合的产物，是国际实用型的英语变体。尽管"中国英语"的说法尚有争议，但中文对英语在中国的运用产生的影响却是明显的。一些反映中国文化和国情的词汇比比皆是，除了早已引入英语的词汇，如chopstick（筷子）、chow mein（炒面）、coolie（苦力）、feng shui（风水）、ginkgo（银杏）、ginseng（人参）、kanji（汉字）、kowtow（叩头）、longan（龙眼）、lychee（荔枝）、mahjong（麻将）、silk（丝绸）、TaiChi（太极）、tea（茶）、tofti（豆腐）、typhoon（台风）、wushu（武术）、YinYang（阴阳）；还有很多反映当前中国特色的词汇，如loving care project（爱心工程）、comfortable housing project（安居工程）、eight-treasure rice pudding（八宝饭）、vegetable basket project（菜篮子工程）、return students（复读生）、kungfu film（功夫片）、new year's film（贺岁片）、Golden Rooster Awards（金鸡奖）、National People's Congress（NPC，全国人民代表大会）、"Three Represents"（"三个代表"）、Three Gorges Project（三峡工程）、Shanghai Cooperation Organization（SCO，上海合作组织）、tube-shaped apartment（筒子楼）、Western Development（西部大开发）、Hope Project（希望工程）、Hong Kong Special Administrative Region（HKSAR，香港特别行政区）、Crosstalk（相声）、Little Smart（小灵通）、Spark Program（星火计划）、vanity project（形象工程）、Chinese knot（中国结）、China Compulsory Certification（中国强制认证）。这种中国特色的词汇的数量正在逐渐增长。

（二）英语使用功能上的本土化表现

从使用功能来说，变体可分为两大类：一是制度化变体（institutionalized

variety），也叫国内使用类（intranational），是指作为母语和作为第二语言，即前面所指的外圈英语的英语变体，它们在一些国家已经具有法定地位，成为国家内部的一种通用语言，如印度英语、新加坡英语、尼日利亚英语等；二是使用型变体（performance variety），也叫国际使用类（international），相当于外语，即前面所指的扩展圈英语，是一个国家仅在国际交流时作为外语使用的语言（Kachru，1982）。Kachru 同时指出，只有前者才具有本体论意义，因为它们已经制度化了。所谓制度化，是指作为国内使用类的变体中的变异现象已相对固定，有一定的生成和发展规律可循。而使用型变体则由于受到交际目的的限制，其变异的不定性较大，常随说话人的不同处境、语言水平以及受话人的不同态度和具体反应而变化，其变异现象尚未固定，无一定规律可循，不可能具有本体论意义。因此，英语的国别变体是指从国家这个地理区域着眼的制度化变体和母语英语。而作为外语在国际交流的英语变体还不能看作国别变体（张培成，1995）。

第二节　英语本土化的发展趋势

一、本土化是英语发展的必然结果

英语本土化有着不短的历史，而且趋势依然。《牛津英语大辞典补编》的主编 Robert Burchfield 说过，当在 8 世纪人们首次记录英语时，它已经有分裂的倾向。在未来的世纪里，它将继续分裂和再分裂，直至具有百面千相。英伦三岛和其他母语国家的英语口语已经够五花八门了，将来仍免不了进一步改变形态和风格。任何语言工程和语言立法都不能阻止将来的变化。正如 Crystal 所说："为了实现国际的理解就需要确定一种标准英语，同时为了维持地方上的特色就需要认定英语的地方变体。我们可能遭遇两种复杂因素。第一，英语新变体的出现可能加速所谓的标准用法的改变。第二，我们似乎正朝着一个要求我们同时使用两种口语标准的英语全球化时代发展。"CryStal 所说的两种口语标准指的是世界标准口语和地方口语，因为书面英语通常较为稳定和统一。

二、外圈和扩展圈国家英语本土化加剧

从 20 世纪初期的英国英语和美国英语两种变体，发展到现在这样一个庞杂的语族，英语已经让曾经独占鳌头的美式流行文化失去垄断地位，也使得美式英语丧失了它本身的创造灵感，非洲英语、印度英语甚至中国英语却成为重塑全球流行文化的新生力量。当前，英语本土化突出的特点是，在全球化过程中，它总是与非母语国家的本土文化结合，并受当地语言的影响，容易形成相对稳定的地方变体。Crystal 认为："英语前所未有的广泛运用（为全球近四分之一的人口所用），已经促成了地方变体前所未有的发展。"（Burnsand Coffin，2001：55）以英语为第二语言的国家发展体现本土文化的本土英语的趋势尤为突出。因此，"英国的出版社也不得不承认非母语国家的英语正在得到认可，对于它们与作为本族语的英语的语言差异不可盲目认定为错误"。

有代表性的印度英语和中国英语充分说明了非英语国家英语本土化的趋势和意义。由于其在全球的影响正在上升，而且拥有全世界超过 1/4 的人口，其本土英语的发展对未来世界英语的发展将起到决定性的作用。

三、英语全球化促进英语本土化的发展

尽管英语常常被称为国际通用语，但这并不是说它已经完全实现了全球的同化。事实上，我们能讲的只是全球通用英语背后的统一与合并的趋势是确实存在的，但日益同一化的世界通用英语只是英语发展过程中的一个方面。英语一方面在世界上求得同化，形成标准；另一方面又在世界各地不断妥协，在当地形成具有地方特色的英

语，构成英语的本土化。随着越来越多的人把英语从外语转为第二语言，英语可能更容易在地方上形成更多的变体。如果英语全球化是为国际交际提供工具语言，那么英语本土化是为本土文化创造发展条件，鼓励本土形式和区域混合体。在本土化与全球化相辅相成的关系中，本土英语述说着本土文化人群对发展自身经济文化提出的要求，是作为通用语的英语在本土运用的必然结果。美国高级编辑 Barbara Wallraff 在《英语能征服世界吗》里指出："英语的全球化将导致一个我们也许根本没有预料到的后果，就是我们这些只会说英语的人，并不能流利地在任何地方同也说英语的任何人交谈。"可见，全球化发展带来的一个结果恰恰就是英语的本土化。

尽管当前对是否需要建立英语的中心标准和是否应该承认不同的英语地方变体尚存有争议，但学术界已经有人（以 Kachru 为代表）认为，以英语为母语者似乎已经丧失了掌握英语标准化的特权。Crystal（2003）认为，语言的变化预示着标准的退化，尽管所有的英语母语使用者都不可避免地以他们的语言取得的成功感受到一丝骄傲，也因为看到他们的语言在全球传播中遭受的变化而感到了些许担忧。英语的本土化已是不可回避的事实。

第三节　英语全球化和英语本土化的关系

一、英语全球化和英语本土化的争论焦点

（一）社会语言方面

英语的广泛传播在社会语言方面所引起的各种问题归根结底都是文化方面的，因为语言和文化密不可分。正如语言学家 R.Lado（1975：324）所说："一种语言既是一种文化的一部分，又是该文化其他组成部分的主要表现手段。"既然如此，英语的广泛使用就不可避免地影响到英语的"出口国"和"进口国"双方的文化传统。对

英语的"进口国"来说，英语教育无疑是打开西方世界（特别是英美）现代科技和工业技术的一把钥匙，但他们同时又不得不面对"英语确实是一种很重要的西化工具"（Kachru，1988：4-5）这一事实，并采取有力措施，抵抗"文化侵略"。

菲律宾没有共同语，全国共有一百多种不同的语言。由于历史的原因，从1901年开始，英语便成了菲律宾学校教育（从小学到大学）的主要教学语言。但后来这一做法受到了国人的强烈反对。持反对意见的人认为：实践证明，几十年来以牺牲本国文化为代价而推行英语的努力是失败的，它并没有使英语成为真正意义上表达具有菲律宾人自己特色的对生活体验的工具。绝大多数菲律宾人认为，菲律宾应该创造出自己的"国语"。于是，菲律宾国家教育委员会于1973年7月8日推出了一个双语教育政策。该政策规定菲律宾学校使用两种教育语言，品质教育、生理卫生教育、社会学教育、音乐教育和艺术教育使用他加禄语（Tagalog），以发扬菲律宾本国文化和表现菲律宾社会生活方式，而英语用于自然科学教育和国际交流（Kapili，1955）。马来西亚有自己的国语，但也十分重视"语言入侵"问题。1994年，马来西亚对是否在高等院校中使用英语教学的问题在全国展开了热烈讨论。新加坡常常被列入"讲英语国家"之列，但汉语和英语的争论也很激烈。新加坡的TeoKar Seng教授认为，"在某种程度上说，英语的广泛使用是以牺牲母语为代价的"，并说他自己同新加坡华人官员讲话只用汉语，若对方"听不懂，那就去请翻译"。法国早在蓬皮杜总统时期就曾为抵抗"语言入侵"做过很大努力。1985年，法国前文化部部长雅克·洛朗要求"保卫"法语，并要求教育部下达命令：指令在校学生应自由选修除英语外的任何一门欧洲语言，到中学阶段必修两门外语，以打破英语在教育领域中的特殊地位。亚洲其他国家和拉美不少国家也在教材编写等方面采取措施以防止"西化"。

与此同时，英语的"出口国"也同样感到不安。随着英语在世界各地的不断本土化，英语"这件语言武器最终会掉转方向"。在亚洲和非洲，接受过西方教育的本地领导人已把英语变为反殖民的有力武器。在多民族多语言的社会，英语已成为本地政治领袖相互沟通交流的重要手段。在"扩展圈国家"，英语已成为本地文化的重要组成部分。那么，英语作为一种语言，会不会失去它所代表的原有"基地"国家的文化呢？这正是英美不少国家的人士所担心的问题。英国著名语言学家 Randolph Quirk 于1985 年曾说，英语是依旧不落的语言，其使用者永远清醒。Prayag Tripathi 在评论这句话时说："……这不是指思想领域是什么？"（1992：5）在 1985 年英国文化委员会召开的一次会议上，英国语言学家 David Crystal 也说："问题不在于人们跨国籍跨文化地使用英语，关键在于他们是以一种什么心态和态度在使用它……他们是以使用英语为荣呢，还是为耻？他们将它看成一种力量还是一种弊端？他们在使用英语时把自己归于哪一类？他们喜欢那些归类吗？"看来，英语"出口国"不愿失去的，英语"进口国"也不愿得到。英语的国际化和本土化所引起的这对矛盾会不会通过坚持英语"唯一标准"而解决呢？答案无疑是否定的。但有一点可以肯定，那就是英语的多标准化和本地化决不会导致这一国际性交流手段的彻底分裂。

（二）语言理论方面

英语的国际化和本土化在语言理论方面所引起的问题首先是方法论上的，既是规定也是描写？"规定"（prescriptive）和"描写"（descriptive）的争论有着深远的历史渊源。但这一争论在现代语言学中似乎已有定论：在任何一本语言学教科书中都会发现"语言学是描写的而不是规定的"这一论断。而且这一结论往往被看成现代语言学与传统语文学相区别的重要标志之一。1989 年，英语的国际化和本土化的矛盾重新将这一争论挑起。这就是近年来波及整个英语研究界的"Fairman 争议"。

争论是由 Tony Fairman 发表于《今日英语》1989 年第 1 期上的《让语法学家重新去描写英语吧！》一文引起的。在那篇仅有两页的短文中，Fairman 对当代英国英语界的几位著名语法学家，如伯明翰大学的 John Sinclair 教授以及当代权威语法著作《英语语法大全》的四位编者 Randolph Quirk、Sidney Greenbaum、Geoffrey Leeeh 和 J.Svartvik 做了点名批评，说这些语法学家只是在"描写一种具体的英语（现在被称为'标准'）"，却以点代面。Fairman 认为，这完全违背了英格兰和威尔士科教部分别于 1975 年和

1988 年颁布的《Bulloek 报告》和《Kingman 报告》中要求教师尽可能让学生学习各种英语用法，以适应不同环境需要的精神。针对 Fairman 所提出的问题，《今日英语》对 Greenbaum、Sinclair，以及美国伊利诺伊大学的 Dennis Baron 教授和英国语言学家 David Crystal 等人进行了专访。Greenbaiun 说，他自己并不否认研究各种非标准英语的价值，但"标准英语"是公众公认的各种变体中最有"声望"的一种，《Kingman 报告》中所规定的教学任务之一便是让学生学会标准英语，这与尊重学生们说自己的非标准方言并不矛盾。Sinclair 则认为 Fairman 的指责是"莫须有的"，并拒绝对之做出答复。Baron 的回答对 Fairman 的立场做了充分肯定，但他认为，语言研究并不是一个简单的"规定"与"描写"的矛盾所能说明的，因为"至少就英语而言，描写规则对英语使用者来说便成了规定"（1989：11）。看了几位语法学家的回答以后，Fairman 接着又以《镜子中的英语》为题从"标准"的含义和 Dell Hyme 的"交际能力理论"等方面，重申了自己关于任何语言或方言都平等的观点，以及他对语言规范化的看法等问题。英语国际化和本土化在语言理论方面引起的第二个争论是"唯一标准"和"多标准"之争。前者的代表人物是英国语言学家 Quirk，后者的代表人物是前文曾多次提到的 Kachru，所以，这场争论又叫"Quirk-Kachru 之争"。

"英语危机"的呼声在"讲英语的国家"（特别是英国和美国）已不是新鲜事。自 20 世纪 80 年代以来，一直为世界英语标准"恶化"而忧虑并希望以"增援"合格的英语教师来解决这一问题的 Quirk 却不断遭到来自各方面的批评。越来越多的非英语国家，特别是原英国的殖民国家，宣布自己的"英语""独立"。在 1979 年尼日利亚英语研究协会年会出版的论文集的"前言"中，该论文集主编 Ebo Ubahakwe 说："尼日利亚英语作为一种英语变体，应该同美国英语、澳大利亚英语、英国英语、加拿大英语和罗德西亚英语等变体相提并论。"（Tripathi，1992：4）日本 Takao Suzuki 教授也反对将英语视为讲英语国家人民的"独有财产"的观点，主张将"日本内容和其他非英语文化现象"置于英语的"形式"之中（Tripathi，1992：4）。M.Ridjanovic 也在论文中提道："如果有巴基斯坦英语，那么为什么不能有南斯拉夫英语?"（Medgyes，1992：340）对这些要求英语"多标准"的呼声，Quirk 表示"忧虑"，并主张维护英语的母语标准，而 Kachru 则主张承认并接受这些国家和地区的不同标准。在他们两人共同参加的 1985 年英国文化委员会会议上，Quirk 更为鲜明地阐述了自己的观点。他说："对标准的蔑视是得不到任何减缓性补偿的。"（Tripathi，1992：5）1992 年，Kachru 又发表文章，对 Quirk 的"保守主义思想"做了批判。"规定"与"描写"之争和"唯一标准"与"多标准"之争是紧密相关的。虽然争论还在进行，但"多标准"的事实已是有目共睹（特别是在"外圈国家"）。英语的传播在语言理论方面引起的第三个问题是，语言学家近年来对"母语"（mother tongue）、"第一语言"（first language）、"第二语言"（second language）、"本族谱"（native language）、"本族人"（native speaker）等类似语言学术语在语义上的不明晰性越来越不满意。C.A.Ferguson（1982）认为："本族人和母语的神秘性可能应当从语言学家的专业语言中完全剔除。"（Gyes, 1992: 341）M.B.H.Rampton 1990 年也曾在《ELT 杂志》发表题为《取代"本族人"》的论文。更为激进的，恐怕要算 M.Paikeday，他于 1985 年曾出版了一本名为《本族人已寿终正寝》的书籍。

（三）认知和教育方面

英语的国际化和本土化在认知和教育方面造成的问题主要也是标准上的。在外圈国家和其他双语制国家，其国内所通用的"英语"在文化和社会方面很大程度上具有"本国化"，在语言方面（如语音、语法、词汇等）也深具自己的特征和风格，但其语言标准却尚未形成或不明确。那么，儿童语言认知和学校教育应该采取何种标准呢？

在认知和教育过程中发展中国家存在的问题主要如下：

①标准问题。应该以英国英语为标准还是以美国英语为标准呢？

②大纲设计。应该采用交际教学法，还是采用其他教学法？如何选择教学材料的来源（特别是对中小学和大学低年级学生）？

③教学法。如何正确处理国际流行教学方法和教材与本国具体特点的矛盾？

下面以我国为例来说明。由于历史原因，我国原则上采用英国标准。但目前的现实是，这一标准已很难坚持，因为我国绝大部分院校的外籍教师多为美国人，而各种来自美国的教材、录像带、录音带等也大受欢迎。我国学者们告诫学习者选择其一，以免学成"四不像"。但事实上，英语学习者实难自已，最后多以"四不像"而终，其中，最为明显的特点便是所讲英语中英美词语混用，英美发音、重音和语调等不分，所写英语英美拼写法混用。另一个值得中国学者探讨的问题是，目前我国有不少人在大力提倡以"要学会游泳就得下水"为基本出发点的"交际"大纲设计法和教学法，而不少外国学者却把目光投向中国传统的教学法，提出"向中国学习"（Harvey，1985）。

（四）英语所有权及文化属性

根据波顿的研究，中国英语的历史可以追溯到 17 世纪英国商船到达澳门和香港，后人把当时中国本地人使用的英语称为"中国洋泾浜英语"（Chinese Pidgin English，CPE）、"破裂的英语"（Broken English）、"行话"（Jargon）、"漫画英语"（Carton English）、"中国海岸英语"（China Coast English）及"香港英语"（HongKong English）。英语在中国本土化存在于三个层面：首先，语言层面。从社会语言学理论上讲，当一种语言在另外一种语言环境中运用时，两种语言必然产生交互影响。而后者对前者的影响就是该语言的本土化。英语在中国的本土化即指其语音、词语、句法、语用及篇章等各个层面都获得中国本土特征，其结果是催生了中国英语。广义地讲，在中国的英语使用者获得该语言的所有权这一前提下，中国英语作为一个整体概念，既包括中国人与其他国际英语使用者共享的一般规范和可交际性标准，也包括中国本土化特征，二者共处在一个连续体上，具有渐进性和过渡性，没有绝对的分界。狭义地讲，中国英语也被用来描述已本土化的部分特征。其次，文化层面。英语在中国的运用意味着其文化表述角色的转换，即英语被用来表述中国文化。中国人在国际交流中使用英语表述自己的历史传承、社会文化价值观念、经济生活、文化教育、文学，以及自己的观点和期望。而这也是中国人学习和运用外语的深层动机与目标。五四时期，西风东渐，中国对西方主要是引进和学习。改革开放以来，尤其是近十几年来，中国对国际文化的贡献主要是向外展示和介绍自己的文化，并融入世界主流文化，这使得英语的学习和运用在中国变得越来越重要。与语言层面的本土化相比，英语在中国文化中的本土化可能来得更彻底，也更鲜明。最后，英语教学与学习及研究层面。中国的英语教学与学习包括大纲设计、教材开发、教学活动、学习评估及相关英语教育研究，无不与中国本地环境紧密结合，旨在充分满足各种英语学习者的基本需求。中国的英语研究者、教师以及相关专业的硕士研究生、博士研究生无不把自己的研究深植于中国的本土现实，这既是研究者们学术取向的自觉选择，也是汉英两种语言和文化互动的必然。

对中国英语的研究从 20 世纪 80 年代至今，可分为三个主要阶段：首先，排斥和全盘否定阶段。英语在中国的运用实际开始引起国内外学界的关注，但主要观点是把中国英语与中国式英语或中国洋泾浜英语混为一谈，认为其不符合英语规范，在教学和学习中应作为错误尽量避免，基本上采取排斥和否定态度，但缺乏严肃系统的理论研究。这种观念和态度甚至一直影响至今。其次，概念确立和划分阶段。20 世纪 90 年代初期，由于英语在中国本土的运用越来越普遍，学界开始认真对待中国英语问题。这个阶段的研究主要理论：承认中国英语是一种客观存在；认为中国英语是一种国别变体，是两种语言和文化交汇的必然产物，中国英语在英语中具有独特的不可替代的地位，应把规范的中国英语与英语学习过程中的错误的中国式英语区别开来；认为中国英语研究对中国的外语学习和教学具有理论意义和实用价值。其研究成果确定了中国英语的基本概念，在理论上给予界定，确立了中国英语研究的地位和意义，引起了外语界对中国英语的兴趣和关注。综述这一阶段的中国英语研究，其特点是对中国英语进行了理论上的严肃探讨，确立了中国英语这一概念。但由于缺乏坚实可靠的量化研究，研究只能停留在概念和态度的讨论层面，难以进行深入系统的研究。最后，量化研究和个案研究阶段。中国香港学者波顿采用世界英语变体研究中的历时方法，考证了英语在中国南部使用的历史渊源和发展脉络。其主要研究依据：一是史实的追踪；

二是各种原始文本资料的考证。他在书中使用了大量的早期航海日志、贸易记录、日记、在中国的传教士及官员的各种文本资料，以及同时代中国人编写的各种英语词表和词典，揭示了中国英语从 17 世纪早期的语言接触，到 18 世纪末 19 世纪初的广东行话、19 世纪至 20 世纪初的洋泾浜英语及中国海岸英语，直至当今的中国香港地区英语和中国大陆地区各体英语的历史传承和发展轨迹。波顿令人信服地表明，中国英语从早期的非标准形式发展到当今的自主变体，经历了漫长的渐进式发展过程。尤其是自 19 世纪末开始，中国英语由于学校英语教学的开展及英语在中国的传播，逐步从非洋泾浜化，向更规范的变体形式演变。20 世纪 90 年代末，随着大型中国英语学习者语料库建设和相关研究的开展，开始对中国英语学习者中介语进行深入系统的研究。

二、"双层英语"理论

在世界经济全球化趋势日益明显的形势下，英语已逐渐成为世界范围内的通用语言。早在 20 世纪 80 年代末，Crystal（1988）就指出，在全世界 7 亿操英语者中，有 4 亿来自非英语国家。随着 20 世纪 90 年代国际互联网的普遍使用，英语国际化的趋势更加势不可当。然而，英语在国际化的同时，又出现了本土化倾向。带有强烈地域色彩的新加坡英语、印度英语、菲律宾英语的出现就是英语本土化的最好例证。众所周知，任何一种语言都具有工具性与人文性两种功能。从工具性的角度来看，科技交流加速了英语国际化；从人文性的角度来看，各国间的文化交流则促进了英语的本土化。不少人认为，国际化与本土化是一对矛盾，两者难以共存：要强化国际化，就必须反对本土化；要纵容本土化，就必然影响国际化。经过多年的理论研究和实践探索，只要正确处理国际化与本土化两者的关系，两者不仅不会产生矛盾，相反，还能互为补充、相得益彰。

（一）"双层英语"理论提出的背景

早在 20 世纪 80 年代，英语国际化与本土化的关系问题就受到关注。时至今日，人们依然没有达成共识。对于英语国际化趋势似乎没有人提出过多质疑，但对英语本土化现象则褒贬不一。一部分人直接或间接地反对本土化英语。例如，Greenbaum（1985）指出，由于受母语干扰以及各自文化与环境的影响，本土化英语很可能难以为外人所理解。Jiang 和 Li（1995）用一种否定的口吻描述中国英语，他们指出，中国英语的本土化特征包括由低质量外语教学所导致的陈腐语言形式或发音。Kandiah（1999）甚至认为，在新加坡语境下，任何"新英语"的出现都是源于"不完善的学习"，第二语言操用者必须遵循本族语规范，决不能另立标准。与上述意见相反，另一部分人则认为，英语本土化是英语国际化过程中不可避免的现象，它有其存在的合理性，我们不应该对其过多地批评与指责，而应该给其合法地位。例如，KaChru（1985：213）指出："本土化是语言充满活力的表现，是语言创新的结果。它体现了外来语言的地方性功能、新语境下的'会话文化'和交际策略，以及来自地方语言的'迁移'。"Ahufu（1994）在分析西非人和南亚人使用英语的语法规律后，公开主张："这些语法规律是标准英语的不同类型，而不是不可接受的错误。"这两种意见针锋相对，似乎难以达成共识。争论的双方都有其道理。如果一味地纵容本土化，势必会重复类似拉丁语的命运，即一种语言最终分化成了多种不同的语言，彼此之间不能沟通。为了避免这一后果，持这种看法的人主张国际化英语只能遵守同一标准。例如，Quirk 和 Widdowson（1985：6）主张：非本族语者需要使用英语的功能相对有限，这些有限的功能完全可以通过同一标准的书面语与口语来实现。如果要求学习者接触多种类别的英语用法，其益处值得怀疑。一方面，学习者没有时间完全掌握这些多种类别的用法；另一方面，这些类别各异的用法都有着说法不一的社会语言背景，他们不可能理解其含义。然而，对英语本土化采取完全否定的态度必然会严重限制英语作为国际通用语言的功能。其结果是，英语只能作为科技交流的工具，而不能实现文化层面上的沟通。此外，Lee（1981：1）指出："既然英语作为国际通用语言，它就不仅仅属于本族语使用者，而应该属于能成功使用英语的全球交际者。"

（二）"双层英语"假设

很多人认为，英语的国际化与本土化不一定要成为一对不可调和的矛盾。事实上，只有国际化与本土化的有机结合，才能确保英语成为跨国、跨文化交际的有效媒介。我们的想法与Crystal（1991：15）的主张一致，他指出："多样性理论承认混合性的重要性，但这并不排斥确立标准的理念。相反，为了保证英语在国际范围内的通用性，我们必须要确立一个标准。然而为了体现本土化特色，我们又必须承认具有本土特征的地方英语。基本原则是，在一个和谐的语言世界中，语言的通用功能与体现地方特色的本土功能两者都需要。我们的理论模式和教育模式应该允许这两种功能的相互补充。"Crystal虽然提出了两种功能相互补充的重要性，但没有解释这两种功能在现实生活中应该如何互为补充、共存共荣。我们认为，"双层英语"假设可以实现这一目标。该假设认为，作为世界通用语的英语应该由两个层面组成。第一层面为英语共核，即为所有英语使用者所共享的语言体系。第二层面为本土化英语，覆盖在第一层面之上，体现所有英语使用者的地域或文化特征。就一个国家而言，需要反映地域、文化特征的英语在第二层面中所占的比例可能很小，但如果把各国反映本土化特征的英语加在一起，就会形成一个千姿百态、五彩缤纷、充满活力的庞大体系。这两个层面既有一定的独立性，又互相联系。没有第一个层面，英语的所谓国际通用功能就不复存在。没有第二个层面，英语就不可能完成在全球化背景下文化交流的功能。然而，这两个层面的和谐共存必须要有互相制约的机制。一方面，通用英语层要给本土化英语层足够的创新空间，允许其构建能够表达各国地域、文化特色的语言形式；另一方面，本土化英语层的构建一定要遵循第一层面的基本规则，符合"可理解性"的标准，即能够被交际对方所理解。应该说，具有"可理解性"是底线，达不到这个底线，英语就会失去世界通用语的地位。

（三）"双层英语"假设的验证

如今，中国是世界上学习英语人数最多的国家。对中国的英语学习者来说，学习英语一方面是为了了解世界，同时也要通过英语这个媒介，让世界了解中国。中国文化与英语国家文化差异显著，汉语与英语也属于完全不同的语系，因此，要全面实现英语的科技与文化交流的功能，我们既需要遵守全世界英语使用者所共有的语言规则，也需要创造出能够表现自身文化的英语形式。因此，下面以中国出版的英文报纸《21世纪报》为例，对"双层英语"假设进行验证。

分析2000年11月30日到2001年2月8日期间连续出版的10期《21世纪报》（第382~391期）。分析内容仅限于中国人撰写的报道我国国内消息的文章。也就是说，凡是英语本族语者撰写的或者中国人撰写的关于国际消息的文章都不在本研究的范围之内。按照这一标准，用于分析的文章大约每期有15篇，约占每期总版面的20%。

文章的分析分为四步进行：①逐词逐句阅读所有文章，挑出带有中国地域、文化特色的英语表达形式；②邀请佳木斯大学外籍专业人士协助界定这些筛选出的英语表达形式；③根据本土化特征，将中国式英语表达形式分别归为带有显性本土化特征与隐性本土化特征的语言形式；④根据可理解性这一参数，再把前面分成的两类表达形式进一步分类。

该项研究具体要回答的问题如下：

①体现中国地域、文化特征的英语所占比例有多大？有哪些特点？

②这些体现中国地域、文化特征的英语能否达到"可理解性"的标准？对于目前达不到标准的，能否采取措施？

（四）研究发现

在10期《21世纪》报中，一共发现了88条带有中国特色的英语表达形式。相对于10期报纸中报道国内消息的大量篇幅而言，这88条所占比例很小。此外，这些表达形式均出现在单词与短语层面上，不违反英语语法规则。由此可以推断，在中国出版的英语刊物中，英语本土化现象并不普遍，且不涉及句子层面。这一结论与Kachru（1985：18-19）的分析结果有相似之处。他指出，非洲、南亚和东南亚带有本土化特点的英语形式有四种：①由上下文决定的搭配；②混合；③成语；④比较结构。这些形式也都限于单词与短语层面。在这 88 条表达形式中，有的带有显性本土化特征，有的带有隐性本土化特征。前者指为表现某种文化特有现象而刻意创造出来的新短语，后者指那些受母语或母语思维影响而自然形成的英语表达形式，使用这些形式的人对此并无意识。把前者简称为显性本土化英语，后者简称为隐性本土化英语。

第四节　英语在中国本土化的启示意义

中国英语是英语全球化和在中国本土化过程中的必然产物，在语法和表达习惯上符合标准英语的规范，在交际中起着非常重要的作用，它能够促进中国文化和价值观念的对外交流与传播。我们要了解世界英语的发展规律和趋势，认清中国英语的内涵和特点，同时更要明确英语本土化对我国英语教育的深远影响。

一、重新审视"标准英语"和各种英语使用型变体

中国英语研究已经有几十年了，虽然其理论界定没有最后完成，或者说我们到现在还没有一个能为所有人所接受的定义表述，但有一点是可以肯定的，那就是中国英语是以规范英语为核心的。中国英语研究承认的是英语的多元标准。即使承认英美英语为"唯一标准"，它也应该是示范（model），而不是规范（norm），因为示范是一个参照点，它提供一种水平尺度（proficiency scale），用来判断学习者是否达到了以某种规范为依据的水平。而规范是固定不变的，任何具体语言环境都必须遵守，这势必对语言的使用和学习造成障碍。实际上，标准英语（Standard English，SE）这一概念的内涵也在变化。在 19 世纪末 20 世纪早期的英国，RP（Received Pronunciation）曾被认为是标准的、至高无上的、唯一可以接受的。因此，当时的美国英语被认为是不标准的，甚至是不正确的，因而逃不脱被人嗤笑的厄运。到今天，

无论是坚持英语的唯一标准还是多元标准的人，都不会将美国英语排除在标准之外。实际上，据麦克阿瑟（McArthur，1998）统计，自18世纪以来，对SE的定义有64种之多。每一个地方都有自己认可的SE，如标准英国英语、标准美国英语、标准澳大利亚英语、标准加拿大英语等。

英语本土化之后形成的各种英语变体是英语与当地文化接触、融合的结果。语言与文化紧密相连，语言是文化的载体，语言反映文化现实，同时语言又是文化的一部分。因此，对各种英语变体是接受还是排斥实际上就是对它们所反映和代表的文化的接受或者排斥。

二、重新定义英语教学过程中的"教什么""怎么教"

20世纪90年代以后，语言教学界对语言文化的教学与研究更加深入、更加广泛，呈现出四个方面的特点：一是由零散现象的描述逐渐发展到理论上的探索和方法上的尝试；二是由介绍走向消化、批判和创新；三是由单语种、单学科的研究到多语种、多学科的研究；四是由单向的目的语文化学习到目的语文化和母语文化的双向互动。语言文化教学与研究虽然呈现了"单向的目的语文化学习到目的语文化和母语文化的双向互动"这一特点，但是从《高等学校英语专业教学大纲》（2000年版）和各高校英语专业教学计划、方案来看，文化教学的发展并不平衡，文化教学还有许多有待改进之处（刘祥清，胡鸿雁，2002）。比如，目的语文化的学习占有绝对优势的地位，且目的语文化又仅限于同心圈学说所称的内圈国家文化。英语学习者的交际对象除了英美人士之外，可能更多的是说其他英语变体的人士，因为英语作为国际主要通用语，事实上已成为世界各国共同的交际语。如果在英语教学过程中，不尊重各英语变体及其背后的文化，今后的交际肯定会遇到各种障碍。另外，在母语文化的介绍和学习、中国特有事物的表达和对外宣传等方面，英语教学也做得不够，以至于英语学习者能够滔滔不绝地谈论英美风情，但对身边的事却张口结舌，出现不知用外语表达中国文化的无奈和尴尬。我国英语教学在教学内容选择方面走过许多弯路，一段时间全部都是中国的政治内容，一段时间又全是英美的舶来品。这两种极端都无助于培养中国学生的对外交际能力。中国英语研究对此必将产生影响。如果我们在教授英美舶来品的同时，适当选择以中国和与中国相邻国家为背景的语言材料，让学生学习、讨论、表达他们耳闻目睹的、耳熟能详的身边人、身边事，这不仅能够密切联系实际，增强教学的目的性和实用性，而且能够提高学习者的兴趣，提高教学效果。

中国英语研究中，词汇层面的研究最有成效，因而也显得格外突出。中国英语词汇主要包括两方面：一方面是表述中国特有事物的词汇，如中国古代历史、社会、文学、哲学思想和佛教文化的词汇，以及中国近现代社会中，特别是改革开放以后出现的新词汇。这些词汇基本上都是通过音译、译借等办法译成英语的。另一方面是在中国英语中具有特殊文化内涵意义的英语词汇，如 carder（干部）、comrade（同志）、dragon（龙）、normal university（师范大学）、unit（单位）等。它们虽然是英语词，但在英美英语和中国英语中表达不同的文化内涵。它们通过语义再生手段，在中国英语体系中被赋予中国特有的文化内涵，因而在交际中得到广泛运用。毫无疑问，中国英语中这些词汇的学习和使用对语言交际具有十分重要的意义，对英语教学，特别是英语写作、汉英翻译等课程的教学必将产生深远的影响。任何语言的语音都有它的生理属性，语言在漫长的进化过程中形成相对稳定的生理机制。处在英语扩展圈的中国人学习英语时，必将受到汉语语音习得生理机制的影响。中国人在说英语时，会体现"中国英语的语音特色：有些音存在发音困难，长短音发音时难以到位，语调平坦，词重音和句重音不突出，很少有连读"。中国英语的这些语音特点是由中国特有文化、中国人的思维模式和汉语习得生理机制等因素决定的。因此，中国人说出来的英语离地道标准的英语口语（如果存在的话）会有一定的距离。RP 是"公认发音"，但在英国，现在也只有 3% ~ 5% 的人讲 RP（Trudgill 和 Hannah，1994），也就是说，即使我们学会了讲 RP，我们仍然会与 95% ~ 97% 的英国人存在交际困难。实际上，英语虽然是我们的学习对象，但不是归宿。它只能是交际工具，因为我们学习英语的目的是方便工作和获取信息。由此可见，我们的英语语音教学不应刻意追求标准与地道，我们学习英语的目的不能盲目拔高、范围不能无限扩大。我们说的英语，作为一种交际工具，能使交际过程顺利进行、能使交际目的准确达到就可以了。

语言是思维的工具，思维借助语言来实现。中国英语的语篇特色是由中华民族的思维模式、中国特有的文化传统决定的。由于篇章语言学和话语分析等作为独立学科出现的时间不长，取得的研究成果较有限，因此，中国英语语篇层面的研究成果也较有限。但中国人的英语中汉文化思维模式依稀可见。"在中国的英语写作和宣传资料中，汉语写作特色和篇章结构几乎难以避免。"（李文中，1994）1990 年，贾德霖就从英汉两个民族在思维序列上的差异出发，探讨了中国英语的语序特色，并论证了它的可接受性。谢之君对杨宪益夫妇和 D.Hawkes、John Minford 的两种《红楼梦》译本做过比较后发现，杨译带有不少中国英语特色，如句式较短、关系词少等。马广惠对中美大学生英语语篇对比修辞进行分析后得出结论："中国学生英语作文的主体句型是简单句，美国学生作文的主体句型是复合句。中国学生使用定语从句和宾语从句的数量显著低于美国学生。使用连接词的数量显著高于美国学生。"通过大量实例论证了中国英语语篇特色的客观存在。但在我国的英语教学实践中，中国英语的语篇特色一直没有得到应有的重视，还煞费苦心地要把它从我们的英语中剔除出去。而这样做的结果常常事与愿违。因此，必须重视中国英语的语篇特色，承认中国英语语篇特色的客观存在，承认我们的英语写作和对外宣传资料中存在的中华文化和汉语思维的干扰。这必将对我国的英语教学，特别是英语写作和汉英翻译等课程的教学产生深远影响。

三、对英语学习和对外交流具有指导意义

首先，从中国人学习英语的目的看，其中一个重要目的是交流信息。交流包含输入和输出两方面的行为：一方面是为了了解和吸收外国的文化、科技等方面的知识；另一方面也要对外宣传中国的文化、科技的情况。因此，表达中国特有事物的词汇应

运而生。其次，中国人学习英语绝不是仅仅为了同英国、美国两个国家的人交往。英语作为国际主要通用语，事实上已经成为世界各国共同的交际语。中国人学习英语应该准备好同带着日本语口音、阿拉伯语口音、西班牙语口音等的人打交道。就此而论，中国学习者完全没必要为自己天生带有的汉语口音而自我烦恼。在英语教学中，人们强调对英语的文化背景知识的了解。但随着英语的全球化，从交际对象上看，人们在国际场合并不一定会用英语同英国、美国等英语本族人打交道，而是可能会同德国人、法国人、日本人、巴西人等一些非英语国家的人交往。对中国人而言，对外交往对象最多的是周边国家的人员，如日本人、韩国人、俄罗斯人和东南亚国家的人员。再次，从对外交流的内容上看，当我们用英语同日本人、韩国人交谈时，一般不会去谈论英美国家的事物。这说明中国在同非英语本族人交往时，无须刻意地去遵守英美人的文化习俗、刻意模仿英国英语和美国英语的语音、语调。人们在对外交流时，更主要考虑的是交际目的的实现。又次，从英语教学内容上看，我们认为，中国人学习的英语应该包括能表达中国特有事物的英语。前面谈到信息交流包括输入和输出两大部分。过去，由于众所周知的原因，我们强调的是"输入"；随着中国的繁荣昌盛，中国的"输出"部分正逐渐加大。"让世界了解中国，让中国走向世界"是我国在新形势下对外交流的目标。在这种形势下，我国的英语教学内容也应该相应地调整。英语教学内容的选择应该在介绍英语国家文化的基础上，适当增加具有中国文化特色的语言材料。然而，随便翻阅一下我国小学、中学、大学的各种版本的英语教材，几乎没有有关中国的文章。这种倾向应当有所改变。选择有中国背景的语言材料，既可从中国人写的英语文章中选，也可以挑选英美人对中国的友好公正的评论文章。中国人用英语对外交流是全球性的，而不仅仅是面向英国和美国，因此，中国人的英语教材中的文化背景也应该体现多样性。在英语教材中，除了有一定的英美文化外，对各大洲其他有代表性的文化也应该有所涉及。在这一问题上，日本英语教材的处理很有特色。最后，中国英语概念提出的意义还在于能提高广大英语学习者使用英语的自信心。由于受母语的影响，中国人说英语具有一定的语音特点，有的学习者说英语时可能会在心理上感到低人一等。我们认为，凡是按照国际音标发音，符合规范英语的语音、语调，且又不影响正常表达的英语，都可以在交际中使用。一般学习者无须花费大量的时间和精力去刻意模仿英国英语或美国英语的语音、语调。目前，国内的"英语热"也在持续升温，社会上各种类型的英语学习班如雨后春笋般地到处涌现。我们认为，对一般英语学习者的学习目的盲目拔高和学习范围的任意扩大都是不可取的，英语毕竟不是我们的母语，也不是我们的第二语言，一般中国人学习英语不是为了同英语本族人争高低、比水平。绝大部分中国人学习英语不是为了上英国、美国等以英语为母语的国家谋生。人们学习英语都带有自己的特定目的，如为了工作便利或获取信息。这一学习目的决定了大多数中国人学习英语的作用和领域都是十分有限的。如果我们把非英语本族人和英语本族人在英语上做比较，就可以发现，非英语本族人的英语多半只是用于工作、研究和一般日常生活交际，而英语本族人的英语则涉及他们社会生活的方方面面。对非英语本族人而言，英语只是完成某项任务的手段。我们的英语水平不需要，也没必要达到英语本族人的水平。我们认为，一般中国学习者在掌握了 5 000 左右的常用英语词汇和主要语法结构后，在提高和深入学习方面不需要面面俱到。大部分人的英语深化都应该有一个特定的方向和范围，即与自己工作或关心的领域有关的英语学习。这就是所谓的特殊用途英语（English for specific purposes，ESP）教学。ESP 主要有职业英语、学术英语、教育英语和各行各业的科技英语。ESP 目标明确，是针对性强、实用价值高的教学途径。ESP 的特点是把英语作为手段或工具来学习，以便进一步进行专业学习或有效地完成各项工作。ESP 仍将是今后一段时期内国内英语学习的主流。

中国英语是客观存在的。中国英语研究虽然只有短短 20 多年的历史，但已越来越深入。中国英语研究，特别是词汇和语篇两方面的研究非常具有现实意义；中国英语研究所倡导的对各种英语变体及其文化所采取的宽容、认可、接受的态度在我们的英语教学中应充分体现；英语教学中教学大纲的制定、课程设置、教材选用、教学内容筛选、本土文化的介绍和宣传等方面都应相应有所改革。中国英语研究对我国英语教学的现实和可能的影响将是多方面的、多层次的。

第五节 中国英语本土化教学体系的构建

以色列著名语言学家 Bernard Spolsky 认为，亚洲各国应根据本土的实际情况来制定教学目标和方针，英美国家无权，也不可能决定亚洲各国应该怎么教英语（郑新民，2006）。因此，在吸收国外优秀事物的基础上，作为中国英语的教育工作者，应从中国本土化出发，从大纲设计、教材编写、学习评估等方面入手，使中国的英语教学与中国本地环境紧密结合，建立适合中国社会发展需要、具有中国特色的现代英语教学体系，从而最大限度地满足中国英语学习者的需求。

在教学理论和方法方面，根据中国英语教学实际情况，结合外语教学相关理论，创设具有中国特色、对中国英语教学行之有效的外语教学理论和方法。在教学内容方面，除了英美文化外，还应增加具有中国特色的语言文化材料输入，包括具有中国特色的词汇、表达等；也应适当涉猎韩国、日本、印度等国家有代表性的语言材料，毕竟学习者不会局限于只同英美国家的人们进行交流。在交流活动方面，既包括吸收外国先进事物的一面，即"输入"；也包括对外宣传中国情况的一面，即"输出"。教师要强调语言的双向交流功能，教导学生不仅会用英语表达外来事物，而且更应该学会表达本国的历史、文化、教育等事物。

一、坚持本土化教学原则

教育本土化是相对西方教育及教育现代化而言的，一方面，没有外来教育，特别是西方教育的传入，就没有所谓的本土化问题；另一方面，没有教育现代化，失去了教育的时代色彩，教育本土化也将无所依托。因此，如何在教育现代化的进程中，处理好教育本土化与外来教育之间的关系，就成为一个至关重要的问题。教育本土化须坚持扬弃与创新相结合的原则，即抛弃中西对立、体用二元的思维模式，以开放的胸襟、兼容的态度，对外国教育，特别是西方教育的组成要素和结构形式进行科学的分析和审慎的筛选，根据我国教育现代化建设的实际需要，发扬教育理论工作者和实践工作者的主体意识，经过辩证的综合，创造出既有本民族特色又能充分体现时代精神的新教育。要以扬弃与创新为指导达成教育本土化，就需要处理好对本民族教育的认同与对外来教育的适应的关系。任何民族的教育，特别是现代化后来者的教育，在现代化进程中，都会出现这样一种矛盾运动：一方面要维持自己的教育传统，保持自身的文化特色；另一方面又要吸收外来教育，以壮大自己。这种矛盾运动就是教育的民族认同与对外适应。从西方教育现代化的历史来看，欧美各国实现教育现代化的一个强有力的杠杆，就是保持自己本民族教育的特色，在很大程度上实现了民族教育的自我认同。我国要迎接世界现代化潮流的挑战，实现教育的现代化，就需要以本民族教育传统为依托，它不应该也不可能是西方各国教育现代化的翻版。当然，肯定本民族教育传统对教育现代化的意义，并不是认为它与现代化没有任何冲突，可以原封不动地保存下来，而是要与外来教育相融合，广泛吸取外来教育中的先进成分；在立足本民族教育传统的同时，积极适应外来教育带来的冲击。要以扬弃与创新为指导达成教育的现代化，就要处理好教育的民族性与时代性的关系。教育的民族性与时代性是由文化的民族性与时代性所决定的。如同文化一样，教育作为社会现象，有着自己发生、发展的时间和空间，总是与一定历史阶段和民族区域相联系的，因此，任何教育都既有时代性，又有民族性，两者是紧密相连的。没有时代性，教育的时代精神就无从体现；没有民族性，教育的民族精神就无从反映。对教育的本土化来说，民族性是本土化的主体，而时代性则赋予本土化生机活力。在 20 世纪 30 年代的东西方文化论战中，出现过以西化派为主体的一批人士，他们认为，东方文化为古代文化，西方文化为近世文化，东西之争实为古今之争。他们在发现文化的时代性上是有贡献的，但视时代性为文化唯一属性则失之偏颇。东方文化派人士从所谓国情出发，认为文化的民族性是文化生命的基础，他们用民族的差异去概括中西文化的不同，否认彼此的时代落差，视民族性为文化的唯一属性，也表现出很大的偏颇。教育的民族性与时代性是教育的两种属性，并非两个可以相互脱节的二元实体。正因为教育的民族性富有时代的内涵，教育才不断进步；正因为教育的时代性富有民族内涵，教育才可能在不同民族之间相互沟通、相互补偿。要以扬弃与创新为指导达成教育现代化，就要处理好教育的自我保存与自我更新的关系。

教育本土化不是固定不变的：一方面，凭借教育的自我保存功能而使自己保持鲜明的民族特色；另一方面，又要凭借教育的自我更新功能而使自己处于流变之中，使这种"本土"色彩依时而迁。一般来说，教育因其"体系负有传递传统价值的职责"，"教育的基本功能之一就是重复，重复地把上一代从祖先那里继承下来的知识传给下一代"，所以，它往往注重自我保存。但教育同时"也能使自己更新"，在外来社会条件作用下，会更新自身的结构和内容。在教育本土化过程中，教育自我保存与自我更新有机地统一起来，既不能墨守成规，维持僵化不变的同一性；又不能使教育传统突然中断，产生断层。它应该是传统与现代的统一，是古今中外的综合。这种统一，不是结果的统一性，而是活动的统一性；不是产品的统一性，而是创造过程的统一性。

（一）强化中国英语教学本土化观念

作为学习的指导者和教学实践活动的组织者，教师首先要有中国英语本土化的观念，从思想上更新教育理念，切实重视中国英语，坚定本土化立场，倡导中西结合、英语与本族语文化的兼容并蓄。在课堂教学中，教师既要有意识地吸取英语文化的精华，又要注重培养学生学习用英语来表达中国文化的能力；作业的布置要融入与中国文化或事物相关的内容；课外活动中，如舞台剧表演时，不只演出《傲慢与偏见》《简·爱》《罗密欧与朱丽叶》等外国作品，而且"中国英文版"的《梁祝》《红楼梦》等经典名作也同样可以走上英语的大舞台。只有这样，才能真正实现对学生跨文化交际能力的培养。

（二）树立"美美与共"意识

伴随着英语的全球化和本土化，英语语言文化在世界各地不断渗透和传播，许多国家对本民族文化的安全深感忧虑和担心，人们也开始质疑在本国实行的英语教育。在外来文化的渗透和影响下，英语学习者能否建立起对母语文化的认同进而培养对本民族的认同感和自豪感事关重大。改革开放以来，我国英语教育发展迅猛，同时也出现了极端功利化的趋势，我们过分强调了英语教育的重要性，却忽视了母语文化的学习，对母语文化的认同感在不断地弱化，丢失了许多民族文化中的精华，这不仅阻碍了我们对优秀文化的传承和发展，还会瓦解我们的民族凝聚力，甚至威胁到我们国家的安全。而费孝通先生在阐释文化自觉时提出的"各美其美，美人之美，美美与共，天下大同"的观点，对于正确认识英语教育中的文化认同问题，具有非常重要的指导意义。"各美其美"是指对自己所属文化的认同和由衷的热爱，我们要坚信，每种文化都是独特的，是历史积淀下来留给后人的宝贵财富，我们首先要了解、尊重、认同自己的文化，培养对本民族文化的认同感和自豪感。"美人之美"是关于我们如何对待异质文化的问题。我们生活在多元的社会，要与来自不同文化群体的人和平相处，就必须具有包容的心态和胸怀，以他者的美为美，了解其他文化的优点和精华，并由衷地欣赏其独特之处，取长补短，互相学习，才能在交流和互补的基础上，形成"美美与共"的局面，从而促进天下大同。

（三）坚持双向文化交流原则

交际是一种双向的社会活动，要顺利地完成交际，双方的文化背景都会影响交流的过程，主体文化的重要性更不容忽视。首先，从交际的场合来看，它既可能发生在目的语国家，也可能发生在母语国家，还有可能发生在第三国家，因此，交际双方既要了解对方的文化，更应该深谙自己的文化，才能使交际得以顺利进行。其次，从谈话内容角度来说，在跨文化交际中，谈论的话题是受交际双方社会背景限制的，比如人权、教育体制和风俗习惯等问题都是受制于特定的社会环境的。最后，从交际双方本身来看，不同的文化导致的差异会影响双方对语言的选择和理解。而我们如何在继承优秀传统文化的同时，吸纳异质文化的精华并平衡两者的关系至关重要。英语教育是我们了解西方文化的窗口和桥梁，在这个过程中，我们要树立双向文化交流意识，努力把中国优秀传统文化与外国先进文化有机结合起来：一方面，我们要认识了解自己，重视民族文化的传承与创新，培养学习者的文化反思能力；另一方面，也要尊重汲取外来文化的精华，培养学习者的文化包容心态，理性地对待异质文化，顺利地实现跨文化交际。

（四）树立文化平等意识

在大学英语教学中，我们首先要树立文化平等观，将对语言文化平等意识的培养贯穿于英语教学的全过程。我们要清楚地意识到，每个民族的文化都有其独特的优点与长处，没有任何一种文化可以凌驾于其他民族文化之上。在英语课堂中，一方面，我们要导入目的语文化，充分尊重英语的语用原则和民族文化习俗；另一方面，我们也要避免盲目崇拜目的语文化，避免将英美教学变成英美社会文化的统治工具，同时应充分传播中国文化，不断渗透中国文化元素，选择能表达中国特有事物的英语或有中国背景的语言材料。只有这样，才能培养学生强烈的民族自豪感和平等的文化交流态度，才能真正使中国文化走向世界。

在遵循以上原则的前提下，我们应充分利用大学英语课堂，主动进行中国文化和中国英语的导入和渗透，把中国英语充分贯穿在听说读写译的各项技能培养中。一方面，在大学英语教学内容中，我们应融入更多的中国文化知识，尤其是反映中国传统的人文、典故、风俗等内容，也应在教学中使用一定比例的中国人写的英语文学原著、好的汉译英文章和英美作家写的有关中国文化的作品，使学生多接触一些涉及中国英语的真实材料。因为这些内容能够促进学生理解自己的文化，培养学习兴趣，提高学生的文化素养。大学英语教材也应结合中国学生的生活和学习实际，使之本土化，从而使学生学会如何流利、正确地表达自己的文化。另一方面，大学英语教学不应忽视课堂外的英语输入。我们应鼓励学生在课外阅读文学作品、报刊时留心和积累文化背景、社会习惯等多方面的材料，鼓励学生阅读国内的一些英文报纸、杂志，如《21世纪报》《中国日报》等，同时鼓励学生收看介绍中国文化的英语电视节目，收听国内媒体的英语广播，通过多种途径来增加自己对中国时事的了解，学会表达。

二、制定本土化教学目标

当今世界的英语教学与研究发生了巨大的变化。在欧洲，逐渐采用 EIT 替代传统的 ESL 或者 EFL。在亚洲，许多专家认为，教育决策者应该根据本国国情选择适合的英语变体。以色列著名语言学家 Bernard Spolsky 认为，亚洲各国应根据本土的实际情况来制定教学目标和方针，英美国家无权，也不可能决定亚洲各国应该怎么教英语。中国的语言教学环境有其特殊性，在引介国外有关英语教学理论时，必须处理好"对外吸收"与"立足本土"的关系，不要一味地模仿某国英语教育，甚至提倡"某国化"，把我国英语教育的"民族化"都给"化"掉了。另外，我们一定要认真、充分地挖掘和总结以往英语教学的经验与教训，在遵守英语基本语言规则的前提下，根据国情和需要来制定我国的英语教学目标和方针，构建具有中国特色的英语教材编写和评价体系，体现中华文化的元素。在教师的培训、培养上，在考试制度、升学制度等方面，采取相应的改革或革新，凸显中国特色。戴炜栋（2001）在《外语教学与研究》上发表的《构建具有中国特色的英语教学"一条龙"体系》一文使"中国特色"一词第一次以公平的身份与英语教学站在一起。21世纪的英语教育呼唤具有中国特色的英语课程标准体系，我国的中小学《英语课程标准》已逐步取代中小学英语教学大纲，是中小学英语教学"一条龙"的纽带，也是促进高等院校英语教学改革的"催化剂"。中国英语反映了中国特有的事物和概念，其语义、语用、语篇等反映了中国人特有的思维模式。研究好中国英语，使其融入教材、走进课堂、得到普及，将有助于英语教学本土化，实现中国特色的英语教学目标。

三、完善本土化教学策略

现如今，中国的很多英语学习者都成了英美语言被动的模仿者、追随者或使用者。他们很少接触中国英语的词汇、结构等语言知识，不会用英语叙述、讨论有中国特色的事物，经常会开不了口或动不了笔。我国英语教学的目标应该是把学生培养成具有跨文化意识的高素质人才，能够用中国人的国民身份恰当地使用英语，并有效地进行国际交流与合作。学习英语，既要能通过英语学习了解西方文化，又要能有效地用中国化英语进行跨文化交际，还要能用中国化英语向世界传扬中国的文化，让国际友人进一步了解中国文化。英语学习者要对中国文化有一定的了解，才可以利用英语向国际友人介绍我国的历史、文化和文学。英语教师更要引导学生从中国文化特有的视角去审视西方文化，增强他们的跨文化意识。缺少对中国文化了解的英语学习者在国际交往中将丧失自己的话语立场和国民标识。在中国的英语教学中，英语教师只有将中国文化融入英语课堂中，并且与英语语言表达结合起来，才能保证我们的学生在国际交往中有自己的话语立场，增强自己的身份意识，维护民族特性和民族文化特征。随着中国国际地位的不断提高，要正确地认识和认真地研究英语本土化，摆脱"标准英语"的束缚，树立"本土化英语"的理念，正确认识中国英语在英语教学中的地位，以及文化渗透在英语教学中的重要性，培养更多的用中国化英语进行有效国际交流的高素质人才。

（一）将中国文化与英语教学有机结合起来

在英语教学中，培养学生对本民族文化的表达能力，不仅是必需的，而且也是迫切的。首先，英语教材的编写要遵循中外文化同构的原则。我国英语教材一度出现完全西化的现象，因此，教材的内容需要调整和规范，中外文化的比例和选文标准急需进行认真细致的研究。要提高中国优秀传统文化在英语教材中的比例，将介绍中国文化知识的语言素材添加进来，调整知识结构，确保学生能够接触到关于中国文化准确的英文表达。在题材选取上，可编入著名中国作家的作品，如语言大师林语堂的英文作品《生活的艺术》。在文章视角的选择上，可以吸纳外国人如何看中国的题材。同时，鼓励学生课外多阅读 China Daily 等报纸杂志。其次，要加强师资队伍建设。在教育过程中，教师的作用举足轻重，从某种意义上说，教师质量决定着教学质量。广大英语教师要积极提高自身文化修养，深入了解本民族的优秀文化传统，增强对自身文化的认同感和自豪感，为我国英语教育的健康有序发展做出贡献。

（二）了解中外文化，培养跨文化交际能力

英语全球化与本土化已经导致学习者文化观念的变化。在多元文化和语言多样性的前提下，英语的形式和功能已发生了变化，英语不再是英国人和美国人的语言，而是多元文化的载体，且跨文化交际是一种双向交流，文化输出与文化输入同等重要，缺少了文化输出，所谓的跨文化交际就变成了文化引入和文化侵略。在外语教学领域，教师们一味强调目的语文化的重要性，却忽视了中国文化在外语教学中的作用，这使得学生在表达中国特有的文化思想上存在困难。一些学者（从丛，2000；吴利琴，2006）将此定义为跨文化交际中的"中国文化失语"（Chinese culture aphasia），这是中国英语教学的失败。中国传统文化是跨文化交际的前提和桥梁，英语教学的目标是使学生能够把自己的观念和文化介绍给他人，所以，英语教学既应该包括对外国文化的了解，也应该包括对中国文化的了解和表述。随着英语在中国的广泛普及，如今它已成为让中国了解世界及让世界了解中国的一种有力工具。因此，教师应自觉地将中国传统文化渗透在英语教学中，这是对现有文化教学的有利补充。英语教学除强化英美文化的学习外，应重视培养学生的文化自我意识。为此，英语教学内容应结合中国学生的生活和学习实际，在教材中适当融入中国文化元素，使之本土化，体现中国英语的特色。英语与中国文化的结合可以使学生最有效地适应英语全球化与本土化的趋势，满足中国对外交往的需要，这也有助于学生克服"中国文化失语"，并以此提高自身跨文化交际能力。

（三）增加中国化英语的表达，培养本土化英语表达意识

在教学中，教师不要过多地用美式或者英式英语向学生传达知识或进行交流，教师要让学生感受到更多的本土化英语，尤其是中国化英语，这样有助于学生进行有效的国际交流。例如，在听力课上，可以让学生听到不同国度的人之间的对话或讲话，让学生更多地熟悉多种口音、熟悉多种语言表达习惯等，感受他们的环境，了解他们的语音差别、习惯差别等。教师还要多鼓励学生收听收看中国的电视英语频道和电台英语节目等。又如，在课堂上，学生进行口语表达时，不要严格要求学生使用英式英语或美式英语，也不要让学生刻意地去模仿英式或美式地道的表达，因为随着英语的全球化发展，其本土化必然形成，学生所使用的英语必然带有本族语特点，要让学生更多地尝试使用英语变体，让学生更多地去表达中国特色的事物，增加文化积累。对于本土化英语的使用，要增加学生的自信心，增加学生使用本土化英语的信心，使学生灵活准确地使用中国化英语，逐渐培养学生本土化英语表达意识。

（四）增加中国化英语的阅读资料，提高语言领悟能力

在英语教学中，纳入教材的绝大多数都是英文原著或者英美国家的译本，中国人的作品或中国文化的材料几乎没有。因此，教师要引入中国文化的英语材料，报刊类如China Daily等，作品类如中国人的英语文学作品、英语译本等。学生对原文的理解、对原文蕴含的文化背景的了解、对个性文化的处理，都有助于跨越文化障碍。通过阅读和翻译，提高领悟语言的能力。

（五）增加中西方文化对比，培养跨文化意识

在教学中，我们使用的教材内容多涉及西方文化，编者选用材料也多为西方原著或地道英语资料，这一普遍问题在短期内很难改变，所以，教师在授课时，要将中国文化融入文化教学中，进行中西方文化差异的比较，实现文化对比。指导学生时刻积累有关民族文化、社会习俗等方面的知识，树立学习中国文化、掌握中国文化的自觉意识，

加深对中国文化的理解。例如，在介绍西方节日时，教师可以将中西方的节日进行文化对比，不但要让学生了解中西方文化的特点，而且要让他们灵活准确地使用英语来表达中西方节日文化。学生在深刻理解外国文化的同时，对中国文化也有了更深刻的理解，学生会逐渐地从本族语的角度去认识西方的语言文化，调整自我观念，增强自己的国民意识和国民身份，在达到文化理解的同时，也保持扩大文化交往中的主体地位。

（六）培养英汉双向文化意识，提高跨文化交际能力

培养双向文化意识，其核心是指在英语教学中，既要传授英语语言文化，又要将非英语文化中中国特有的概念和内容置于英语形态中，使中国元素自然进入英语话语，让学生在学习和掌握英语用语规范及其文化内容的同时，加深对中国文化的理解，提高跨文化交际能力。从文化视角来看，中国英语承载了中国文化，反映了中国社会的历史和发展状况，同时也反映了英美文化和中国文化之间的关系。随着中国经济的发展和国力的不断增强，西方人渴望了解中国的内在动力促使他们接受其文化中所没有的中国英语表达。因此，我们的英语教学中应融入中国英语的内容。第一，在课程设置上，在现有课程体系中，增加中国文化类课程，根据不同层次的英语教育，选取难度不同的教学材料。第二，英语教师要有坚定的文化立场，重视中国英语，了解并欣赏祖国文化，倡导中西文化的学习，力求融会贯通。英语教学视角应从单向的目的语文化转向母语文化和目的语文化两者互动，提倡目的语文化和本族语文化的兼容并蓄。第二，注重文化训练。课堂上运用具有文化意识和文化创新的教学方法，引导学生学习中国文化，使他们既吸收英语文化的精华，又掌握中国文化的英语表达。在课外给学生布置有关中国文化方面的作业，让他们课前做好准备，然后在课堂上表演和讨论，并通过写作和翻译等形式，训练学生用英语表述具有中国文化特色的事物和概念的能力。鼓励学生阅读《21 世纪》等国内报纸杂志，以及外国媒体发表的关于中国事件的报道，积累相关词汇的对应表达，掌握用英语正确表达身边的事物。另外，分阶段举办中外文化专题讲座，使学生广泛接触各国文化差异，提高他们对文化差异的敏感性

（sensitivity）、宽容性（tolerance）和处理文化的灵活性（flexibility），实现真正意义上的跨文化交际。目前，中国科学院、北京外国语大学、北京语言大学等单位的专家在京呼吁，开展对外交流要高度重视中华文化翻译工作，名词术语翻译应坚持以我为主，尽可能保留中华文化独有特色。全国政协委员、中国科学院研究生院教授谢正观认为，走出国门的中国文化首先是带有中国符号的文化产品，中国元素、中国概念、中国故事采用汉语拼音表达才能使中国文化保持民族性，让"中式话语"在世界话语权中占有一席之地。

（七）转变观念，用科学的态度面对英语教学中的中国文化教学

中国是一个拥有五千年文明的国家。中国文化是以儒家思想为主导、道家思想和佛教思想和谐共存的文化，是中国人民集体智慧的结晶。中国文化是一个广义的概念，它包括中国传统文化和当代文化，这两种文化对世界的古今都有着深远的影响。随着中国国际化水平的提高和中国文化的巨大影响，一大批英语词语起源于中国，甚至有些不被认为是常态英语的词语和表达也已经被本土使用者接受，并在世界范围内广泛传播。

跨文化交际应该是双向的。当我们进行交流时，不仅要学习和吸收外国文化，还要继承和传承我们优秀的传统文化。然而，相关研究结果表明，当我们谈到跨文化交际时，很容易被误导，把很多注意力放在外国文化上而忽视我们优秀的民族文化。当学生们阐述中国文化作品和中国思想时，他们会有一些困难。如果我们仅关注目标文化教学而忽略本国文化，或许会引起"中国文化失语"现象（从丛，2000），从而导致学生们缺乏跨文化交际的能力，文化上的误解和矛盾频繁出现。英语文化教学以学生的跨文化交际能力为中心，但并不意味着要改变我们的价值体系或规范和习俗，去形成英语母语国家的思想和行为。学习外国文化十分重要，但英语文化教学的最重要目标应该是通过学习外国文化，使学生能够了解中国文化与外国文化的相同和不同之处，因此，能更好地理解和传承本国文化，并且在跨文化交际中把它发扬光大。

把中国文化综合到英语教学中，将会帮助学生们学习外语和流利地表达中国特色

思想。正如 H.D.Brown（2001）提出的，流利性和准确性是交流中的两大基本原则。有时前者的重要性会超过后者，它的意义在于保持学习者参与使用一种语言。

四、探索本土化教学途径

在当今世界 5 000 多种语言中，英语已成为一种多国、多文化、多功能的国际语言。全球有 45 个国家把英语作为官方语言，35% 的人讲英语，英语是联合国最主要的工作语言，75% 的电视节目使用英语，80% 的互联网信息用英语传播。英语的国际化加速了英语在全球范围内的本土化进程，许多反映世界各地不同社会、文化、政治、经济等的英语变体（English varieties）先后涌现，中国英语（China English）就是英语在中国本土化过程中的产物。以下试图从中国英语研究的视角，探索我国英语教学本土化途径。

1993 年，Kachru 把世界英语按照历史、社会语言和文学特征分为三大类别，提出了三大同心圈理论。英语的国际化和本土化趋势，使越来越多的发展中国家日益重视英语教学改革，认为英语教学的各个环节只有与本国社会的实际情况结合，才会产生实用价值。研究发现，我国英语教学存在两种不良倾向。第一，过分强调"标准化英语"教学。语言是一个民族进行思维和感知的工具，我国英语学习者首先习得了汉语，形成了中国式的思维方式，很难摆脱它。英语教师在课堂上总是要求学生说出语言时用英语思维而不要用汉语思维，一如既往地把英美模式作为"标准英语"教授，认为那些具有中国文化特色的英语表达方式不标准，是"中国式英语"（Chinglish）。其实，中国式英语（Chinglish）和中国英语（China English）二者之间并没有不可逾越的鸿沟。Jenkins 认为，如果外圈和扩展圈的英语能用于正常交际并被理解，就不应该被认定为错误英语。相反，内圈的人们应该改变自己的态度和看法，学习国际英语，以成功地实现国际交流，达到共同的目的。第二，忽略中国文化教学。目前，我国英语教学忽视它的双向文化交流功能，对本国文化及其表达方式没有给予足够的重视。学生不懂得用英语传达中国文化，在与外国人交流的时候，就会出现中国文化"失语现象"，阻碍了他们交际能力的有效发展。余小华在教学中发现，学生在上翻译课中碰到的难题和出现的问题一大半竟是在母语及其文化方面。姬京彤、宋莉的测试结果显示，我国学生用英语表达中国文化的水平都低于表达英美文化的水平。对学生的测试和问卷调查发现，英语专业学生中国文化的英语表达能力有待提高，这既有教师方面的原因，也有学生方面的原因；既有教材方面的原因，也有其他传播渠道方面的原因。以上研究反映出英语教学与我们的现实生活基本上脱节了，严重影响了我国英语人才的培养质量。因此，探讨英语教学本土化途径对我国英语教学改革具有积极的影响。英语教学只有本土化了，才能够使英语学习成为真正的语言学习。

（一）熟悉英语变体，聆听各种英语

英语在全球的广泛传播，必然形成具有地域特色的英语变体，如今，英语带地方特色的变体已被世界所接受。为了使学生将来适应纷繁多元的语言和文化环境，应尽可能地使他们接触和了解各种英语变体。首先，在英语学习的高级阶段或研究层面，可以让学生接触多种形式的英语，并且务必使他们意识到每种英语变体所适应的情景不同，应对不同变体在表达上的差异了如指掌，这样能保证在与操各种英语变体者交际时，理解对方的能力（receptive competence）。其次，学生不仅要听懂字正腔圆的标准英语，还要能听懂带有鲜明本国特色的印度英语、新加坡英语等。例如，在2007年"亚洲大专英语辩论赛"上，我国选手在跟其他国家辩手较量的过程中，听力便成为一大障碍，听不懂对方表达的内容，选手们自然无从辩驳。英语越来越全球化，也越来越本土化，英语学习者应该敞开耳朵，聆听各种英语，不断提高自身的听力辨识和理解能力。正如新加坡的帕基尔（Pakir）指出的，英语未来发展的结果是在保持全球化的同时，拥有很多浓厚的地域色彩，既能满足各个地域的英语使用者的需要，同时也能保证各大洲的人们在国际交往中进行交际，这就是她所说的 GLOCAL（globe+local）语言。这一词反映了标准英语到新英语、英语全球化到英语本土化的

发展。

（二）整合教学资源，调整教学大纲、课程设计和英语教材

新的《大学英语教学指南》（2017 年）强调：大学英语的教学目标是培养学生的英语综合运用能力，提高学生综合文化素养，以适应我国社会发展和国际交流的需要。然而，缺少文化教学大纲和英语教学文化词条选择指南，让教师们决定包含的文化内容是一件不容易的工作。因此，教学大纲不仅要强调在英语实践中教中国文化的必要性和重要性，更要强调怎样教。教学大纲应丰富中国文化相关词语或短语，给教师们和学生们一个清晰的指导。

在教学大纲总要求的基础上，大学课程的设计应迁就英语国家和本国两者的文化。大学应安排相关必修课程，并且提供给学生们足够的关于中国文化的选修课，让他们积累本国文化知识，学习用英语表达中国文化。

在外语教学上，教材作为语言输入的重要角色已被大家认清。因为目的课程或大纲应包括满足特定学习者群体在特定环境中需要的材料，所以，我们要重新调整英语教材来迎合中国学习者们，帮助他们在中国文化环境下流利地使用英语。考虑到英语学习者和研究者们的不满，英语教学不成功的原因之一是教材不合适、不现实。

1990 年，汪榕培主张："我们不应该从一个极端走向另一个极端。有段时间，中国政治词汇大肆地出现在英语教材里，但有时候又让位给西方文化。由于外国人对中国文化很感兴趣，所以有必要把它引介到英语教材中。"因此，教材编写很重要的一点是断定正在发生的变化，并且预测将来会发生什么变化。这样，他们才能建立英语课程的基础生存机制，确保这些材料不会在预期改变发生时或被补充时显得过时。

一个相关的案例是香港英语教学模式的改变，其中对当地生活的描述成为英语大纲的材料源，这是因为香港身份的崭新出现。另一个有说服力的案例是，新加坡人、巴基斯坦人和印度人在使用英语时的发音比本土人的发音奇怪而且很差，但他们却能

流利、清晰地进行表达。这是因为在这些国家，英语已经被当地文化本土化了。这些改变表明，随着英语成为国际通用语被大家认知，英语角色转变的多样性表现为重视当地文化。因此，课堂上英语教材不应该仅限于本族英语文化，更需要包括关于非本族英语文化的重要文化信息，尤其是当地文化。

在中国，我们能把一些中国精品翻译成英文加入课本中，使中国文化的相关内容蕴含在这些材料中。这些书很少被中国读者自然地阅读。张培基翻译的朱自清的《背影》就是一个例子。大多数中国学者已经学过这篇文章的汉语版。他们对文章的熟悉使学习者们感到很适应，因此，有益于学习。此外，帮助学习者们养成阅读英语报纸的习惯是另一个能用英语教学和学习当地文化的可行方法。

增加中国本土文化的比例。编写教材时应在注重教材的系统性和渐进性的同时，自然、巧妙、有选择地融入中国本土文化。中国文化，可以是物质文化和精神文化两个层面。物质层面是那些中国特有的各种实物产品，包括建筑物、服饰、食品、用品和工具等，还包括社会规范、典章制度、风俗礼仪，还有哲学、科学、文学、艺术方面的成就和产品。学习用英语谈论中国事物，可以增加教学的实用性，提高学习者的学习兴趣，改善学习效果，也可以避免在交际中不知如何用外语准确地表达本国文化现象所表现的尴尬。

采用第三位置视角，注重培养学生独立思考问题的能力。英语教学不仅要传授知识，更重要的是教给学生独立思考问题的能力。不仅要让学生明白同一事物在不同文化情境下的意义会有所不同，更重要的是使他们找出产生差异的根源，从而反思或重新审视自己的文化，形成自己的观点。第三位置视角是由 Kramsch 提出的，指的是一个既不同于学习者原有的文化 C1，也不同于目的语文化 C2 的新状况。在这一位置上，外语学习者对 C1 文化和 C2 文化都有较为全面的正确理解，既可以保留自己的文化身份，又可以是一个了解目的语文化的专家。第三位置视角，对于大学英语教材的编写提出了更高的要求，将给英语教学注入新的活力，成为学生自由运用英语的有力助手。

（三）强化翻译训练，建立英汉谚语的对等关系

作为一条传统的途径，翻译虽然遭到不少攻击，但其仍然是英语教学的一种常用方法。由于要传递语言和文化，中国人使用英语交流时，习惯使用谚语或俗语。然而，由于文化不同，英语谚语和汉语谚语有很大差异，因为谚语被认为是比喻的语言形式。为了使中国学习者们恰到好处地使用英语谚语，中国英语使用者能很好地使用英语表达他们的想法，尤其是中国谚语，我们建议慎重对待英语谚语翻译成中国谚语。例如，英语谚语"look before you leap"与中文的"三思而后行"对等。虽然英语的偏向在于身体动作——跳和看，中文表达则侧重线性数字"三"和与身体无关的"思"，但我们可以忽略不同，强调两个谚语的相似之处——它们的意思都是小心谨慎。通过这样的比较和有意图的关联，我们希望能够重视两种语言的相似之处而不是不同。因此，对中国英语学习者们来说，在中国环境里习惯性地、流利地使用英语谚语是一件很方便的事。以这样的方式将中国文化植入英语谚语会更加自然，增加彼此的理解。

对于谚语和俗语，可以把它们分为两类。

第一类是内容几乎可以对应两种文化。例如：spare the road and spoil the child（教不严师之惰，玉不琢不成器）；Don't put off until tomorrow what you can do today（今日事，今日毕）；birds of a feather flock together（物以类聚）；All that glitters is not gold（金玉其外，败絮其中）；it's never too late to learn（活到老，学到老）；better later than never（有胜于无）；The early bird catches the worm（笨鸟先飞早入林）；Many hands make light work（人多好办事）；Out of sight, out of mind（眼不见为净；眼不见心不烦）；Where there is smoke，there's fire（纸包不住火）；Nothing ventured, nothing gained（不入虎穴，焉得虎子）；To kill 2 birds with one stone（一箭双雕）；To strike while the iron is hot（趁热打铁）；To our oil on the flame（火上浇油）；Like a bolt from the blue（晴天霹雳）；To fish in the troubled water（浑水摸鱼）；As light as feather（轻如鸿毛）；Castle in the air（空中楼阁）；To bum the boat（破釜沉舟）；To be on the ice（如履薄冰）；

To be crude and careless（粗枝大叶）；To feel proud and elated（扬眉吐气）；To made advantage of every weakness（无孔不入）。

第二类是含义相似，但其寓意在英汉两种文化中有不同的体现。例如：Don't count your chicken before they're hatched（夜长梦多）；Don't put all your eggs in one basket（孤注一掷）；Let sleeping dog lie（不要打草惊蛇）；Beauty is only skin deep（绣花枕头）；The grass is always greener on the other side of the fence（这山望着那山高）；Haste makes waste（欲速则不达）；A new broom sweeps clean（新官上任三把火）；A barking dog seldom bites（雷声大雨点小）；To wake a sleeping dog（打草惊蛇）；As dumb as an oyster/As silent as the grass（守口如瓶）；As poor as a church mouse（一贫如洗）；As strong as a horse（健壮如牛）；To bleed like a pig（血流如注）；To cast pearl before swine（对牛弹琴）；To paint the lily（画蛇添足）；To help a lame dog over a stile（雪中送炭）；As easy as falling off a log/A piece of cake（易如反掌）；To be full of beans（精神旺盛）；Hang on somebody's sleeve（以貌取人）。

在大学英语教学中，中国英语教师要有意图地将一些英文翻译成汉语谚语和俗语，以便学生理解，并使英语的教学更符合中国的实际情况，加强本土化教学理念与教学方法。例如，《大学英语》第二册"杰弗森的课"一文的教学中，对典型的中国关系的翻译恰到好处：三人行必有我师（You can learn from everyone）；走自己的路让别人说去吧（Do what you believe is right）；你们青年人是早晨八九点钟的太阳（Trust the future；trust the young）。这样做，会增加学习者们对课本的兴趣，还会帮助他们正确、流利地表达这些中国思想。此外，翻译能帮助学生们认识外国人和中国人在回顾各自经历的方法上有哪些不同和相似之处。

在翻译中，要注意把英语有目的地翻译得符合汉语语言习惯。例如，翻译布什给恐怖分子的一段话，"You may run, but you can never hide（跑得了和尚跑不了庙）"，而不是"你们可以逃亡，但是躲是躲不掉的"（陆谷孙，2002）。HeShang（和尚）和 Miao（庙）是中国文化特有的东西。还有一些例子：Two heads are better than one

（三个臭皮匠，抵得上一个诸葛亮）；Evening red and morning grey help the traveler on his way（朝霞不出门，晚霞行千里）；Many hands make light work（人多好办事）；When an opportunity is neglected it never comes back to you（机不可失，时不再来）；Misfortunes never come single（祸不单行）；A wise father knows his own child（知子莫若父）。

翻译中有目的地把汉语文化植入英语，建立起英语谚语或俗语与汉语谚语或俗语的紧密对等的关系，最终使中国学习者们很容易用符合语言习惯的英语来表达汉语思想。

（四）采用对比教学法，关注英汉文化上的相似点

在英语教学中，采用对比途径是跨文化教学的重要方法之一。通过对比，中国学习者们能够意识到两种语言在文化上的不同。做比较也许是能够帮助其理解外国文化的同时，也理解本国文化的一种有效方式。

纵观国内外的语言教学与学习研究成果，没有两种语言是完全对等的，但有时它们在某种程度上很相似。在以往的英语语言教学中，我们过分强调两种语言的不同胜过于相似之处。如今，许多语言专家和英语教师建议在不同文化面前，应该更重视文化的相似。在 Robbinson（1985：54）看来，"人们如何感知他人是受所感知到的相似程度影响的"。同时，弄清楚文化的不同一样重要。如果我们可以很好地利用两种语言的相似之处，就能帮助学生们符合语言习惯地表达他们的想法和具体的中国文化。

例如，中西方文化各自的两个传统节日：圣诞节和春节。由于文化差异，很明显可以看出这两个节日文化关系上的不同。但有些东西是共同的：两者都是家人团圆的节日，两种场合也有一些相似的活动。通过比较，可以唤起中国学习者们的兴趣。他们从圣诞节文化借取对应的表达，用英语来表达中国春节。

表7-1　圣诞节和中国春节的比较

圣诞节	春节
持续2周，被称为圣诞季	持续15天
圣诞节狂欢	春节狂欢
天使唱歌	放鞭炮
在烤炉里烤火鸡	吃大餐
树上彩灯闪烁	穿新衣
次日清晨打开礼物	收红包压岁钱
看足球比赛	看春晚
拜访朋友，和家人在一起	拜访亲人和朋友，和家人在一起

表 7-1 能够使英语学习者们清晰地了解两种文化背景下两个重要节日的庆祝活动。通过从英语文化中借取一些相似的表达，英语学习者们有信心用英语讨论中国春节，他们不用担心因不符合中国习惯、采用不恰当的英语表达而造成所谓的"语用失败"。

此外，找一些学生熟悉、感兴趣或实用的话题。例如，比较中英在问候、感谢、离别、致歉、赞扬、沟通话题、价值和信仰方面的异同，将会增加学生们的跨文化知识，帮助他们通过借取相似的英语表达来正确地、纯正地表达自己的思想，而不是机械地翻译，造成误会。

"语言的语用目的——使用一个标志或符号用于沟通——是二语学习者们的最终目的。"（Brown，1980：190）英语教学目标在于提高学生的沟通能力，学生们因此能够和本族或非本族的英语使用者在各种社会文化领域方面自由地沟通。因此，把学习者们自己的生活和目标语的生活进行对比是更好地理解双方的重要方法。

（五）改革教学方法，引导学生酌量阅读中国人编写的英语作品

对英语学习者来说，仅仅了解和学习英语文化是远远不够的，熟悉我国文化丰富多彩的方方面面，并能运用英语准确表述也是进行国际交流必不可少的条件。通过阅读 China Daily 等报纸杂志来了解中国本土文化的英文表达法，不失为提高跨文化交际能力的一种捷径。至于如何用现代教育手段来落实英语教学中的文化途径，我们认为，应当充分利用互联网的优势，获取最新的信息。语言是发展变化的，单就词汇而言，随着时代的发展，新事物新现象不断涌现，新的词汇层出不穷。利用互联网，教

师可以直接从网上下载新词汇，并将这些新知识以最快捷的方式传授给学生，突出词汇教学的实用性；也可以通过其他传媒来搜寻语言资料，作为补充资料传授给学生，以达到增强学生文化兴趣、提高语言教学效果的目的。例如，在教学活动中，把从新闻报刊上收集到的一则有关美国 2005 年度网民使用频率最高的 10 个英语单词的调查结果告诉学生，学生十分欢迎，感到既学到了英语词汇，又了解到当今美国人的社会、文化关注点之所在。这 10 个词汇是：integrity（正直；诚实）、refugee（难民）、contempt（蔑视）、filibuster[（提出不相干的问题等）阻挠（议案）通过]、insipid（枯燥乏味）、tsunami（海啸）、pandemic[（疾病）大流行的；大流行病]、conclave（秘密会议）、levee（防波堤）、inept（无能的）。

此外，通过现代电化教育和网络技术，重点介绍影响跨文化交际所隐含的交际文化，并且进行中国和英语国家的文化对比，以形成学生对文化差异的敏感性。利用现代教育技术，如播放英语原声电影或电视、幻灯片、录像等，让学生"浸入"英语国家的文化氛围中。更为重要的是，可以使学习者有机会应用英语，进行有意义、有目的的互动与交流。例如，可以通过 BBS、E-mail、BLOG 等方式交网络笔友，进行对文化差异的有益探讨。

语言本土化是全球化发展的必然结果。中国英语教育工作者只有正确地处理本土化与全球化的关系，正确看待中国英语本土化问题，从中国英语教学的实际出发，探究英语教学本土化途径，才能真正地提高中国的英语教学质量，才能真正加快实现"让中国走出世界，让世界了解中国"的步伐。

21 世纪是经济全球化的时代，中国加入世界贸易组织和 2008 年北京奥运会的成功举办，使越来越多的外国人对中国感兴趣，越来越多的中国人对英语学习产生兴趣，我国英语教育的环境和目标都发生了重大变化。我国英语教学应充分认识在跨文化交际中使用中国英语的必要性和重要性，根据中国学生的特点，传递中国语言和文化，分析中国社会和经济发展的背景，阐发英语的中国地方化的特征，运用新的语言观构建中国本土化的英语教学模式，让中国英语走向世界，使更多的外国人从中国英语中了解中国灿烂而悠久的历史文化。

参考文献

[1] 毕继万. 跨文化非语言交际 [M]. 北京：外语教学与研究出版社，1999.

[2] 陈申. 外语教育中的文化教学 [M]. 北京：北京语言大学出版社，1999.

[3] 陈申. 语言文化教学策略研究 [M]. 北京：北京语言大学出版社，2001.

[4] 窦卫霖. 跨文化商务交际 [M]. 北京：高等教育出版社，2005.

[5] 胡文仲. 跨文化交际学概论 [M]. 北京：外语教学与研究出版社，1999.

[6] 贾玉新. 跨文化交际学 [M]. 上海：上海外语教育出版社，1997.

[7] 徐力生. 跨文化交际英语教程 [M]. 上海：上海外语教育出版社，2004.

[8] 平洪，张国畅. 英语习语与英美文化 [M]. 北京：外语教学与研究出版社，2000.

[9] 刘宽平. 大学英语教学策略新论 [M]. 西安：陕西人民教育出版社，2004.

[10] 胡文仲. 超越文化的屏障 [M]. 北京：外语教学与研究出版社，2004.

[11] 束定芳，庄智象. 现代外语教学——理论、实践与方法 [M]. 上海：上海外语教育出版社，2004.

[12] 王振亚. 以跨文化交往为目的的外语教学 [M]. 北京：北京语言大学出版社，2005.

[13] 夏纪梅. 现代外语课程设计理论与实践 [M]. 上海：上海外语教育出版社，2003.

[14] 姚小平. 语言文化十讲 [M]，北京：外语教学与研究出版社，2006.

[15]Chen， Guo-Ming; Starosta， William， J. Foundations of Intercultural Communication[M]. Shanghai: Shanghai Foreign Language Education Press， 2007.

[16]Cunning sworth A.ChoosingYourCourseBook[M].Shanghai: Shanghai Foreign Language Education Press， 2002.

[17]Gudy kunst， William.B.Cross-Cultural and Intercultural Coramunication[M]. Shanghai: Shanghai Foreign Language Education Press， 2007.

[18] Toomey， StelleTing. Communicating across Cultures [M].Shanghai: Shanghai Foreign Language Education Press， 2007.

[19] 陈俊森，樊葳葳，钟华 . 跨文化交际与外语教育 [M]. 武汉：华中科技大学出版社，2006.

[20] 赫尔穆特·施密特 . 全球化与道德重建 [M]. 柴方国，译 . 北京: 社会科学出版社，2001.

[21] 高一虹 . 语言文化差异的认识与超越 [M]. 北京：外语教学与研究出版社，2000.

[22] 关世杰 . 跨文化交流学: 提高涉外交流能力的学问 [M]. 北京: 北京大学出版社，1995.

[23] 顾嘉祖，陆昇 . 语言与文化 [M]. 上海：上海外语教育出版社，2005.

[24] 刘润清，戴曼纯 . 中国高校外语教学改革现状与发展策略研究 [M]. 北京：外语教学与研究出版社，2000.

[25] 王晓德 . 美国文化与外交 [M]. 北京：世界知识出版社，2000.

[26] 吴克礼 . 文化学教程 [M]. 上海：上海外语教育出版社，2002.

[27] 夏纪梅 . 现代外语课程设计理论与实践 [M]. 上海：上海外语教育出版社，2006.

[28] 肖永平 . 肖永平论冲突法 [M]. 武汉：武汉大学出版社，2002.

[29] 许倬云 . 中华文化与世界文化 [M]. 桂林：广西师范大学出版社，2006.

[30] 张红玲 . 跨文化外语教学 [M]. 上海：上海外语教育出版社，2007.